अनुवाद की प्रक्रिया, तकनीक और समस्याएँ

अनुवाद की प्रक्रिया तकनीक और समस्याएँ

डॉ. श्रीनारायण समीर

लोकभारती प्रकाशन

लोकभारती प्रकाशन
पहली मंजिल, दरबारी बिल्डिंग, महात्मा गांधी मार्ग
प्रयागराज-211 001

वेबसाइट : www.lokbhartiprakashan.com
ईमेल : info@lokbhartiprakashan.com

शाखाएँ : 1-बी, नेताजी सुभाष मार्ग, दरियागंज
नई दिल्ली-110 002
अशोक राजपथ, साइंस कॉलेज के सामने
पटना-800 006
1, अनमोल सोराबजी संतुक लेन, धोबी तलाव,
मरीन लाइंस, मुम्बई-400 002

पहला संस्करण : 2012
तीसरा संस्करण : 2024

बी.के. ऑफसेट
नवीन शाहदरा, दिल्ली-110 032
द्वारा मुद्रित

ANUVAD KI PRAKRIYA,
TAKNEEK AUR SAMSYAYEN
by Dr. Shree Narayan Sameer

ISBN : 978-81-8031-730-9

मूल्य : ₹995

मेरे हमदम, मेरे दोस्त
कॉमरेड कृष्णमोहन
और
प्रोफेसर अविनाश कुमार शर्मा
के लिए

आमुख

अनुवाद ठेठ अर्थ में नामालूम को मालूम करने की छटपटाहट में उपजा भाषाकर्म है। यह आधुनिक सरोकार से परिपूर्ण एक व्यावहारिक ज्ञानानुशासन है। इसमें एक भाषा-संरचना के अभिप्राय को दूसरी भाषा-संरचना में फिर से रचा जाता है। अतः अनुवाद में दो भाषाओं के बीच संवाद और सन्तुलन जरूरी होता है। कदाचित इसीलिए अनुवाद को भाषा-संवाद कहा जाता है।

भाषा या भाषिक संवाद वस्तुत भाषाओं के आपसी मेलजोल पर निर्भर करता है। किन्तु भाषाओं के बीच मेलजोल का मामला उनकी अलग-अलग प्रकृति और भिन्न संरचना-नियमों के कारण सहज एवं आसान नहीं होता। भाषाओं के वाक्य-विन्यास और व्याकरणिक नियम परस्पर विरोधाभासी होते हैं। किन्हीं दो भाषाओं की शब्द-सम्पदा और अर्थ-संसार भी सदृश्य तथा समतुल्य नहीं होते। इसलिए अनुवाद का कर्म जैसा कि प्रतीत होता है, सामान्य कर्म नहीं, बल्कि खास और विशि-ट होता है।

अनुवाद किसी भाषा पाठ के अर्थ और उसके अन्तस् में निहित भावों और विचारों को दूसरी भाषा में फिर से रचना अथवा पुनर्सृजित करना है। इस प्रकार से अनुवाद भाषाजन्य या कहें कि भाषिक कला है। भाषा रचना को दूसरी भाषा में फिर से रचने का कौशल है।

भाषाविज्ञान से आबद्ध होकर मशीन से सम्भव होने के कारण अनुवाद आधुनिक समय में जितना कला है, उतना ही विज्ञान भी। वैसे कला और विज्ञान, दोनों के लिए समान रूप से विमर्श का विषय बन जाना अनुवाद की ऐसी फितरत है, जो उसे एक ही साथ, एक ही समय में आदिम और आधुनिक, दोनों बनाती है। निश्चय ही यह एक

गहन विमर्श का विषय है, जिस पर संजीदा होकर सोचा जाना चाहिए। जिज्ञासु पाठक इसके लिए मेरी एक अन्य पुस्तक 'अनुवाद : अवधारणा एवं विमर्श' देख सकते हैं।

बहरहाल, अनुवाद सरल नहीं अपितु कठिन भाषा कर्म है। अनुवाद की प्रक्रिया इस कठिन कर्म को सम्भव बनाती है। अनुवाद की प्रक्रिया का मतलब अनुवाद की विधि के विश्लेषण से है। यह विश्लेषण भाषा के अनुप्रयुक्त क्षेत्र (Applied Domain) से सम्बन्ध रखता है। इसमें भाषा विज्ञान की भूमिका विशिष्ट होती है। इस भूमिका ने 'मशीन ट्रांसलेशन' की संकल्पना को सम्भव तथा साकार किया है। फलस्वरूप, अनुवाद आज के समय में एक विकसित और वैज्ञानिक ज्ञानानुशासन बन गया है।

वैसे अनुवाद की प्रक्रिया दो भाषाओं में आपसी संवाद के जरिये सम्पन्न होती है। यह पाँच चरणों में सम्भव होती है। ये चरण हैं–पाठ-पठन, पाठ-विश्लेषण, भाषांतरण, पुनर्गठन और पुनरीक्षण। अनुवाद की प्रक्रिया में ये सभी चरण क्रमिक रूप से घटित होते हैं। इसमें पाठ-विवेचन और समुचित समतुल्यता की तकनीक अपनाई जाती है। इस तकनीक के सहारे अनुवादकर्ता मूल पाठ की रूप रचना अर्थात् भाषा-संरचना का विश्लेषण करते हुए शब्द के अर्थ और पाठ विन्यास के भाव को ग्रहण करने का प्रयास करता है। इसका उद्देश्य मूल पाठ को उसकी भावभूमि और निहितार्थ के प्रसंग में समझना होता है, जिससे कि उसका समतुल्य भाषांतरण किया जा सके। इस तरह अनुवाद की प्रक्रिया और तकनीक का अभिप्रेत मूल पाठ का हर दृष्टि से सटीक और समतुल्य अनुवाद प्रस्तुत करना होता है।

अनुवाद में, या कहें कि सटीक और समतुल्य अनुवाद करने की राह में कई समस्याएँ सामने आती हैं। मसलन, मूल पाठ के शब्दों के लिए लक्ष्य भाषा में सही पर्याय के निर्धारण की समस्या, दो भाषाओं की संरचना में पाए जाने वाले अन्तर या व्यतिरेक की समस्या, पारिभाषिक शब्दों और वैज्ञानिक तथा तकनीकी साहित्य जैसे संकल्पनात्मक लेखन के अनुवाद की समस्या, मुहावरे-लोकोक्ति के अनुवाद की समस्या, कविता के अनुवाद की समस्या, अभिनव भाषा

प्रयोग एवं अभिव्यक्ति के सटीक अन्तरण की समस्या आदि इत्यादि। अनुवाद के क्षेत्र में मशीन ट्रांसलेशन भी अब एक वास्तविकता है। उसकी भी कतिपय समस्याएँ होती हैं। अनुवादक को इन सभी समस्याओं का सामना करना पड़ता है। उसे प्रत्येक मामले में सटीक तथा संगत हल निकालना होता है।

कहने की आवश्यकता नहीं कि अनुवाद में अनुवादकर्ता के तमाम क्रियाकलाप, ज्ञान और अभ्यास का मकसद बस इतना होता है कि अनुवाद मूल का सही और सटीक प्रतिरूप हो पाए। इसके लिए अनुवादकर्ता को सजग पाठक, सुधि पाठक और जिज्ञासु पाठक के तौर पर सक्रिय रहना होता है ताकि मूल का निर्भ्रान्त अर्थबोध प्राप्त हो सके। भाषांतरण और पुनर्गठन के चरण में भी उसे पाठ के विन्यास और सन्दर्भ, दोनों स्तरों पर चौकन्ना रहना पड़ता है। तभी वह स्रोतभाषा तथा लक्ष्यभाषा के बीच परस्पर संवाद जोड़ पाता है। इसी भांति अनुवाद में पुनरीक्षण की भूमिका उतनी ही सार्थक और महत्वपूर्ण होती है, जितनी किसी कला रचना में अन्तिम-स्पर्श (finishing touch) की होती है।

जाहिर है कि अनुवाद की प्रक्रिया और तकनीक अपनी समस्त शर्तों एवं सावधानियों के द्वारा उसे परिपाक तक पहुँचाती हैं। समस्याएँ इसमें बाधक नहीं, वरन ताकत बनकर उभरती हैं। अनुवाद कला की कसौटियाँ भी काफी मुश्किल और पेचीदा होती हैं। फिर भी अनुवाद होता है और सृजन के समान ही रंजक बनकर सार्थकता पाता है। इसी विमर्श के उद्घाटन में प्रस्तुत पुस्तक की रचना की गई है।

केन्द्रीय अनुवाद ब्यूरो के बेंगलूर प्रशिक्षण केंद्र में सन् 1998 से 2010 तक अनुवाद को एक सम्यक् आधुनिक शास्त्र के रूप में पढ़ाते हुए मेरे विचार, प्रतिपतियाँ, तर्क और विश्लेषण अन्ततः पुस्तक का रूप ले लेंगे, इसका अनुमान मुझे हर्गिज नहीं था। किन्तु इस दिशा में प्रेरित करने के लिए बेंगलूर के मित्रों, खासतौर पर शब्द साहित्यिक संस्था की कर्ताधर्ता श्रीमती सरोजाजी व्यास, वयोवृद्ध कवयित्री माता श्रीदेवी त्रिपाठी और अग्रज श्री राम त्रिपाठी के प्रति कृतज्ञता ज्ञापन एक किस्म की भावुकता होगी। फिर भी।

पुस्तक की प्रेस कॉपी तैयार करने में मेरे सहकर्मी श्री दिनेश कुमार झा का तकनीकी योगदान बेहद सार्थक तथा सूझ-बूझ भरा रहा। इसके लिए उन्हें अनेकशः धन्यवाद।

पुस्तक के सुरुचिपूर्ण मुद्रण और प्रकाशन में राजकमल प्रकाशन समूह का जो सहयोग और समर्थन प्राप्त हुआ है, उसके लिए श्री अशोक महेश्वरी जी के प्रति आभारी हूँ।

श्रीनारायण समीर

गणतंत्र दिवस, 2011
नई दिल्ली

अनुक्रम

अनुवाद की प्रक्रिया

अनुवाद एक आधुनिक एवं व्यावहारिक ज्ञानानुशासन है। ठेठ अर्थ में, यह नामालूम को मालूम करने की छटपटाहट में उपजा भाषा-कर्म है। अनुवाद का इतिहास चाहे जितना प्राचीन हो, अपने सरोकार में यह आधुनिक और संरचना में व्यावहारिक विधा है। भाषा विज्ञान के क्षेत्र में अनुप्रयुक्त पक्ष का जब से महत्त्व बढ़ा है, तब से अनुवाद अध्ययन का एक स्वतंत्र विषय बनकर प्रतिष्ठित हुआ है। आज के समय में जबकि हर क्षेत्र में प्रौद्योगिकी का बोलबाला है, अनुवाद में भी यंत्र-अनुवाद (मशीन ट्रांसलेशन) की परिकल्पना साकार होने लगी है। और इस परिकल्पना के मूल में है वह अवधारणा, जो अनुवाद को मूलतः भाषा-व्यवहार की एक विशिष्ट विधा मानती है।

वैसे भी भाषा एक संरचनात्मक व्यवस्था है। इसमें अक्षर से बने शब्द, पद क्रम में संयोजित होते हैं। इसका अपना व्याकरण और अनुशासन होता है। हर अनुशासित शब्द संयोजन वाक्य कहलाता है, जिसका एक निश्चित अर्थ होता है। वाक्य भाषा संरचना का सबसे छोटा एवं सार्थक घटक होता है। कभी-कभी एक शब्द भी मुकम्मिल वाक्य होता है और उसका सन्दर्भ के अनुसार पर्याप्त अर्थ तथा अभिप्राय होता है।

अनुवाद में वाक्य या वाक्य समूह को 'कथन' तथा उसके अर्थ को 'सन्देश' कहते हैं। अनुवाद गो कि एक भाषा-संरचना के सन्देश का दूसरी भाषा-संरचना में पुनर्स्थापन होता है, चुनांचे इसमें भाषागत सन्तुलन की बड़ी अपेक्षा रहती है। भाषागत सन्तुलन का मतलब किन्हीं दो भाषाओं का शब्दगत अथवा वाक्यगत सन्तुलन नहीं, बल्कि अभिव्यक्तिगत सन्तुलन होता है। अनुवाद में किसी एक भाषा में व्यक्त विचार अथवा कथन को दूसरी भाषा में हू-ब-हू प्रस्तुत करना होता है। ऐसा तभी सम्भव होता है जब दो भाषाएँ अभिव्यक्ति, कौशल तथा अर्थ-प्रसंग में परस्पर समान और

सुसंगत हों। इसलिए अनुवाद में भाषा-संरचना तथा भाषा-संकल्पना सम्बन्धी स्थितियों में सन्तुलन अपेक्षित होता है। भारतीय भाषाओं में संरचना तथा संकल्पना के स्तर पर विलक्षण सन्तुलन मिलता है। कदाचित इसीलिए भारत में अनुवाद का कोई अपना शास्त्र विकसित नहीं हो पाया। इसलिए भी कि अनुवाद-शास्त्र के निर्माण के लिए भाषाओं के बीच सन्तुलन नहीं, टकराहट जरूरी होती है। टकराहट इसमें उत्प्रेरक का काम करती है, जबकि भारतीय भाषाओं के बीच टकराहट की नौबत कभी नहीं रही।

अलबत्ता भारत में भाषाई टकराहट की नौबत तब पैदा हुई, जब अंग्रेज़ी का प्रचलन बढ़ा। अंग्रेज़ी राज में शासन के आदेश, अध्यादेश और अनुज्ञा पत्र आदि अंग्रेज़ी में जारी होने लगे और उन्हें जानना-समझना भारतीय जन के लिए जरूरी होने लगा। अंग्रेज़ी भाषा चूँकि संरचना तथा संकल्पना, दोनों ही स्तरों पर भारतीय भाषाओं से भिन्न है, इसलिए अंग्रेज़ी कथनों को भारतीय भाषाओं में समझना अथवा अनूदित करना आसान नहीं होता। यही स्थिति भारतीय भाषाओं से अंग्रेज़ी रूपान्तरण की भी होती है। अनुवाद करते समय संकल्पना के स्तर पर सम्बद्ध दोनों भाषाओं में प्रायः टकराहट होती है। व्याकरण के नियम भी व्यतिरेक पैदा करते हैं। फलस्वरूप, सही और सटीक अनुवाद मुश्किल होता है। जैसे–Ramesh told his daughter का अनुवाद 'रमेश ने अपनी बेटी से कहा' तो होगा, किन्तु केवल यही नहीं होगा। इसका दूसरा अनुवाद 'रमेश ने उसकी बेटी से कहा' भी होगा। इसी प्रकार हिन्दी कथन 'वे कहाँ जा रहे हैं' का अंग्रेज़ी रूपान्तरण मात्र Where are they going ही नहीं होगा। Where is he going भी होगा। उल्लेखनीय है कि अंग्रेज़ी में His सर्वनाम का सामान्य हिन्दी रूप 'उसका', 'उसकी' होता है। चूँकि हिन्दी में सर्वनाम का एक निजवाचक रूप भी होता है। इसलिए His का हिन्दी में एक अन्य अनुवाद 'अपना', 'अपनी', 'अपने' भी होगा। इसी तरह 'वे कहाँ जा रहे हैं' वाक्य में कर्ता के तौर पर प्रयुक्त सर्वनाम 'वे' के दो सन्दर्भ बनते हैं; पहला एक व्यक्ति के लिए प्रयुक्त 'वह' सर्वनाम का आदरसूचक रूप तथा दूसरा, अनेक व्यक्ति के लिए प्रयुक्त बहुवचन रूप 'वे'। इस वाक्य का 'वे' भौतिक धरातल पर एकवचन तथा बहुवचन, दोनों ही सम्भावनाओं से युक्त है। अतः हिन्दी एकवचन 'वह' का भाषिक प्रयुक्ति रूप 'वे' भी होता है। यह हिन्दी भाषा की अपनी विशेषता है। अस्तु हिन्दी से अंग्रेज़ी अथवा अंग्रेज़ी से हिन्दी

में अनुवाद करते समय संकल्पना के स्तर पर प्रायः टकराहट होती है। भाषाओं के बीच ऐसे भाँति-भाँति के व्यतिरेक पाए जाते हैं जो अनुवाद को बहुधा जटिल बनाते हैं। अनुवाद की इस समस्या का विवेचन आगे 'अनुवाद की समस्या' के अन्तर्गत किया जाएगा।

बहरहाल, अनुवाद दो भाषाओं के सम्प्रेषण व्यापार का सन्तुलन होता है। यह भाषाई पारस्परिकता का प्रतिफलन होता है। किन्तु भाषाई पारस्परिकता का क्षेत्र अपनी प्रकृति में किंचित असहज होता है। क्योंकि भाषाओं के शब्द, पदबन्ध, वाक्य-विन्यास और व्याकरणिक नियम आदि परस्पर विषम और विरोधाभासी होते हैं। तथापि अनुवाद होते हैं। और प्रायः अच्छे और उपयुक्त अनुवाद होते हैं। 'ऐसा कैसे होता है?' इस सवाल का जवाब है : ऐसा अनुवाद में अपनाई जानेवाली प्रक्रिया के चलते होता है। दूसरे शब्दों में, अनुवाद की प्रक्रिया का मतलब है–'अनुवाद कैसे होता है' का विश्लेषण। इस विश्लेषण से अनुवादकों का प्रशिक्षण होता है। साथ ही, इससे यह प्रमाणित भी होता है कि अनुवाद एक अनुप्रयुक्त विषय-क्षेत्र है। यंत्र अनुवाद की सैद्धान्तिकी और उसके यांत्रिक पहलुओं का निर्धारण इसी विश्लेषण से सम्भव हुआ है। अस्तु अनुवाद-अध्ययन में अनुवाद की प्रक्रिया अत्यन्त महत्त्वपूर्ण होती है।

अनुवाद की प्रक्रिया दो भाषाओं के आपसी सम्प्रेषण में घटित होती है। भाषा, जो मूलतः एक संरचनात्मक व्यवस्था होती है, उसके कुछ घटक सभी भाषाओं में समान और सार्वभौम रूप में मिलते हैं। उदाहरण के लिए, सभी भाषाओं में ध्वनि, स्वर, अक्षर, शब्द, पदबन्ध और वाक्य आदि होते हैं। भाषा के अस्तित्व के ये आधारभूत घटक होते हैं। सार्वभौम भाषा की परिकल्पना इन्हीं आधारभूत घटकों की बदौलत की गई है। वैसे भाषा के कुछ इतर घटक जैसे वाक्य, रचना के विधान, व्याकरण आदि बिल्कुल खास और विशिष्ट होते हैं। इन्हें भाषा-सापेक्ष घटक कहते हैं। इनसे भाषा की अपनी व्यवस्था निर्मित होती है। इस प्रकार प्रत्येक भाषा में सार्वभौम और सापेक्ष घटक अन्तर्निहित होते हैं। अनुवाद में जब दो-भाषाओं के आपसी सम्प्रेषण का सिलसिला शुरू होता है तो सबसे पहले भाषा-घटकों में टकराव होता है। उदाहरण के लिए, हिन्दी में यदि 'कर्ता + कर्म + क्रिया' का क्रम मिलता है तो अंग्रेज़ी में 'कर्ता + क्रिया + कर्म' की संरचना होती है।

अतः अनुवाद की प्रक्रिया में भाषा-संरचना के सार्वभौम घटक का अन्तरण तो सहज होता है, किन्तु भाषा विशेष की निजता यानी किसी भाषा के विशिष्ट रचना-विधान का निर्वाह सम्भव नहीं होता। भाषासापेक्ष घटक भाषान्तरण में मुश्किल पैदा करते हैं।

इसके साथ-साथ भाषा-व्यवस्था में शब्द और अर्थ के सम्बन्ध यादृच्छिक तथा रूढ़ होते हैं। भाषा में यह रूढ़ि उसके वक्ता (प्रयोक्ता) समाज के सापेक्ष तथा परम्परानुरूप होती है; जैसे उपन्यास, आग्रह आदि शब्दों के अर्थ प्रसंग। हिन्दी में उपन्यास का अर्थ व्यापक एवं सुसम्बद्ध चरित्र गाथा होता है, जबकि तेलुगु, कन्नड़ में उपन्यास का मतलब चर्चा, विचार-विमर्श मात्र होता है। इसी तरह हिन्दी में आग्रह का तात्पर्य पुरजोर अनुरोध होता है, जबकि कन्नड़, तेलुगु में आग्रह का अर्थ बहस और गुस्सा होता है। इस तरह से अनुवाद में दो भाषा-भाषी समाजों के परम्परागत विश्वास तथा सांस्कृतिक पक्ष आपसी टकराहट के कारण बनकर उभरते हैं, जिनसे निपटने में अनुवाद की प्रक्रिया सहायक होती है।

अनुवाद के दरम्यान दो भाषाओं के सम्प्रेषण-व्यापार में टकराव की नौबत भाषिक व्यवस्था तथा हमारी जीवन व्यवस्था में अन्तर के कारण भी पैदा होती है। भाषिक व्यवस्था जीवन व्यवस्था से भिन्न होती है। जीवन स्वतःस्फूर्त होता है। उसकी अपनी गति होती है। सामाजिक प्राणी होने के नाते मनुष्य का जीवन समाज से आबद्ध और संचालित होता है। मनुष्य जीवन की रीति-नीति में सामाजिक विश्वास और परम्परा की भूमिका महत्त्वपूर्ण होती है, जबकि भाषा बाहरी उपादानों को मानवीय स्वर देने का माध्यम होती है। भाषा बाहरी उपादानों को संकेतित करने का साधन होती है। भाषा हमारे भाव-बोध की आवाज भी होती है। भाषा जीव जगत और भाव जगत के बीच सेतु का काम भी करती है। फिर भी, जीव जगत के संकेत और विधान तथा भाषिक प्रतीक के रूप में उपलब्ध संकेतार्थ परस्पर भिन्न होते हैं। जैसे भाषा के व्याकरणिक विधान में लिंग, वचन और काल की जो स्थिति होती है वह जीवन-यथार्थ की मान्यताओं से मेल नहीं खाती। उदाहरण के लिए, भौतिक जगत का लिंग (सेक्स) व्याकरणिक विधान का लिंग (जेंडर) नहीं होता। इसी प्रकार यथार्थ जगत का वचन व्याकरणिक वचन से कभी-कभी बिल्कुल भिन्न होता है। उदाहरण के लिए, 'वे कहाँ जा

रही हैं? इस वाक्य के कर्ता 'वे' के दो सन्दर्भ रूप बनते हैं : (1) एक महिला और (2) अनेक महिला। दोनों ही भौतिक स्थितियाँ सम्भव हैं। इसलिए इसके दो अंग्रेज़ी अनुवाद होंगे–Where is she going? और Where are they going? पहला अंग्रेज़ी वाक्य तो स्पष्ट है, किन्तु मूल वाक्य में कर्ता अगर बहुवचन हो तो यह वाक्य भी उपयुक्त अनुवाद नहीं है। इसी प्रकार दूसरे वाक्य में कर्ता 'Thay' यदि सही है तो उसका लिंग अस्पष्ट है, जबकि मूल अंग्रेज़ी वाक्य में कर्ता की पहचान में कोई भ्रांति नहीं है। अतः मूल वाक्य (कथन) का जो सही सन्दर्भ है, वह उक्त दोनों ही अनुवाद रूपों में व्यक्त नहीं हो पाया है। जाहिर है कि ऐसा भौतिक यथार्थ के भाषिक सन्दर्भ बनने में क्रियाशील व्याकरणिक अनुशासन के कारण हुआ है। तात्पर्य स्पष्ट है कि कोई भौतिक स्थिति जब भाषिक अभिव्यक्ति पाती है तो अभिव्यक्ति की प्रक्रिया भाषा-सापेक्ष होती है। हिन्दी से अंग्रेज़ी में अथवा अंग्रेज़ी से हिन्दी में अनुवाद करते समय संकल्पना और अभिव्यक्ति के स्तरों पर जब-तब टकराहट इसीलिए होती है।

अतः अनुवाद की प्रक्रिया दो भाषाओं के सम्प्रेषण व्यापार पर निर्भर रहती है। चूँकि भाषाओं की प्रकृति, उनकी रचना-पद्धति, व्याकरणिक विधान आदि भाषा-सापेक्ष तथा एक-दूसरे से पूर्णतः भिन्न होते हैं, इसलिए भाषाओं के आपसी सम्प्रेषण अर्थात् भाषान्तरण में दुविधा की स्थिति रहती है। अनुवाद इसीलिए आसान नहीं होता। इसमें अनुवादकर्ता को कई स्तरों पर सक्रिय और सावधान रहना पड़ता है। अनुवाद की प्रक्रिया इसी कारण से अनुवादकर्ता की सक्रियता और सावधानी का विवेचन होती है। यूजीन ए नाइडा, पीटर न्यूमार्क, आर. एच. बाथगेट तथा भारतीय अनुवादशास्त्री भोलानाथ तिवारी एवं रवींद्रनाथ श्रीवास्तव और कृष्णकुमार गोस्वामी के अनुवाद चिन्तन यही प्रतिपादित करते हैं। इन विद्वानों ने अनुवाद प्रक्रिया को निश्चय ही अपने-अपने ढंग से समझा और व्याख्यायित किया है। इसलिए इनके विवेचन में अनुवाद की विधियों को लेकर विभेद मिलता है। तथापि इनके विवेचन अनुवाद की प्रक्रिया का शास्त्र रचते हैं। इसलिए अनुवाद की प्रक्रिया की विवेचना के क्रम में इन विद्वानों के विचारों का अवगाहन अप्रासंगिक न होगा।

नाइडा अनुवाद को भाषाविज्ञान का एक अनुप्रयुक्त कर्म मानते हैं। वे अनुवाद को भाषावैज्ञानिक कसौटी पर कसकर उसका विश्लेषण करते हैं।

उनके अनुसार, अनुवाद प्रक्रिया के तीन चरण होते हैं-1. विश्लेषण, 2. अन्तरण और 3. पुनर्गठन।

1. अनुवाद करते समय अनुवादक सबसे पहले मूलभाषा के पाठ का विश्लेषण करता है। इस क्रम में वह पाठ की रचना का शब्दगत अर्थग्रहण करता है तथा उसका व्याकरण की दृष्टि से विश्लेषण करता है। इसके वास्ते वह भाषा विश्लेषण की तकनीक का भी सहारा लेता है। इससे जटिल तथा अनेकार्थी शब्दों एवं पदबन्धों के अर्थबोध में सहायता मिलती है।

2. पाठ का अर्थबोध हो जाने के बाद पाठ के अर्थ या सन्देश का लक्ष्यभाषा में अन्तरण होता है। अन्तरण का कार्य प्रारम्भ में अनुवादक के मस्तिष्क में घटित होता है। इसमें मूलपाठ के शब्दों के लिए लक्ष्यभाषा में पर्याय निर्धारित होते हैं। फिर लक्ष्यभाषा में वाक्य निरूपण की प्रक्रिया चलती है। तत्पश्चात् मूलपाठ तथा मन में सृजित लक्ष्यभाषा पाठ के बीच शब्दगत, वाक्यगत तथा व्याकरण के स्तर पर तालमेल बनना शुरू होता है।

3. अन्त में मूल सन्देश के अनुवादित रूप का लक्ष्यभाषा में पुनर्गठन होता है। इस चरण में अनुवादक मूलपाठ के अनूदित रूप को लक्ष्यभाषा की संरचना, उसकी वाक्य-व्यवस्था, संयोजन-विधि, विधागत रूढ़ि आदि के अनुरूप व्यवस्थित करता है। ऐसा इसलिए कि अनूदित पाठ मूल के अर्थ और भाव का स्वाभाविक रूपान्तरण लगे और वह पाठक को किसी भी रूप में कृत्रिम न लगे। नाइडा ने इन तीनों चरणों को अपने प्रसिद्ध ग्रंथ Toward a Science of Translating (Leiden:E.J.Brill,1964) में निम्नांकित आरेख द्वारा प्रस्तुत किया है :

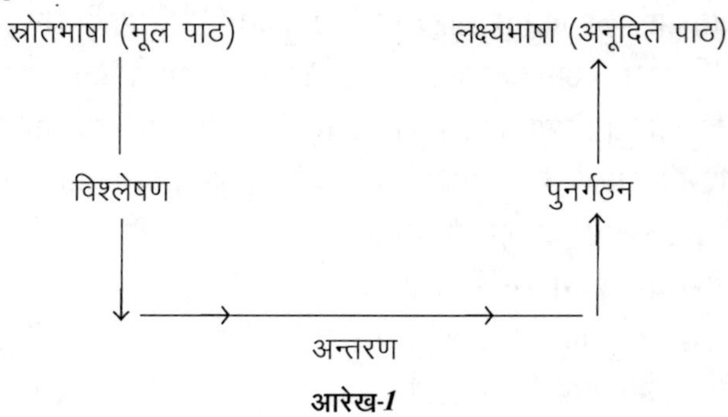

आरेख-*1*

उल्लेखनीय है कि नाइडा ने बाइबिल का अनुवाद किया था। इस सिलसिले में उन्हें भाषा के पुराने रूप और रचना-विधि का सामना करना पड़ा था। बाइबिल की भाषा में अर्थग्रहण की समस्या भाषा के व्याकरणिक गठन और प्राचीन वाक्य-विन्यास से मुख्य रूप से जुड़ती है। इसलिए नाइडा के अनुवाद विवेचन में व्याकरण पर अधिक बल दिया गया है। व्याकरणिक संरचना के अर्थग्रहण में विश्लेषण विशेष सहायक होता है। कदाचित इसीलिए नाइडा ने अनुवाद प्रक्रिया पर सोचते हुए अनुवाद के पहले चरण का नाम 'विश्लेषण' रखा। विश्लेषण के द्वारा पाठ की गुत्थी सुलझा लेने के बाद उसका लक्ष्यभाषा में अन्तरण होता है। अन्तरण के चरण में शब्द, पदबन्ध, व्याकरणिक विधान आदि के रूप अस्त-व्यस्त हो सकते हैं। इसलिए उनका लक्ष्यभाषा-विन्यास के अनुरूप पुनर्गठन जरूरी होता है। पुनर्गठन में मूल पाठ और अनूदित पाठ के बीच सन्तुलन और समायोजन का प्रयास भी होता है ताकि अनूदित पाठ मूल पाठ से भिन्न नहीं, बल्कि उसका प्रतिरूप लगे। नाइडा ने इसी तर्क से अनुवाद प्रक्रिया में विश्लेषण, अन्तरण और पुनर्गठन का सोपान निरूपित किया।

अनुवाद प्रक्रिया सम्बन्धी चिन्तन को आगे बढ़ाने में यूरोप के जिन दो भाषा वैज्ञानिकों का विमर्श उल्लेखनीय माना जाता है, उनके नाम हैं : पीटर न्यूमार्क तथा बाथगेट। न्यूमार्क ने इस सिलसिले में अपनी पुस्तक The Theory and craft of Translation (Cambridge University Press, Cambridge, 1978) में विस्तार से लिखा है। न्यूमार्क ने भाषा के आधुनिक स्वरूप और जटिल संरचना के परिप्रेक्ष्य में अनुवाद की चुनौतियों को रचनाशीलता की दृष्टि से समझने का प्रयास किया है। उन्होंने अनुवाद को सृजन के व्यापक भाव में ग्रहण करने की हिमायत में पाठ के बोध तथा उसकी अभिव्यक्ति को प्रमुख माना। साथ ही, उन्होंने मूल पाठ तथा अनूदित पाठ की संगति को भी महत्त्वपूर्ण बताया। न्यूमार्क के अनुसार, अनुवाद में संगति का तात्पर्य दोनों पाठों में तुलना तथा व्यतिरेक के सन्दर्भ में समानता या परिपूर्णता से है। इस हेतु उन्होंने शब्दार्थ विज्ञान को केन्द्र में रखा और अपना विशिष्ट भाषा सिद्धान्त प्रस्तुत किया।

न्यूमार्क ने अपने विभिन्न लेखों के संकलन Approaches to Translation (Oxford:Pergamon Press, 1981) में अनुवाद प्रक्रिया को दो स्तरों पर व्याख्यायित किया है। इस सिलसिले में उन्होंने मूलपाठ तथा अनूदित पाठ के सम्बन्ध को दो तरह का माना है। पहला सम्बन्ध दो पाठों के बीच शब्द-प्रति-शब्द अनुवाद का होता है। इसे उन्होंने अन्तर-क्रमिक अनुवाद (Inter successive translation) का नाम दिया है। अनुवाद की प्रक्रिया में शब्द-प्रति-शब्द अनुवाद करते हुए आगे बढ़ा जाए, यह सही तरीका नहीं है। किन्तु प्रायः अनुवादक ऐसा ही करते हैं क्योंकि उन्हें यह आसान लगता है। परन्तु यह तरीका पारदर्शी नहीं होता। इसमें अनुवाद के भ्रामक होने तथा भाव से कट जाने की सम्भावना रहती है।

अनुवाद का दूसरा तरीका मूलपाठ के अर्थ और भाव के बोधन तथा लक्ष्यभाषा में उसके अभिव्यक्तीकरण का है। न्यूमार्क के बोधन की प्रक्रिया में पाठ के अर्थ के साथ-साथ व्याख्यार्थ या भावार्थ को ग्रहण करने का भाव भी शामिल है। कई बार, पाठ का अर्थ स्पष्ट हो, इसके लिए पाठ की व्याख्या जरूरी होती है। व्याख्या के बिना पाठ का अर्थ बोध स्पष्ट नहीं हो पाता। उदाहरण के लिए No smoking. कार्यालयों, सार्वजनिक स्थानों या सार्वजनिक वाहनों में अंग्रेज़ी के ये दो शब्द प्रायः पढ़ने को मिल जाते हैं। इनके शब्द-प्रति-शब्द अनुवाद होंगे–No के लिए नहीं और Smoking के लिए धुआँ करना या धूम्रपान। बोधन के स्तर पर इसका अर्थ बनता है धुआँ/धूम्रपान नहीं करना (smoking is not allowed)।

बोधन के बाद सन्देश को लक्ष्यभाषा में अभिव्यक्त करने का चरण आता है। इसमें पाठ की एक तरह से पुनर्रचना होती है। फलस्वरूप No Smoking की रूपान्तरित अभिव्यक्ति बनती है–बीड़ी-सिगरेट पीना मना है। अनुवाद की प्रक्रिया में पाठ-निर्माण अत्यन्त महत्त्वपूर्ण होता है। पाठ-निर्माण में ही अनुवाद का अन्तिम प्रारूप सृजित होता है। कभी-कभी यह अभिव्यक्त प्रारूप से बिल्कुल भिन्न होता है। इसमें मूलभाषा के पाठ का सन्देश लक्ष्यभाषा की प्रकृति में नए रूप में साकार होता है। फलस्वरूप No Smoking का अनूदित पाठ सृजित होता है–धूम्रपान निषेध।

अनुवाद प्रक्रिया के इन विभिन्न चरणों के अनुरूप कुछ और उदाहरण नीचे दिए जा रहे हैं :

1. मूल पाठ– क No admission

ख Judgement has been reserved

ग I have two houses

घ I have two sons.

शब्द-प्रति-शब्द अनुवाद– क नहीं दाखिला / प्रवेश।

ख निर्णय रख लिया गया है सुरक्षित।

ग मैं रखता हूँ दो मकान।

घ मैं रखता हूँ दो बेटे।

2. बोधन– क Admission is not allowed.

ख Judgement will not be announced immeadiately.

ग Two houses belong to me.

घ Two sons belong to me.

3. अभिव्यक्तीकरण– क अन्दर आना मना है।

ख निर्णय अभी नहीं सुनाया जाएगा।

ग मेरे पास दो मकान हैं।

घ मेरे पास दो बेटे हैं।

4. पाठ-निर्माण– क प्रवेश निषेध।

ख निर्णय बाद में सुनाया जाएगा।

ग मेरे पास दो घर/मकान हैं।

घ मेरे दो बेटे हैं।

स्पष्ट है कि शब्द-प्रति-शब्द अनुवाद से जहाँ स्रोत और लक्ष्यभाषाओं के शब्दक्रम का अन्तर मालूम होता है, वहाँ शब्दार्थ स्तर पर दोनों भाषाओं का सम्बन्ध भी प्रकट होता है। साथ ही, 'अनुवादाभास' तथा अनुसृजन या पुनर्रचना का फर्क भी स्पष्ट हो जाता है। मूलभाषा के पाठ के सन्देश का लक्ष्यभाषा में अन्तरण और उसका लक्ष्यभाषा की प्रकृति के अनुरूप पुनर्सृजन कैसे तथा कितना बारीक और रचनासंगत होता है, इसका भी अन्दाजा ऊपर के उदाहरणों से मिल जाता है। इस प्रकार से न्यूमार्क के

अनुवाद प्रक्रिया-प्रारूप को निम्नलिखित आरेख से व्यक्त किया जाता सकता है–

बोधन (व्याख्या) ⟶ अभिव्यक्ति (पुनर्सृजन)

↑ - - - - - - - - - - - - - ↓

मूल भाषा पाठ | शब्द-प्रति-शब्द अनुवाद | लक्ष्यभाषा पाठ अनुवाद

आरेख-2

बाथगेट ने अपनी पुस्तक Studies of translation models I&II, The Incorporated Linguist (1980) में अनुवाद के प्रक्रियात्मक पक्ष पर व्यापक नज़रिए से विचार किया है। उन्होंने अनुवाद को मूलतः प्रक्रिया केन्द्रित विषय माना है और इसकी प्रकृति का व्यावहारिक दृष्टि से विश्लेषण किया है। फलस्वरूप, उनके विश्लेषण में अनुवाद की प्रक्रिया के कई ऐसे पहलू भी मिलते हैं जो नाइडा और न्यूमार्क के यहाँ नहीं मिलते। डॉ. सुरेश कुमार ने बाथगेट के अनुवाद प्रक्रिया-प्रारूप को निम्नांकित आरेख के माध्यम से प्रस्तुत किया है :

मूलभाषा पाठ

↓

समन्वयन

↓

विश्लेषण

↓

बोधन

↓

पारिभाषिक अभिव्यक्ति

↓

पुनर्गठन

↓

पुनरीक्षण

↓

पर्यालोचन

↓

लक्ष्यभाषा पाठ[1]

आरेख-*3*

बाथगेट अनुवाद के लिए प्रस्तुत किसी भी पाठ (स्रोतभाषा पाठ) को पढ़ना और उसे समझना जरूरी मानते हैं। यह अनुवाद का आरम्भिक चरण होता है। इस चरण में अनुवादकर्ता मूलपाठ को लेकर अपनी मानसिक तैयारी करता है। उसे पढ़ता है और उसके साथ अपने मानस को जोड़ने का प्रयास करता है। समन्वय के इस चरण में मूल पाठ के शब्द, पदबन्ध, वाक्य-रचना, शैली, भाव, प्रभाव आदि सभी पक्षों के बारे में एक सामान्य समझ निर्मित किया जाता है, ताकि अनुवाद की मानसिकता बने। इस तरह अनुवाद से पूर्व मूलपाठ और अनुवादकर्ता के बीच परिचय का व्यापार घटित होता है। बाथगेट इसे समन्वयन कहते हैं।

किन्तु इसे परिचय या पाठ पठन भी कहा जा सकता है। डॉ. भोलानाथ तिवारी ने इसे पाठ-पठन ही कहा है। विश्लेषण, बोधन तथा पुनरीक्षण के सोपान यथावत् हैं। पारिभाषिक अभिव्यक्ति मतलब मूलपाठ के वे सारगर्भित अंश जो खास अर्थ-प्रसंग में प्रयुक्त होते हैं तथा अनुवाद में पर्याय निरूपित करते समय विशेष रूप से विचारणीय होते हैं। पर्यालोचन के अन्तर्गत बाथगेट ने विषय-विशेषज्ञ तथा अनुवादक के बीच विचार-विनिमय को आवश्यक माना है ताकि अनुवाद की प्रामाणिकता की जांच हो सके।

हिन्दी में अनुवाद शास्त्र के मर्मज्ञ विद्वान डॉ. भोलानाथ तिवारी अनुवाद की प्रक्रिया को व्यावहारिक नजरिए से देखते हैं। फलस्वरूप, वे अनुवाद प्रक्रिया के पाँच चरण मानते हैं। उनके अनुसार ''अनुवाद करते समय अनुवादकर्ता को 'पाठ-पठन', 'पाठ-विश्लेषण', 'भाषान्तरण', 'समायोजन' और 'मूल से तुलना' जैसी प्रक्रियाओं से गुजरना पड़ता है।''[2]

इस बीच अनुवाद को प्रतीक सिद्धान्त के साथ जोड़कर विश्लेषित करने का एक भिन्न तथा महत्त्वपूर्ण कार्य भी हिन्दी में हुआ है। इसका श्रेय डॉ. रवींद्रनाथ श्रीवास्तव तथा डॉ. कृष्णकुमार गोस्वामी को है। इन विद्वानों के मतानुसार, कथ्य का प्रतीकान्तरण अनुवाद है और किसी पाठ का भाषिक प्रतीक के रूप में विश्लेषण सम्भव है। इसलिए अनुवाद-प्रक्रिया में दो भाषाओं के सम्प्रेषण-व्यापार की अपेक्षा रहती

है। इस सम्प्रेषण-व्यापार में अनुवादक को लेखक, पाठक तथा रूपान्तरकार की तीन-तीन भूमिकाएँ निबाहनी होती हैं। इन विद्वानों के अनुसार–

''अनुवाद-प्रक्रिया में दो भाषाओं के सम्प्रेषण-व्यापार की अपेक्षा रहती है। इसीलिए इस पूरे व्यापार में दो प्रकार के प्रेषक (लेखक), सन्देश (पाठ), ग्रहीता (पाठक) की संकल्पना निहित रहती है।...पहला, अनुवादक को दो भूमिकाएँ निभानी होती हैं–(1) मूलपाठ के पाठक की भूमिका और (2) अनूदित पाठ के लेखक की भूमिका। दूसरा, पाठक के रूप में वह मूलपाठ के लेखक से एक ओर सम्बन्ध जोड़ता है और दूसरी ओर लेखक के रूप में अनूदित पाठ के पाठक से। तीसरा, पाठक के रूप में उसे एक ओर सरल भाषा के भाषिक विधान और उसके संस्कार का ज्ञान रखना पड़ता है और दूसरी ओर लेखक के रूप में लक्ष्यभाषा की सर्जनात्मक शक्ति से परिचित रहना पड़ता है।''[3]

स्पष्ट है कि डॉ. श्रीवास्तव तथा डॉ. गोस्वामी ने अनुवाद को व्यापक सन्दर्भ में अनुप्रयोगपरक (Applicational) प्रकृति का विषय माना है। साथ ही, उसे प्रतीक सिद्धान्त के परिप्रेक्ष्य में देखने का सुझाव दिया है। इसके लिए इन्होंने प्रसिद्ध भाषाविज्ञानी सस्यूर के प्रतीक विज्ञान सम्बन्धी संकल्पना को आधार बनाया है।

प्रतीक सिद्धान्त के अनुसार भाषा ध्वनियों की प्रतीक व्यवस्था होती है। फलस्वरूप, भाषा के पाठ को भाषिक प्रतीक के रूप में देखा-परखा जाना सम्भव है। वैसे प्रत्येक प्रतीक अपने संकेतन व्यापार में संकेतक (वाचक, वक्ता या लेखक) और संकेतित (वाच्य, कथन या पाठ) का समन्वय होता है। वैसे ही अनुवाद किसी कथन अथवा पाठ का एक भाषा की प्रतीक व्यवस्था से दूसरी भाषा की प्रतीक व्यवस्था में अन्तरण होता है। इसीलिए अनुवाद को प्रतीकान्तरण भी कहा जाता है। अनुवाद में प्रतीकान्तरण करते समय संकेतित (कथन) के मर्म अथवा सन्देश को यथासम्भव सुरक्षित बनाए रखना होता है। यह तभी सम्भव है जब दो पाठों (मूल और अनूदित) की अभिव्यक्ति पद्धति तथा अर्थ और प्रभाव शैली एक समान तथा समतुल्य हों। यानी संकेतक

और संकेतार्थ में प्रतीक व्यवस्था के अन्तर के कारण कोई अन्तर नहीं उत्पन्न हो। डॉ. श्रीवास्तव और डॉ. गोस्वामी ने अपनी इस स्थापना को निम्नलिखित आरेख के द्वारा प्रस्तुत किया है–

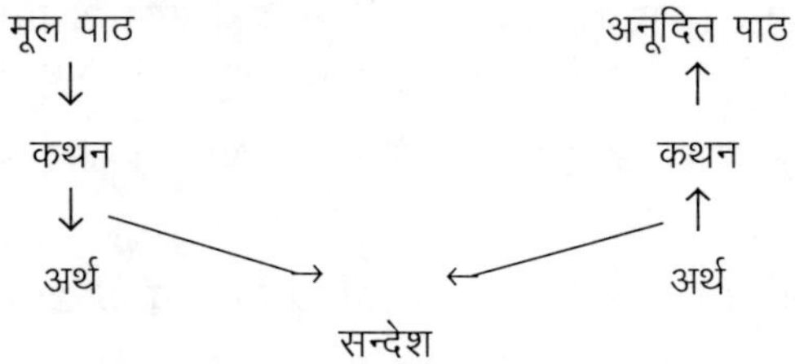

आरेख-4

उल्लेखनीय है कि सन्देश किसी कथन का सारतत्व या मर्म होता है। निश्चित रूप से वह किसी भाषिक कथन का होता है और भाषा विशेष की प्रतीक व्यवस्था में सम्भव होता है। परन्तु ध्यान रखना होगा कि सन्देश का एक स्वायत्त अस्तित्व भी होता है। वह कथन के माध्यम से सम्भव होने के कारण कथन की भाषिक प्रतीक व्यवस्था में ही आबद्ध नहीं होता। सन्देश अन्य प्रतीक रूपों में भी व्यक्त होता है। इसीलिए अनुवाद में पाठ के वैकल्पिक यानी कई-कई रूप मिलते हैं। उदाहरण के लिए, 'मन्दिर में जल चढ़ाना'। इस वाक्य का प्रेमचन्द साहित्य के विभिन्न अंग्रेज़ी अनुवादों में निम्नलिखित चार रूप मिलते हैं–1. to offer oblations, 2. to offer incense water, 3. to offer holy water और 4. to offer prayers.

ऊपर अंग्रेज़ी के चारों वाक्यों पर गौर करने से यह स्पष्ट होता है कि पहले और चौथे अनुवाद में जल के अंग्रेज़ी पर्याय का प्रयोग नहीं हुआ है। अनुवाद में उसे विशिष्ट सामग्री मान लिया गया है। इसका कारण साफ है कि मन्दिर में जल चढ़ाने के कथन का जो सन्देश है, उसका सम्बन्ध पूजा-अर्चन से है। चारों अंग्रेज़ी अनुवादों में इसी सन्देश की अभिव्यक्ति मिलती है। सन्देश को अभिव्यक्त करने के चलते ही मूल तथा अनूदित पाठ समतुल्य हैं।

इस प्रकार अनुवाद-प्रक्रिया का सम्बन्ध दो भाषाओं के बीच सम्प्रेषण व्यापार से जुड़ा होता है। इस व्यापार में अनुवादक की भूमिका को ध्यान

में रखते हुए डॉ. श्रीवास्तव तथा डॉ. गोस्वामी ने अनुवाद-प्रक्रिया के तीन प्रसंग माने हैं–

1. ''पाठक की भूमिका और अर्थग्रहण की प्रक्रिया,
2. रूपान्तरकार (द्विभाषिक) की भूमिका और अर्थांतरण की प्रक्रिया तथा
3. रचनाकार (अनूदित पाठ का) की भूमिका और अर्थ-सम्प्रेषण की प्रक्रिया।''[4]

उपर्युक्त तीनों प्रसंगों के सम्बन्ध में विद्वान द्वय के अपने तर्क हैं। उनके तर्क में भाषा की अभिव्यक्ति-सामर्थ्य और शब्द की विविध अर्थ छटाओं का गहन विश्लेषण मिलता है।

अनुवाद प्रक्रिया के सम्बन्ध में उपर्युक्त विभिन्न विचारों और उनके विश्लेषण पर गौर करने से यह स्पष्ट होता है कि अनुवाद का सीधा सम्बन्ध भाषा से है। भाषाभिव्यक्ति में भाषा के सूक्ष्मतम अवयव ध्वनि तक की महत्त्वपूर्ण भूमिका होती है। अस्तु अनुवाद के लिए यह जरूरी है कि अनुवादक को स्रोतभाषा और लक्ष्यभाषा की सूक्ष्म पकड़ हो। अच्छा अनुवाद वही है जो अनुवाद होने पर भी अनुवाद नहीं लगे, स्वाभाविक सृजन लगे। यह तभी सम्भव है जब सृजन में शब्द के स्थान और उसके अभिप्राय को बारीकी से समझ लिया जाए। शब्द के स्थूल रूप और उसके कोशगत अर्थ को अन्तिम सत्य मान लेने से अनुवाद अच्छा नहीं होता। इस प्रसंग में सुकवि और श्रेष्ठ अनुवादक डॉ. हरिवंशराय बच्चन ने 'अनुवाद की समस्या' शीर्षक अपने अनुभवजनित विचारों को व्यक्त करते हुए ठीक ही लिखा है–

''सफल अनुवादक के लिए यह आवश्यक है कि वह जिस भाषा से अनुवाद करे और जिस भाषा में करे, दोनों पर उसका समान अधिकार हो। साहित्यिक ख्याति के ग्रंथों के लिए यह और भी आवश्यक है कि उसके साथ अनुवादक का रागात्मक सम्बन्ध हो।...यूनानी विद्वानों ने कला के सम्बन्ध में जो सबसे बड़ी बात कही थी वह यह थी कि कला को कला नहीं प्रतीत होना चाहिए। उसे स्वाभाविक लगना चाहिए। यह तभी सम्भव है जब सृजन में शब्द के स्थान को सूक्ष्मता से समझ लिया जाए। शब्द के स्थूल रूप और उसके कोश-पर्याय को अन्तिम सत्य मान लेने वाला सफल अनुवादक नहीं हो सकता।...शब्द साधन है, साध्य तो वह भावना या

विचार है जो उसके पीछे है।...जब अनुवादक शब्दों के आवरण को भेदकर सूक्ष्म भावनाओं के स्तर पर पहुँचता है और वहाँ से अपनी भाषा में अभिव्यक्त होने का प्रयत्न करता है, तब अनुवाद मौलिक लगता है। यह गिरा-अर्थ, जलवीचि को अलग करता है।''[5]

कहना न होगा कि अनुवाद एक सृजनात्मक कार्य है और इसमें अनुवादक की भूमिका अत्यन्त महत्त्वपूर्ण होती है। उसे एक ही समय में पाठक, भाषा विश्लेषक, विषय विशेषज्ञ तथा द्विभाषी की भूमिकाएँ निबाहनी पड़ती हैं। फलस्वरूप, उसकी भूमिका बहुआयामी होती है। इसलिए अनुवादक से स्रोत और लक्ष्य–दोनों भाषाओं के मर्मज्ञ होने की अपेक्षा होती है। क्योंकि ये सारी क्षमताएँ अथवा इनसे सम्बन्धित अक्षमताएँ अनुवाद की प्रक्रिया को प्रभावित करती हैं और अन्ततः इनका अच्छा-बुरा असर अनुवाद में दिखाई देने लगता है। शायद इसीलिए अनुवाद को भाषा व्यवहार की एक सृजनात्मक प्रक्रिया भी माना गया।

यहाँ हमें यह भी समझना होगा कि अनुवाद भाषा व्यवहार की सृजनात्मक प्रक्रिया का परिणाम भी होता है। यह प्रक्रिया मूल अर्थात् स्रोतभाषा के पाठ पर अनुवादक की प्रतिक्रिया से शुरू होती है और अनूदित पाठ की रूप रचना तक फैली होती है। इसीलिए अनूदित पाठ को मूल पाठ के 'समतुल्य' एक स्वायत्त पाठ के रूप में देखने का सिलसिला शुरू हुआ है। निश्चय ही यह सिलसिला अनुवादक को उसकी विभिन्न भूमिकाओं के प्रति सजग और समर्थ बनाता है। साथ ही, अनुवाद की प्रक्रिया में उसके विविध चरणों के महत्त्व और उन्हें साधने की विधि भी समझाता है। इस प्रसंग में सर्वाधिक महत्त्वपूर्ण तथ्य यह है कि अनुवाद-प्रक्रिया के अध्ययन और विश्लेषण से ही मशीन ट्रांसलेशन सम्भव हुआ है और भाषाओं का मशीन साधित विश्लेषण तथा वर्गीकरण सहज हुआ है। यह अनुवाद प्रक्रिया ही है, जिससे अनुवाद-व्यापार के चरणों और भिन्न चरणों पर पाए जाने वाले भाषाई विकल्पों का निर्धारण करने में सहूलियत होती है। साथ ही, अनुवाद की प्रक्रिया से गुजरते हुए अनुवादक शब्द विशेष के खास सन्दर्भ में होनेवाले सटीक अर्थांतरण का निर्धारण करता है। अस्तु अनुवाद के अध्ययन में अनुवाद की प्रक्रिया और उसका विश्लेषण विशिष्ट तथा महत्त्वपूर्ण होता है।

वैसे अनुवाद की प्रक्रिया के दो ध्रुव होते हैं–(1) मूलपाठ का पठन एवं मनन तथा (2) मूलपाठ का लक्ष्यभाषा में अन्तरण। अनुवाद इन्हीं दो ध्रुवान्तों के बीच घटित होता है। भाषाविदों और अनुवाद विशेषज्ञों ने इसके कई पड़ाव माने हैं, जिनका उल्लेख ऊपर किया जा चुका है। मसलन, नाइडा के अनुसार अनुवाद तीन चरणों में सम्पन्न होता है तो न्यूमार्क अनुवाद-प्रक्रिया में दो चरणों की ही कल्पना करते हैं। बाथगेट इस प्रसंग में किंचित विस्तार में जाते हैं और अनुवाद के आसंगों (aspects) को व्यापक मानते हुए उसके फलक को अधिक विस्तार के साथ प्रस्तुत करते हैं। वे अनुवाद को संक्रियात्मक (operational) कार्य मानते हैं तथा इसके सात सोपान निर्धारित करते हैं। इसी प्रकार भोलानाथ तिवारी ने इसके पाँच चरण माने हैं, जबकि डॉ. श्रीवास्तव/डॉ. गोस्वामी ने अनुवाद को सन्देश का प्रतीकान्तरण मानते हुए इस सन्दर्भ में भूमिका-समस्या प्रारूप की अवधारणा प्रस्तुत की है। इस सिलसिले में अनुवाद विशेषज्ञ जी. गोपीनाथन का मन्तव्य बिल्कुल ही भिन्न है। वे अनुवाद को 'परकाय-प्रवेश की प्रक्रिया मानते हैं और इसके परिप्रेक्ष्य के बहुव्यापी रूपों की चर्चा करते हैं। वे स्रोत एवं लक्ष्यभाषाओं के बीच स्वन, शब्द, रूप, वाक्य और शैली के स्तरों पर समन्वय स्थापित करना अनुवाद-प्रक्रिया के लिए नितान्त आवश्यक मानते हैं।'[6]

निश्चय ही अनुवाद स्रोत एवं लक्ष्यभाषाओं के बीच समन्वय-स्थापन है। इसमें समन्वय चाहे स्वन (ध्वनि) के स्तर पर सम्भव न भी हो, फिर भी शब्द, वाक्य, रूप और शैली के स्तरों पर होता है। अच्छा अनुवाद तभी सम्भव होता है। किन्तु अनुवाद की इन विशेषताओं को ठेठ रूप में नहीं लिया जा सकता। भाषिक कर्म होने के कारण अनुवाद कभी-कभी मूल का हू-ब-हू प्रतिरूप नहीं होता है। रूप के साथ-साथ शैली में भी वह मूल से भिन्न हो सकता है। इसलिए कि भाषाओं की प्रकृति एक जैसी नहीं होती। कभी किन्हीं शब्दों के भाषिक पर्याय और उनके सामान्य एवं प्रचलित अर्थभेद काफी गहरे होते हैं। वाक्य गठन और उसकी प्रतीति भी कभी-कभी अनुवाद को शब्द-संगत नहीं रहने देती। कभी-कभी कोई वाक्य संरचना और प्रतीति के स्तर पर इतना विषम होता है कि यदि स्रोत और लक्ष्यभाषाओं के बीच शब्दशः और वाक्यशः समन्वय स्थापित किया जाए

तो अनुवाद हर्गिज नहीं हो। जैसे Do not Drink and Drive. पाँच शब्दों के इस छोटे-से अंग्रेज़ी वाक्य का यदि प्रकरणगत अर्थ न लिया जाए तो भाषाओं के शाब्दिक समन्वय के जरिये क्या अनुवाद होगा कि 'मत पीओ और गाड़ी चलाओ?

अकारण नहीं अनुवाद को सृजन का पुनर्सृजन अथवा रचना की पुनर्रचना कहा जाता है। अनुवाद सृजन होता है तो इसलिए कि अनुवादकर्ता को इसे मूल के शब्द, रूप, शैली आदि के समान ही नहीं, बल्कि भाव और प्रभाव के समान भी सिरजना पड़ता है। किसी भाषिक सृजन के समान तथा समकक्ष सृजन, वह भी दूसरी भाषा में, निहायत कठिन होता है। इसके लिए दो भाषाओं का ज्ञान, भाषिक विश्लेषण की क्षमता और भाषान्तरण का कौशल जरूरी होते हैं। फिर भी अनुवाद अच्छा ही होगा, गारंटी नहीं रहती।

इसीलिए सृजन के 'फिनिशिंग टच' की भाँति अनुवाद में पुनर्गठन और पुनरीक्षण की जरूरत पड़ती है। इन अवस्थाओं से गुजरकर ही अनुवाद मूल के समतुल्य तथा सुघड़ बनता है। इस प्रक्रिया में कभी-कभी अनुवाद का प्रस्तुत प्रारूप पूरी तरह बदल जाता है। परन्तु जो नया रूप सृजित होता है, वह मूल कथन के भाव और सन्दर्भ का सटीक अन्तरण होता है। जैसे Do not Drink and Drive-पीकर गाड़ी न चलाएँ।

इस तरह से अनुवाद-प्रक्रिया मूल पाठ के पठन एवं मनन तथा लक्ष्यभाषा में उसके अन्तरण के बीच सम्पन्न होने वाली एक रचनात्मक प्रक्रिया है। यह कई सोपानों से गुजरने के कारण किंचित घुमावदार प्रक्रिया है। इसमें स्रोतभाषा के पाठ का सीधे लक्ष्यभाषा में अन्तरण नहीं होता है, बल्कि उसे पठन के साथ-साथ विश्लेषण, पुनर्गठन और पुनरीक्षण जैसे सोपनों से गुजरना पड़ता है। इस पूरे प्रसंग में अनुवादक का सृजनशील तथा विचारशील होना जरूरी होता है। तब जाकर सुन्दर और सटीक अनुवाद सम्भव हो पाता है।

इस तरह उपर्युक्त विवेचन के निष्कर्ष के रूप में अनुवाद प्रक्रिया के निम्न पाँच चरण माने जा सकते हैं–(1) पाठ-पठन (2) पाठ-विश्लेषण (3) भाषान्तरण (4) पुनर्गठन और (5) पुनरीक्षण।

1. पाठ-पठन–अनुवाद में मूलपाठ का पठन प्राथमिक होता है। अनुवादक सबसे पहले मूल पाठ को पढ़ता है। तत्पश्चात् पाठ के अर्थ एवं आशय की दृष्टि से उसका सांगोपांग बोध प्राप्त करता है। पाठ के बोध से अभिप्राय उसे पूर्णरूपेण समझना है। इस स्तर पर पाठ का अर्थग्रहण होता है। इसमें पाठ को स्रोतभाषा की संरचना तथा वर्ण्य विषय के स्तर पर समझना होता है। पाठ के सन्देश तक पहुँचने के लिए इन स्तरों का उद्घाटन आवश्यक होता है। क्योंकि पाठ का अर्थ ही नहीं, उसका अभिप्राय भी भाषिक अभिव्यक्ति और उनके विन्यास में छिपा होता है। अर्थ और अभिप्राय कभी संकेतों में तो कभी संरचना में और कभी-कभी प्रयोग तथा व्यंजना में निहित होते हैं। अतः इन्हें समझने के लिए पाठ का पठन-मनन आवश्यक होता है। तभी अनुवाद हो पाता है। जैसे–

(1) (रमेश पर बदलाव का) रंग चढ़ना–धुन सवार होना।
(2) (पुलिस को देखते ही चोर का) रंग उतरना–हतप्रभ होना, डरना।
(3) (कार्यकर्ता का नेता के) रंग में रँगना–अनुयायी होना, आस्थावान होना।
(4) (नेता का बार-बार) रंग बदलना–दलगत, वैचारिक आस्था बदलते रहना।
(5) (सभा में) रंग में भंग होना–विघ्न पैदा होना।

भाषा संस्कृति की संवाहक भी होती है। फलतः कभी-कभी किन्हीं संश्लिष्ट अभिव्यक्तियों को समझने, उनका बोध प्राप्त करने के लिए संस्कृति को समझना जरूरी हो जाता है। इस तरह पाठ का अर्थग्रहण सामाजिक संस्कार की भी माँग करता है, जिसे पूरा करके ही पाठ के अभिप्राय तक पहुँचा जा सकता है। इसके बिना मुहावरेदार कथन या काव्य का अनुवाद असम्भव है। बकौल नाइडा, 'अनुवाद-प्रक्रिया अनुवादक के मन-मस्तिष्क में चलनेवाली एक आन्तरिक प्रक्रिया है, जिसकी प्रकृति का केवल अनुमान लगाया जा सकता है।''[7]

निश्चय ही अनुवाद अनुवादक की मानसिक तैयारी तथा शब्द, अर्थ एवं भाव के सन्दर्भ में दो भाषिक संरचनाओं की समतुल्यता होता है। इसमें अनुवादक का भाषा-ज्ञान अत्यन्त महत्त्वपूर्ण होता है। अनुवादक

को हर स्थिति में संयमित, सन्तुलित और अभिव्यक्ति के समतोल की खोज में ज्ञानानुशासित रहना पड़ता है। उसे एक ही समय में मूलपाठ को पढ़ना, उसका अर्थग्रहण करना, पाठ का संयोजन समझना तथा पाठ में निहित सन्देश को अनुभूत करना पड़ता है। उदाहरण के लिए–I met the man, who killed the tiger was crossing the bridge. इस वाक्य का अनुवाद करते समय यह देखना जरूरी है कि पुल से कौन गुजर रहा था, आदमी या बाघ? तभी अनुवाद होगा–बाघ को मारनेवाले व्यक्ति से, जब वह पुल से गुजर रहा था, मैं मिला। अन्यथा इस वाक्य में कर्म और क्रिया की निकटता पर ध्यान देने से यह भ्रम भी पैदा होता है कि पुल से आदमी नहीं बाघ गुजर रहा था। ऐसे में कोई यह अनुवाद भी कर सकता है–''मैं उस आदमी से मिला, जिसने पुल से गुजर रहे बाघ को मारा था'' अथवा ''मैं पुल से गुजर रहे बाघ को मारने वाले व्यक्ति से मिला।'' पाठ पठन इस अर्थ में महत्त्वपूर्ण होता है कि इसी चरण में पाठ का अर्थग्रहण होता है, जिसके बिना पाठ का विश्लेषण सम्भव नहीं होता।

2. पाठ-विश्लेषण–अनुवाद की प्रक्रिया का दूसरा सोपान पाठ का विश्लेषण होता है। अनुवाद करते समय अनुवादकर्ता सबसे पहले मूलभाषा के पाठ का विश्लेषण करता है। इसके अन्तर्गत शब्दों का अर्थगत विश्लेषण किया जाता है। साथ ही, पाठ के व्याकरणिक रूप को रचना (composition) की दृष्टि से समग्रता में समझा जाता है। व्याकरणिक संरचना के अन्तर्गत पदबन्ध, उपवाक्य, विशेषण-विशेष्य आदि भेदोपभेद पाठ का अर्थ और अभिप्राय खोलने में सहायक नहीं होते। एक ही शब्द के अनेक अर्थ हो सकते हैं। अस्तु यदि शब्दगत अर्थ को ही ध्यान में रखकर पाठ का अनुवाद किया जाए तो सटीक या समतुल्य अनुवाद दूर की कौड़ी हो सकता है। इसलिए अनुवाद करते समय शब्द के प्रकरणगत अर्थ को भी ध्यान में रखना और इस दृष्टि से भी पाठ का विश्लेषण करना जरूरी होता है। वैसे भी अनुवाद केवल वाच्यार्थ का भाषान्तरण नहीं होता है। अनुवाद में शब्दों के लक्ष्यार्थ और व्यंग्यार्थ का समाहार भी आवश्यक होता है। अनुवाद में अनुवादकर्ता पहले पाठक होता है, फिर अनुवादक। पाठक के रूप में उसे यह याद

रखना जरूरी होता है कि शब्दार्थ पाठ-सापेक्ष होता है। विषय और सन्दर्भ के अनुसार शब्दों के अर्थ बदल जाते हैं। यथा अंग्रेज़ी शब्द Treatment के अर्थ। इस शब्द के अर्थ में सन्दर्भ के अनुसार अन्तर आते हैं। निम्नलिखित उदाहरण देखा जा सकता है–

Treatment of prisioner–कैदी के साथ व्यवहार।

Treatment of disease–रोग का उपचार।

Treatment of the subject–विषय का प्रतिपादन।

स्पष्ट है कि अनुवाद में अनुवादक से यह उम्मीद की जाती है कि पाठ के विषय की उसे एक हद तक जानकारी हो। अनुवादक हर विषय का विशेषज्ञ नहीं हो सकता, किन्तु पाठ के कथ्य की सामान्य समझ तो उसमें होनी ही चाहिए। सुन्दर और सटीक अनुवाद के लिए अनुवादक में यह गुण अपेक्षित होता है। कार्यालयों में प्रशासनिक टिप्पण लेखन में 'अनुमोदन', 'स्वीकृति' और 'संस्वीकृति' शब्द प्रायः व्यवहृत होते हैं। ऊपरी तौर पर ये तीनों शब्द पर्याय प्रतीत होते हैं। किन्तु ऐसा नहीं है। अनुमोदन (approval) किसी प्रारूप, प्रस्ताव, कार्य-योजना आदि को लेकर अनुभाग, विभाग या कार्यालय प्रधान की सहमति होता है। इसी तरह स्वीकृति (accept) शब्द की व्याप्ति है। इसमें किसी माँग, सुविधा आदि के स्वीकार किए जाने का भाव होता है। किन्तु जब कोई नया प्रस्ताव या नई कार्य-योजना अथवा कार्यमद अपने अनुमानित व्यय-विवरण के साथ स्वीकार होता है तो उसे संस्वीकृति (sanction) कहा जाता है। इस प्रकार अनुवादक को इतना सुविज्ञ तथा दक्ष होना चाहिए कि वह किसी पाठ की शाब्दिक सूक्ष्मता को समझ पाए, जिससे कि सटीक अनुवाद सम्भव हो सके। ऐसा पाठ के विश्लेषण-क्रम में शब्दों के सही अर्थग्रहण के चलते सम्भव होता है। अनुवाद में पाठ का विश्लेषण इसीलिए महत्त्वपूर्ण माना जाता है।

नाइडा ने भी माना है कि 'विश्लेषण के धरातल पर अनुवादक मूल पाठ की भाषा, व्याकरण तथा संस्कृति से सम्बन्धित पक्षों का विश्लेषण करता है।'[8] इसके अन्तर्गत जरूरत के अनुसार भाषा विज्ञान की तकनीक का भी सहारा लिया जाता है। इसमें अनुवादक के विषय-ज्ञान, प्रतिभा तथा कल्पनाशक्ति की भी भूमिका होती है और इन्हीं सबके बल पर अनुवादक अनुवाद करते समय पाठ का विश्लेषण करता है। यह काम

पहले शब्द के स्तर पर, फिर वाक्य के स्तर पर, फिर भाव के स्तर पर और फिर पूरे कथन की शैली के स्तर पर होता है। तब जाकर भाषान्तरण की स्थिति बनती है।

3. भाषान्तरण–अनुवाद की प्रक्रिया में भाषान्तरण अत्यन्त महत्त्वपूर्ण होता है। स्रोतभाषा पाठ की सम्पूर्ण इकाइयों तथा शब्द, वाक्य, अर्थ, अभिप्राय आदि का लक्ष्यभाषा में रूपान्तरण इसी चरण में होता है। स्रोतभाषा एवं लक्ष्यभाषा के बीच शब्दगत, अर्थगत तथा संरचनागत संगति अनुवाद की प्राथमिक शर्त होती है। अनुवादक इन्हें भाषान्तरण के चरण में ही साधता और सम्भव करता है। इस हेतु अनुवादक पहले मूल पाठ के शब्दार्थ के आधार पर और फिर संरचना के आधार पर लक्ष्यभाषा पाठ का सृजन करता है। इसके लिए अनुवादकर्ता को पाठ में प्रयुक्त शब्दों, वाक्यों एवं उनके अर्थों तथा मुहावरों, लोकोक्तियों और उनके लक्ष्यार्थ को आत्मसात करना होता है। शब्दों के सही अर्थ और कथन की अभिव्यंजना को समझने की चेष्टा करनी होती है। कथन की शैलीगत विशेषता पर भी ध्यान देना पड़ता है। तभी किसी पाठ का समग्र रूप में भाषान्तरण हो पाता है। अनुवादक को ऐसा करते हुए यह सुनिश्चित करना अपरिहार्य होता है कि अनुवाद मूल का अर्थ एवं अभिप्राय आदि हर तरह से समान तथा समतुल्य हो।

दरअसल, भाषान्तरण में दो शर्तों का निर्वाह जरूरी होता है। पहली शर्त-'न कम, न ज्यादा' (No loss, no gain)। मूल पाठ और अनूदित पाठ, दोनों ही को अर्थ के मामले में एक दूसरे का बिल्कुल समतुल्य होना चाहिए। दूसरी शर्त यह कि अनुवाद में मूल जैसी शैली और अभिव्यक्ति की समतुल्यता होनी चाहिए। यद्यपि अनुवाद में इन शर्तों का निर्वाह कठिन होता है, किन्तु यही अनुवाद की सुन्दरता और रचनात्मकता की गारंटी होती हैं। इसके लिए अनुवादक को कतिपय समस्याओं से जूझना पड़ता है। अनूदित पाठ के रचनाकार के तौर पर उसे पहले अर्थ-सम्प्रेषण की समस्या का सामना करना पड़ता है। मूल पाठ को अर्थ तथा भाव के समूचे सन्दर्भों के साथ आत्मसात करना पड़ता है। तदनन्तर मूल के समानान्तर लक्ष्य भाषा में एक 'सह पाठ' रचना पड़ता है। ऐसा करते हुए उसे मूल पाठ की अभिव्यंजना और उसकी अभिव्यक्तिगत

विशेषता (शैली आदि) की रक्षा का दबाव भी झेलना होता है। दूसरी तरफ, अनूदित पाठ के सर्जक होने के नाते उसे अपने देश और काल के अनुरूप अनुवाद को बोधगम्य तथा सम्प्रेष्य भी बनाना पड़ता है। फलस्वरूप, अनुवाद करते समय उसे कई-कई शाब्दिक तरकीबें अपनानी पड़ती हैं और यह पूरी तरह से आत्मगत होता है। अनुवाद में अन्तर (variation in translation) तथा अनुवाद में क्षति (Loss in translation) का कारण भी यही है। जैसे-'जाड़े का महीना' का अनुवाद एक अनुवादक केवल Winter, दूसरा Month of Winter तो तीसरा end of rainy season कर सकता है।

अनुवाद में भाषान्तरण की समस्या असल में मूलपाठ के अर्थ के लक्ष्यभाषा में अभिव्यक्त होने से जुड़ी होती है। इसे अर्थ का पुनर्विन्यास कह सकते हैं। किसी पाठ के अर्थ का लक्ष्यभाषा में रूपान्तरण अथवा पुनर्विन्यास मोटे तौर पर तीन प्रकार से होता है (क) पूर्ण पुनर्विन्यास (ख) विश्लेषणात्मक पुनर्विन्यास और (ग) संश्लेषणात्मक पुनर्विन्यास।

(क) पूर्ण पुनर्विन्यास : इसमें किसी भाषिक कथन के अर्थ तथा भाव को व्यक्त करने के लिए दूसरी भाषा में सर्वथा भिन्न कथन अथवा अभिव्यक्ति का प्रयोग होता है। जैसे–by leaps and bounds के लिए हिन्दी में 'दिन दुनी रात चौगुनी' का प्रयोग। अंग्रेजी at hand के लिए हिन्दी में 'पास, सन्निकट', अंग्रेज़ी at random के लिए हिन्दी में 'सहसा', अंग्रेज़ी के state-of-the-art के लिए हिन्दी में अत्याधुनिक जैसे अर्थ-प्रयोग में दोनों भाषिक कथनों की भिन्नता जग जाहिर है।

(ख) विश्लेषणात्मक पुनर्विन्यास : इस प्रकार के अन्तरण में मूल शब्द या अभिव्यक्ति की किसी एक इकाई के माध्यम से अर्थ को दूसरी भाषा में कई भाषिक इकाइयों के सहारे व्यक्त किया जाता है। फलतः इसमें अर्थ की एकात्म या समन्वित अभिव्यक्ति नहीं, बल्कि विश्लेषणपरक अभिव्यक्ति होती है। उदाहरण के लिए, 'ननद' शब्द के लिए sister of husband. तथा 'जेठानी' के लिए wife of elder brother of husband.

(ग) संश्लेषणात्मक पुनर्विन्यास : इसमें मूल कथन का अर्थ और अभिप्राय लक्ष्यभाषा में सीधे, सहज रूप में व्यंजित नहीं होता, बल्कि

किसी अन्य रूप में व्यंजित होता है। इस प्रक्रिया में मूल भाषा के शब्द या कथन का अनूदित भाषा में अन्यथा अर्थग्रहण होता है। इसमें शब्दशः अर्थग्रहण का आग्रह नहीं होता। कथन का प्रकरणगत अर्थ लिया जाता है और उन्हीं का अन्तरण होता है।इसलिए कभी किसी शब्द का अनुवाद गौण कर दिया जाता है और कभी-कभी किसी शब्द का अन्तरण वाच्य-परिवर्तन आदि के द्वारा बिल्कुल भिन्न रूप में किया जाता है जैसे–

(i) I beg to state that–निवेदन है कि...।

(ii) मैं रसपुरी खा रहा हूँ–I am eating a mango।

(iii) I wonder if it is true–मुझे इसकी सच्चाई में सन्देह है।

(iv) A line in reply will be appreciated–उत्तर की प्रतीक्षा रहेगी।

(v) The conference was presided by the Minister–माननीय मंत्री महोदय ने सम्मेलन की अध्यक्षता की।

जाहिर है कि सटीक से सटीक अन्तरण में भी मूल पाठ का प्रभाव बदल जाता है और उसके अर्थ में कुछ अन्तर आ जाता है। तथापि कई अनुवाद ऐसे होते हैं, जो अनुवाद नहीं बल्कि मूल सृजन लगते हैं। जुलियाना हाउस के वर्गीकरण के मुताबिक, ऐसे अनुवाद परोक्ष अनुवाद की श्रेणी में आते हैं। इसके उलट, प्रत्यक्ष अनुवाद होते हैं जो स्पष्ट रूप से यह आभास देते हैं कि रचना मूल नहीं अनूदित है। वास्तव में भाषान्तरण करते समय मूल शब्दों के समतुल्य की खोज में अनुवादक के सामने कई विकल्प होते हैं। इस हेतु पाठ की प्रकृति, मूलभाषा की संवेदना, लक्ष्यभाषा की स्थिति, लक्ष्यभाषा के पाठक वर्ग का बौद्धिक स्तर आदि कारक मुख्य होते हैं, जिनके आधार पर भाषान्तरण में शब्द और वाक्य के समतुल्यों का निर्धारण किया जाता है। अतः भाषान्तरण करते समय समतुल्यों के निर्धारण में निम्नलिखित प्रकार के विकल्प अपनाए जाते हैं :

क. मूल पाठ के शब्दों का अनुवाद में यथावत प्रयोग। जैसे–बैंक, वीटो, स्टेशन।

ख. मूल पाठ के शब्दों की व्याख्या के सहारे अनुवाद।
जैसे–Gynaecologist–स्त्री रोग विशेषज्ञ।

ग. मूल पाठ की अभिव्यक्ति विशेष के लिए शाब्दिक अर्थ का सहारा।
जैसे–Iron man–लौह पुरुष, Black Market–काला बाज़ार।

घ. मूल पाठ के शब्द विशेष के लिए शब्द निर्माण। जैसे–Radio–आकाशवाणी, Parliament–संसद, Academy–अकादमी।

च. मूल पाठ की अभिव्यक्ति विशेष को अनुवाद में सुगम बनाने के लिए अतिरिक्त अभिव्यक्ति जोड़ना। जैसे–Budget–आय-व्ययक, Functional–प्रयोजनमूलक, Archetype–आद्य प्ररूप, Koine–आम बोलचाल की भाषा, Ethics–आचरण संहिता। और

छ. कभी-कभी किसी अभिव्यक्ति विशेष के चलते अनुवाद के गठन, वाक्य-प्रवाह अथवा सहजता में गतिरोध आने के कारण भाषान्तरण में उसे छोड़ देना ही श्रेयस्कर होता है।

इस प्रकार भाषान्तरण करते समय अनुवादक कई विकल्पों को आजमाता है। उसका ध्येय बस इतना होता है कि चाहे कोई भी तरकीब आजमानी पड़े, अनुवाद अच्छा हो। मूल का समतुल्य हो और मूल में निहित अर्थ, शैली, भाव और प्रभाव आदि सभी अनुवाद में व्यंजित हों। इस तरह से कहा जा सकता है कि अनुवाद प्रक्रिया के विभिन्न चरणों में भाषान्तरण सर्वाधिक महत्त्वपूर्ण चरण होता है और वास्तविक अनुवाद इसी चरण में साकार होता है। अनुवाद चिन्तक नाइडा के विचार में भी 'वास्तविक अनुवाद अन्तरण के स्तर पर ही होता है। किसी भाषा के कथन को दूसरी भाषा में अन्तरित करने का मतलब है—अभिव्यक्ति के धरातल पर उसका (कथन का) फिर से विन्यास करना अर्थात् पुनर्रचना। यह काम कुछ-कुछ वैसा ही है जैसा कि किसी भिन्न प्रकार के बक्स में सजे सामान को निकाल कर किसी अलग प्रकार के बक्स में दुबारा सजाना।'[9]

वैसे भाषान्तरण अपने आप में एक जटिल प्रक्रिया है। यह मानसिक तौर पर श्रमसाध्य प्रक्रिया है। इसमें अनुवादक के भाषाज्ञान और अनुभव की बड़ी भूमिका होती है। इसमें अनुवादक की अभिरुचि भी महत्त्वपूर्ण और उत्तरदायी होती है। तभी किसी रचना की दूसरी भाषा में पुनर्रचना हो पाती है। अतः यह कहना गलत न होगा कि अनुवाद की समग्र जटिलता वस्तुतः भाषान्तरण की ही जटिलता होती है।

4. पुनर्गठन—दरअसल, अनुवाद की प्रक्रिया जिन चरणों अथवा स्तरों में सम्पन्न होती है, उनके मोटे तौर पर दो रूप होते हैं—(i) आन्तरिक तथा (ii) बाह्य। अन्तरिक चरण वे चरण होते हैं, जिनसे गुजरकर कोई स्रोतभाषा

पाठ लक्ष्यभाषा का प्रारूप बनता है। इसी प्रकार बाह्य चरण वे होते हैं, जो अनुवाद-प्रारूप के साथ जुड़कर उसे सँवारते हैं और मुकम्मल अनुवाद बनाते हैं। इस तरह से पाठ-पठन, पाठ-विश्लेषण और भाषान्तरण अनुवाद के आन्तरिक चरण होते हैं, जबकि पुनर्गठन और पुनरीक्षण बाह्य चरण। वैसे भी पठन, विश्लेषण और भाषान्तरण अनुवाद के यथार्थ स्वरूप से प्रत्यक्षतः जुड़े होते हैं। पुनर्गठन और पुनरीक्षण अनुवादित स्वरूप का परोक्ष संवर्द्धन करते हैं। इन चरणों में अनुवादक अनुवाद के वास्तविक कार्य से बाहर होता है।

पुनर्गठन एक तरह से अनुवाद का पहला आलोचनात्मक आकलन होता है। इसमें मूल पाठ के अनुवाद प्रारूप की लक्ष्यभाषा की प्रकृति के आधार पर जांच-परख होती है। अनुवाद प्रारूप के खुरदुरेपन और कच्चेपन को लक्ष्यभाषा के स्वभाव में ढाला और सुस्थिर किया जाता है ताकि अनुवाद अनुवाद न लगे, बल्कि लक्ष्यभाषा की रचना प्रतीत हो। जैसे–The president will release pigeons to inaugrate the function. राष्ट्रपति कबूतरों का विमोचन कर समारोह का उद्‌घाटन करेंगे।

प्रस्तुत हिन्दी वाक्य ऊपर उद्धृत अंग्रेज़ी वाक्य का शाब्दिक अनुवाद तो है, किन्तु यह हिन्दी की स्वाभाविक अभिव्यक्ति नहीं है। release का अर्थ विमोचन करना, मुक्त करना, छोड़ना आदि होता है, किन्तु कबूतरों का विमोचन नहीं होता। कबूतर मुक्त करने या छोड़ने में भी भाव की स्वाभाविक अभिव्यक्ति बाधित है। पुनर्गठन के स्तर पर अनुवादक को इन पहलुओं पर ध्यान देना होता है। तभी जाकर अनुवाद-प्रारूप का पुनर्गठित रूप इस तरह से निखर पाता है–राष्ट्रपति कबूतर उड़ाकर समारोह का उद्‌घाटन करेंगे।

प्रत्येक भाषा की अपनी अभिव्यक्ति-शैली और कथन-रीति होती है। अनुवाद यदि मूल कथन के सन्देश का लक्ष्यभाषा में यथारूप, यथाभाव पुनर्प्रस्तुति है तो यह लक्ष्यभाषा की अभिव्यक्ति-शैली और संस्कार के अनुरूप ही हो सकता है। तभी अनुवाद सहज, स्वाभाविक और बोधगम्य बनता है। इस हेतु अनूदित पाठ रचने में अनुवादकर्ता किंचित स्वतंत्रता का सहारा ले सकता है। जैसे वाच्य परिवर्तन के सहारे अनुवाद, जैसे लम्बे और जटिल वाक्य का छोटे-छोटे कई वाक्यों के सहारे अनुवाद, जैसे लयात्मक

कथन का सामान्य गद्य में अनुवाद आदि। परन्तु पुनर्गठन के स्तर पर यह सुनिश्चित करना जरूरी होता है कि अनूदित पाठ मूल के सन्देश का समतुल्य हो।

उल्लेखनीय है कि पुनर्गठन अनुवाद प्रक्रिया का बाह्य घटक होकर भी अत्यन्त महत्त्वपूर्ण घटक होता है। यह एक ऐसा घटक होता है, जिसके अन्तर्गत अनुवादकर्ता अपने ही किए अनुवाद का पुनरावलोकन करता है तथा उसे लक्ष्यभाषा की अभिव्यक्ति और शैली की कसौटी पर कसता है। यह काम उस सोनार के काम जैसा नहीं होता जो सोने के खरेपन की जांच के बाद उसका मोलभाव करता है। पुनर्गठन करते हुए अनुवादक उस कलाकार की भूमिका में होता है जो पूरी एकाग्रता और साधना से कलाकृति बना लेने के बाद भी 'फिनिशिंग टच' दिए बिना सन्तुष्ट नहीं होता। स्पष्ट है कि पुनर्गठन के स्तर पर अनुवादक भाषा-सर्जक की भूमिका में होता है। उसके पुनर्प्रयास से अनुवाद लक्ष्यभाषा के कच्चे प्रारूप से सँवरकर मूलपाठ का भाषान्तरण मात्र होने से मुक्त होता है। उसमें रचनात्मक निखार आता है। वह खालिस अनुवाद के धरातल से ऊपर उठकर लक्ष्यभाषा की रचना बनता है। अस्तु अनुवाद में पुनर्गठन का चरण अनुवादक की नैसर्गिक प्रतिभा और सर्जनात्मक शक्ति के लेखे भी महत्त्वपूर्ण होता है।

5. पुनरीक्षण–अनुवाद में पुनरीक्षण दूर बैठे का कर्म है। इसमें संलग्नता नहीं, बल्कि तटस्थता की जरूरत होती है। तटस्थता भी कोरी नहीं, वरन ज्ञान और दक्षता के साथ तटस्थता। तभी जाकर मूल पाठ के बरअक्स अनूदित पाठ का मूल्यांकन सम्भव हो पाता है। इसलिए पुनरीक्षण का काम पराया काम होता है। परन्तु अपनेपन के भाव से उत्प्रेरित पराया काम। अनुवाद में पुनरीक्षण का काम प्रायः वे करते हैं जो उससे सीधे तौर पर अर्थात् भाषान्तरण के चरण में जुड़े नहीं होते हैं।

अनुवाद में पुनरीक्षण का मतलब है–अनूदित पाठ का पुनः परीक्षण। मूल पाठ को सामने रखकर अनूदित पाठ की फिर से जांच-पड़ताल कि वह समतुल्य और सटीक तो है। शब्द, वाक्य, शैली या प्रभाव आदि किसी भी दृष्टि से कम या ज्यादा तो नहीं है। स्पष्ट है कि अनुवाद प्रक्रिया के इसी चरण में अल्पानुवाद अथवा अत्यानुवाद (under translation or over translation) जैसे दोषों का परिमार्जन होता है। इस अर्थ में पुनरीक्षण सटीक अनुवाद की संकल्पना का पक्षकार होता है। उसे सम्भव बनाता है। इसमें कर्ता का विषय तथा भाषा का ज्ञानी होना श्रेयस्कर होता है। साथ ही, अनुवाद के क्षेत्र में अनुभवी होना भी अपेक्षित होता है। क्योंकि पुनर्गठन के बावजूद अनुवाद में जो कमियाँ रह जाती हैं, उनका पुनरीक्षण के चरण में निवारण होता है। इसके उपरान्त ही अनुवाद पूर्ण काम माना जाता है। इसलिए पुनरीक्षण अनुवाद प्रक्रिया का अन्तिम सोपान होता है।

अनुवाद चिन्तन में पुनरीक्षण की प्रक्रिया मूलतः भारतीय निष्पत्ति है। नाइडा, कैडफोर्ड, न्यूमार्क आदि पाश्चात्य अनुवादशास्त्रियों ने पुनर्गठन को ही अनुवाद प्रक्रिया का इत्यलम माना है। उनके विचार में, अनुवाद के पहले प्रारूप में भाषा और भाव सम्बन्धी जो भी कच्चापन रहता है, उसे पुनर्गठन के स्तर पर ही दुरुस्त कर लिया जाता है। किन्तु अनुभव बताता है कि ऐसा नहीं होता। सबकुछ के बावजूद अनुवादक की भी सीमा होती है। सारी सक्रियता और सजगता के बावजूद अनुवादक के स्वयं के अनुवाद की सभी रिक्तियाँ या कमियाँ पकड़ में नहीं आतीं। कुछ-न-कुछ पकड़ से बाहर रह जाती हैं। क्योंकि लेखक होने के कारण वह खुद के लिखे के प्रति पूरी तरह से तटस्थ नहीं हो पाता। कतिपय कमियाँ अथवा गलतियाँ उसे नज़र ही नहीं आतीं, जिनका कि पुनर्गठन के स्तर पर निवारण हो सके। इसके लिए दूसरा व्यक्ति जरूरी होता है, जो अनुवाद-विषय का जानकार होते हुए भी अनुवाद विशेष से अनभिज्ञ रहता है। इससे उसे अनुवाद विशेष के गुण-दोष को समझने में आसानी होती है। उदाहरण के लिए निम्नलिखित अंग्रेज़ी वाक्यों तथा उनके हिन्दी अनुवादों को देखा जा सकता है :

(1) clerical error is responsible for this mistake.

क. लिपिकीय गलती इस गलती के लिए उत्तरदायी है–अनुवाद प्रारूप।

ख. लिपिकीय गलती इस भूल का कारण है–पुनर्गठन के बाद।

ग. यह भूल लेखन की गलती के कारण हुई है–पुनरीक्षण के बाद।

(2) I am upset because my programme is upset.

क. मैं अस्तव्यस्त हूँ, क्योंकि मेरा कार्यक्रम अस्तव्यस्त है–अनुवाद प्रारूप।

ख. मैं अस्तव्यस्त हूँ, क्योंकि मेरा कार्यक्रम अस्तव्यस्त हो गया है-पुनर्गठन के बाद।

ग. मैं परेशान हूँ, क्योंकि मेरा कार्यक्रम गड़बड़ हो गया है–पुनरीक्षण के बाद।

(3) The boy who fell from the tree died in the hospital.

क. वह लड़का जो पेड़ से गिरा था अस्पताल में मर गया–अनुवाद प्रारूप।

ख. जो लड़का पेड़ से गिर गया था, अस्पताल में मर गया–पुनर्गठन के बाद।

ग. पेड़ से गिरनेवाला लड़का अस्पताल में मर गया–पुनरीक्षण के बाद।

कहना न होगा कि अनुवाद एक आधुनिक ज्ञानानुशासन है और इसे एक खास उद्‌देश्य से पुनराविष्कृत किया जाता है। यह प्रथमतः और मूलतः उन पाठकों के लिए दुबारा रचा जाता है जो किसी रचना को मूल भाषा में नहीं पढ़ सकते। स्वाभाविक तौर पर अनुवाद का जो पाठक समाज होता है, वही उसका नियंत्रक या नियामक बन जाता है। और वही आगे चलकर अनुवाद के उद्‌देश्य पर भी नियंत्रण करने लगता है। अनुवाद में यह नियंत्रण पुनरीक्षण के माध्यम से कार्यान्वित होता है। इसलिए अनुवाद में पुनरीक्षण अपनी तमाम न्यूनताओं अर्थात् अनुवाद में परिष्कार की सीमित गुंजाइश के बावजूद महत्त्वपूर्ण होता है। पुनरीक्षण के स्तर पर ही अनुवाद अपने लक्ष्य को साधने में सफल हो पाता है। लक्ष्य की दृष्टि से कोई अनुवाद सूचनापरक है अथवा सौन्दर्यपरक, यह पुनरीक्षण के माध्यम से सम्भव होता है। इसलिए पुनरीक्षण का काम दूर बैठे व्यक्ति का काम है। पुनरीक्षणकर्ता तभी तटस्थ रहकर मूल से अनुवाद का मिलान कर पाता है और अनुवाद के पाठक समाज के विवेक से उसका पुनर्मूल्यांकन कर पाता है। पुनरीक्षण यानी पुनः ईक्षण अर्थात् मूल पाठ के समानान्तर अनूदित पाठ की फिर से जांच-परख तभी फलीभूत हो पाती है।

जाहिर है कि अनुवाद-प्रक्रिया में पुनरीक्षण के धरातल पर अनुवाद का एक तरह से पुनर्लेखन होता है ताकि वह अपने उद्देश्य को प्राप्त कर सके। अपने पाठक समाज की आकांक्षा पर खरा उतर सके। वह पाठकों की समझ में आ सके और उन्हें दूसरी भाषा अर्थात् स्रोतभाषा के चिन्तन विवेक से लैस कर सके। पर इस उद्देश्य को पूरा करने में अनुवाद कभी-कभी अपने मूल का शब्दान्तरण बनकर रह जाता है तो कभी-कभी मूल से भिन्न एक नई रचना। अनुवाद शब्दान्तरण तब बनता है, जब उसका लक्ष्य मूल पाठ की भाषिक सूचना को एक नए पाठक समाज तक पहुँचना होता है।

इसी प्रकार अनुवाद जब सृजन के सौन्दर्य से परिचालित होता है, तब मूल पाठ की छायाभिव्यक्ति होकर भी एक नई रचना होता है। परन्तु अनुवाद की ये दोनों ही स्थितियाँ अधूरी होती हैं। इनमें मूल का कुछ-न-कुछ विलुप्त रहता है। अनुवाद में क्षय (Loss in translation) इसी वजह से होता है। पश्चिमी भाषा चिन्तक कांसाग्रांदे ने अनुवाद के इन पहलुओं पर विचार करते हुए 'द एंड्स ऑफ ट्रांसलेशन' शीर्षक से एक लेख भी लिखा है, जो काफी चर्चित है। कांसाग्रांदे ने अनुवाद प्रक्रिया में होनेवाले अपरिहार्य क्षय को इसी परिप्रेक्ष्य में व्याख्यायित किया है।

निष्कर्षतः सामयिक अनुवाद चिन्तन सैद्धान्तिक और व्यावहारिक, दोनों ही धरातलों पर पहले से ज्यादा सन्तुलित तथा परिपक्व हुआ है। यंत्र अनुवाद की संकल्पना और सफलता से इसकी वैचारिकी में क्रांतिकारी परिवर्तन आया है। अब यह अपने प्रारम्भिक अन्तर्विरोधों से मुक्त है और इसका शास्त्रीय महत्त्व सर्वत्र समझा जाने लगा है। अनुवाद कला है या विज्ञान, अब यह बहस बेमानी हो चुकी है। अनुवाद की प्रक्रिया भी अब वैसी नहीं रही, जैसी नाइडा और न्यूमार्क के लेखन में उद्घाटित है। आधुनिक प्रौद्योगिकी ने अनुवाद-प्रक्रिया के सोपानों को भाषा और व्याकरण के साथ-साथ यंत्र संसाधक के तौर पर भी समझने तथा सुस्थिर करने का प्रयास किया है। इस सुस्थिरीकरण ने अनुवाद कला को विज्ञान जगत में भी मान्य बना दिया है। अनुवाद की यह उपलब्धि हमारी सभ्यता के विकास और प्रसार के लिए महत्त्वपूर्ण है।

सन्दर्भ संकेत

1. डॉ. सुरेश कुमार, अनुवाद सिद्धान्त की रूपरेखा, वाणी प्रकाशन, नई दिल्ली, चतुर्थ संस्करण : 2005, पृष्ठ-54।
2. डॉ. भोलानाथ तिवारी, अनुवाद विज्ञान, शब्दकार, सातवाँ संस्करणः 1989, नई दिल्ली, पृष्ठ-103-104।
3. डॉ. रवींद्रनाथ श्रीवास्तव, डॉ. कृष्ण कुमार गोस्वामी, अनुवाद सिद्धान्त और समस्याएँ, आलेख प्रकाशन, दिल्ली, 1985, पृष्ठ-16, 17।
4. वही, पृष्ठ-19।
5. बच्चन रचनावली, भाग-6, राजकमल प्रकाशन, नई दिल्ली, तृतीय संस्करण : 1987, पृष्ठ-223।
6. डॉ. जी. गोपीनाथन, अनुवादः सिद्धान्त एवं प्रयोग, लोकभारती प्रकाशन, इलाहाबाद, प्रथम संस्करण : 1985, पृष्ठ-21।
7. Nida, Eugene A. and Charles R. Taber, The Theory and Practice of Translation (Lieden, 1974) page-13.
8. Ibid, Page-14
9. Ibid, Page-12.

अनुवाद की तकनीक

अनुवाद मूलतः अनुवादक के ज्ञान और कौशल का कर्म है। दो भाषाओं के तुलनात्मक और व्यतिरेकी विश्लेषण के माध्यम से यह कर्म सम्पन्न होता है। भारत जैसे बहुभाषी समाज में अनुवाद का कर्म निरन्तर चलता रहता है। किसी भी द्विभाषिक को दैनिक कामकाज में अनुवाद का सहारा लेना ही पड़ता है और इसके लिए उसे किसी प्रशिक्षण की जरूरत नहीं होती। यह स्वतः स्फूर्त होता है। इसलिए इस तरह के अनुवाद को प्राकृतिक अनुवाद कहा जाता है। पश्चिमी अनुवादशास्त्री फ्रेंज हैरेस ने रोज-रोज के जीवन-व्यापार में अक्सर होनेवाले ऐसे ही अनुवाद कार्यों को प्राकृतिक अनुवाद माना है।[1]

वैसे प्राकृतिक अनुवाद में भी सावधानी और एक खास सलीका जरूरी होता है। सावधानी लक्ष्यभाषा की स्वाभाविकता बनाए रखने की और सलीका अनुवाद से जुड़ी प्रक्रिया को समझने का। सलीका अनुवाद में आगत तत्त्वों को समाहित करके उन्हें लक्ष्यभाषा के अनुरूप ढाल लेने का भी होता है। इससे अनुवाद अनुवाद नहीं, बल्कि लक्ष्यभाषा का स्वाभाविक उद्‌गार बनता है। और यही प्राकृतिक अनुवाद की सावधानी होती है। प्राकृतिक अनुवाद में सावधानी और सलीके का यह व्यापार निरन्तर चलता रहता है। हिन्दी में यह व्यापार प्राकृतिक अनुवादक के रूप में प्रत्येक व्यक्ति करता है, क्योंकि प्रत्येक हिन्दीकर्मी की मातृभाषा हिन्दी से भिन्न होती है और वह स्वभाव से द्विभाषिक होता है। इस तरह कोई भी द्विभाषी एक भाषा में प्रकट विचारों को दूसरी भाषा में अन्तरित कर लेता है और इसमें अनुवाद सिद्धान्तों का ज्ञान आड़े नहीं आता। जैसे–वोट-भोट, यूनिवर्सिटी–इनवरसिटी, स्कूल–इसकूल, ऑफिसर-अफसर, बॉटल–बोतल, नी डाउन–नील डाउन, अलमिरा–आलमारी, लॉर्ड साहब–लाट

साहेब आदि। इसी प्रकार नामिक क्रियाओं में अंग्रेज़ी शब्दों के प्रयोग के द्वारा अनुवाद का चलन प्राकृतिक अनुवाद का स्वतःस्फूर्त उदाहरण होता है। जैसे—लोड करना, पंक्चर बनाना, कट करना, एडजस्ट करना, लेक्चर देना आदि। इस तरह स्पष्ट है कि प्राकृतिक अनुवाद भी अपनी तमाम सीमाओं के बावजूद अनुवाद होता है। अलबत्ता इसमें कम-से-कम प्रयत्न द्वारा सूचना को अन्तरित किया जाता है। इसके लिए लक्ष्यभाषा के उन शब्दों, भाषिक इकाइयों को अन्तरण का औजार बनाया जाता है, जो चिरपरिचित तथा आसानी से उपलब्ध होते हैं।

जाहिर है कि प्राकृतिक अनुवाद में शब्दों के विकल्प ढूँढ़ने का प्रयत्न नहीं होता। प्रयत्न सन्दर्भ और रूप के स्तर पर सटीक समतुल्य की खोज का भी नहीं होता। प्राकृतिक अनुवाद का लक्ष्य मूलपाठ का लक्ष्यभाषा के शुद्धरूप में सहपाठ गढ़ने का भी नहीं होता। उसका लक्ष्य सहज और बोधगम्य पाठांतरण होता है, जिससे कि एक भाषा में कही गई बात दूसरी भाषा में आसानी से सम्प्रेषित हो सके। प्राकृतिक अनुवाद अपनी इस सम्प्रेषणीयता आधारित दृष्टि के चलते आज भी प्रासंगिक है। इसमें मुख्य बल सम्प्रेषण तथा उपभोक्ता पर होता है। अस्तु यह दृष्टि अनुवाद के समस्त शास्त्रीय अध्ययन के लिए भी प्रासंगिक है।

वैसे आजकल अनुवाद अपने प्राकृतिक स्वरूप तथा भाषा केन्द्रित प्रकारों से काफी आगे निकल चुका है। अब यह इकहरा भाषा कर्म मात्र नहीं है। अनुवाद अब अध्ययन का स्वतंत्र विषय क्षेत्र बन गया है। मशीन संसाधित होने के चलते इसने जर्मनी आदि पश्चिमी देशों में अनुवाद प्रौद्योगिकी का दर्जा प्राप्त कर लिया है और उच्च अध्ययन तथा शोध के विषयक्षेत्र के तौर पर मान्य हो चला है। तथापि अनुवाद की प्रक्रिया में अनुवादक की भूमिका आज भी सर्वोपरि है। अच्छे अनुवाद के लिए अनुवादक का भाषा ज्ञान, उसका अनुभव तथा पर्यायों के निर्धारण में उसकी प्रवीणता महत्त्वपूर्ण होती है। इन्हीं मानवीय गुणों के द्वारा किसी पाठ का एक भाषा से दूसरी भाषा में अन्तरण सम्भव होता है। फिर शुरू होती है पुनर्गठन की प्रक्रिया, जिसमें अन्तरित भाषा पाठ को सम्बन्धित भाषा (लक्ष्यभाषा) की प्रकृति के अनुसार शब्द, पदबन्ध, व्याकरण, अन्विति, प्रभाव आदि की दृष्टि से संयोजित किया जाता है। और यह काम भी अनुवादक को ही

करना पड़ता है। इन कामों के लिए अनुवादक में कतिपय गुणों का होना नितान्त जरूरी होता है। डॉ. जी. गोपीनाथन ने अनुवादक के गुणों को 'अपेक्षा' माना है और इसे तीन प्रकारों में बाँटकर विश्लेषित किया है। वे इस प्रकार हैं :

"(क) स्रोत एवं लक्ष्यभाषाओं पर पर्याप्त अधिकार,

(ख) विषय का सम्यक ज्ञान,

(ग) मूल लेखक के साथ सहानुभूति।"[2]

अनुवाद अगर अनुसृजन है तो निश्चित तौर पर इसका श्रेय अनुवादक को जाता है। अनुवादक अपने ज्ञान, अपनी कल्पनाशीलता और अपनी सृजनशीलता यानी अपने समस्त आभ्यंतरिक गुणों के समेकन के द्वारा किसी पाठ का दूसरी भाषा में पुनर्पाठ सृजित करता है। किसी सृजन का यह पुनर्सृजन निश्चय ही एक लम्बी और गहन तैयारी का परिणाम होता है। इसमें स्रोत एवं लक्ष्यभाषाओं पर अधिकार के साथ-साथ विषय-वस्तु की अच्छी जानकारी अपेक्षित होती है। साथ ही, पाठ के अन्तस् में निहित रचनाकार के अभिप्राय को जानन-समझना भी नितान्त जरूरी होता है। किसी पाठ का अभिप्राय वस्तुतः उसकी आत्मा होता है। पाठ की आत्मा को समझे बिना सुन्दर और सटीक अनुवाद सम्भव नहीं होता। इसके लिए अनुवादक का सहृदयी होना तथा उसे मूल लेखक के भावों का संधान करना आवश्यक होता है। किसी लेखक के भाव विशेष का संधान तब तक सम्भव नहीं होता जब तक कि उसके रचनाक्षण के अन्तर्मन के साथ तादात्म्य न जोड़ा जाए। तादात्म्य एक विशिष्ट भावदशा है। सहानुभूति से यह काफी भिन्न और उन्नत भावस्थिति होता है। अनुसृजन जैसे विशिष्ट कर्म में तादात्म्य जैसा उन्नत भावदशा ही उपयोगी हो सकता है।

अतः डॉ. गोपीनाथन ने अनुवादक के लिए 'मूल लेखक के साथ सहानुभूति' की जिस 'अपेक्षा' की कामना की है, वह पर्याप्त तथा औचित्यपूर्ण नहीं लगती। अच्छे अनुवाद के लिए यानी अनूदित पाठ के शब्दों, पदबन्धों तथा व्याकरणिक विधान, अन्विति आदि के समुचित संयोजन और समग्र प्रभाव-सृष्टि के लिए अनुवादक में अन्य गुणों के साथ-साथ मूल लेखक के साथ तादात्म्य स्थापित करने जैसा गुण भी अपेक्षित होता है। अस्तु मेरे

विचार से अनुवादक में मूल लेखक के साथ सहानुभूति के बदले तादात्म्य जोड़ने जैसा गुण होना आवश्यक और अपरिहार्य है। प्रसंगतः यहाँ हम अनुवादक के लिए अपेक्षित उक्त गुणों की संक्षिप्त विवेचना करेंगे।

क. स्रोत एवं लक्ष्यभाषाओं पर पर्याप्त अधिकार : अनुवाद चूँकि एक भाषा (स्रोतभाषा) के कथन की दूसरी भाषा (लक्ष्यभाषा) में पुनर्प्रस्तुति है, अतः इसमें मूल कथन का अनूदित कथन के रूप में समग्र अन्तरण अनिवार्य होता है। यह शब्दगत और भावगत, दोनों स्तरों पर होता है। इसके लिए अनुवादकर्ता का दोनों भाषाओं में पारंगत होना अपेक्षित होता है। शब्दकोश या विश्वकोश अथवा सन्दर्भ ग्रंथ भाषिक अर्थ और पर्याय की जानकारी देने में ही सहायक होते हैं। किसी शब्द का दूसरी भाषा में सन्दर्भानुसार पर्याय निर्धारित करने तथा वाक्य गठित करने में अनुवादकर्ता का निजी भाषा ज्ञान ही काम आता है। साथ ही, उसमें किसी कथन और उसमें व्यक्त संकल्पना को दूसरी भाषा में उतारने के लिए भाषा-रचना जैसे लेखकीय गुण का होना भी जरूरी होता है। तभी अनुवाद सुन्दर और सुघड़ बन पाता है। अन्यथा वह लक्ष्यभाषा में शब्दों का यांत्रिक संघटन बनकर रह जाता है।

पुनः अनुवाद की प्रक्रिया में भाषान्तरण और पुनर्गठन करते समय स्रोत एवं लक्ष्यभाषाओं की संरचना तथा भावाभिव्यक्ति का तत्क्षण विश्लेषण करना होता है। व्यतिरेक को तत्काल समझना होता है। समतुल्य अभिव्यक्तियों का चयन फौरन करना पड़ता है। फिर बिना समय गँवाए मूल का स्वाभाविक लक्ष्यभाषा पाठ रचना पड़ता है। इसलिए अनुवादकर्ता का स्रोत एवं लक्ष्यभाषाओं पर पर्याप्त अधिकार होना आवश्यक होता है।

ख. विषय का सम्यक् ज्ञान : अनुवाद सर्वदा बोलचाल की अभिव्यक्तियों का ही नहीं होता। यह प्रशासनिक अभिव्यक्ति अथवा कार्यालयी साहित्य तक सीमित भी नहीं होता। अनुवाद आज के विश्वग्राम की अनिवार्यता है। अत्याधुनिक वैज्ञानिक युग में ज्ञान-विज्ञान के अधुनातन विषयों के सदृश अनुवाद का आयाम भी व्यापक हुआ है। यंत्र अनुवाद की सम्भावना में मिल रही सफलता से अनुवाद प्रौद्योगिकी की अवधारणा साकार और सशक्त हुई है। फलस्वरूप वैज्ञानिक, तकनीकी एवं अन्य शास्त्रीय अनुवादों में विषय का पर्याप्त ज्ञान बहुत ही

जरूरी होता है। साथ ही, भाषा ज्ञान भी अपेक्षित होता है। साहित्य के अनुवाद में अनुवादकर्ता के लिए पाठ के अर्थ ही नहीं, उसे अर्थ के अन्तस् में छिपे भाव और सन्देश को पकड़ने में भी दक्ष होना होता है। साहित्य में शिल्प विधान का भी एक महत्त्वपूर्ण पहलू होता है, जो शाब्दिक संयोजन के अतिरिक्त बिम्ब, प्रतीक आदि के माध्यम से सम्पूर्ण संरचना में व्याप्त होता है। साहित्य रचना का यह सूक्ष्म एवं तकनीकी पक्ष होता है। इससे रचना में प्रभाव की अन्विति आती है। साहित्य के इस विरल पहलू को समझने के लिए आलोचनात्मक विवेक जरूरी होता है। ऐसे में सफल अनुवाद के लिए न केवल भाषा ज्ञान, बल्कि विषय का समुचित ज्ञान भी अपरिहार्य होता है।

ग. मूल लेखक के साथ तादात्म्य : अच्छे अनुवाद के लिए अनुवादक और मूल लेखक में तादात्म्य का होना महत्त्वपूर्ण होता है। तादात्म्य साहित्य में साधारणीकरण होता है। चूँकि अनुवाद अनुरचना है। किसी रचना की दूसरी भाषा में फिर से रचना। इसलिए इसमें कृति के साथ-साथ कृतिकार के विचार, भावादि पक्षों को समझना तथा उससे संगति बैठाना जरूरी होता है। तभी शब्दों के अर्थ, रचना के प्रसंग और अभिप्राय पूर्ण रूप से खुल पाते हैं। तभी अनुवाद सम्भव हो पाता है। इसके अभाव में अनुवाद कोरा शब्दान्तरण होता है। इस प्रसंग में कथाकार जैनेंद्र कुमार का भी ऐसा ही मन्तव्य है। उनके अनुसार, ''अनुवादक को मूल व्यक्तित्व में पहले अपने आप को खो देना होता है, फिर उसी में आत्मभाव पैदा करके अपनी भाषा के माध्यम द्वारा उस भाषा-भाषी के प्रति अपने को भावार्पित करना पड़ता है।''[3]

अनुवाद की प्रक्रिया में पाठ-पठन और पाठ-विश्लेषण इसलिए भी महत्त्वपूर्ण होते हैं कि इनके माध्यम से रचना की भावभूमि और रचनाकार की मनोदशा को जानने, समझने का अवसर मिलता है। रचनाकार के साथ अनुवादक का तादात्म्य जुड़ता है, जिससे रचना में व्यंजित भावों तक पहुँचना आसान होता है। बकौल डॉ. गोपीनाथन, ''वैज्ञानिक तथा अन्य सूचनापरक अनुवाद में खाली विषय का ज्ञान एक सीमा तक पर्याप्त होगा, किन्तु कविता तथा अन्य साहित्यिक विधाओं के अनुवाद में मूल लेखक के विचारों के साथ सहानुभूति, अन्तरदर्शन और समभावना बहुत

ही आवश्यक हो जाता है। ऐसे स्थलों पर अनुवादक एक सहृदय पाठक तथा स्रष्टा, दोनों हो जाता है; वह मूल लेखक की आत्मा के साथ एकाकार होने की योग प्रक्रिया अपनाता है।''[4] इससे अनुवाद सांगोपांग, सटीक तथा सुन्दर बनता है।

उपर्युक्त के आलोक में अनुवाद की तकनीक के मुख्यतः दो पहलू सामने आते हैं : 1 पाठ-विवेचन तथा 2 समुचित समतुल्यता।

डॉ. गोपीनाथन के अनुसार भी अनुवाद-प्रक्रिया के तकनीकी पहलू दो होते हैं। वे कहते हैं, ''अनुवाद-प्रक्रिया के तकनीकी पहलुओं की रूपरेखा उसकी विभिन्न अवस्थाओं को दृष्टि में रखकर प्रस्तुत की जा सकती है। इस प्रक्रिया के दो पहलू हैं–

(1) मूल पाठ्य सामग्री का विश्लेषण

(2) समुचित समतुल्यता का निर्णय।''[5]

उल्लेखनीय है कि डॉ. गोपीनाथन जिसे 'मूल पाठ्य सामग्री का विश्लेषण' कहते हैं, वास्तव में वह पाठ-विवेचन ही है। सामग्री का विश्लेषण दरअसल अनुवाद पूर्व प्रक्रिया है। यह काम पाठ पढ़ने के तत्काल बाद में किया जाता है। ये दोनों प्रक्रियाएँ मूल पाठ या मूल पाठ्य सामग्री, जो भी कहें, के साथ ही अपनाई जाती हैं। इससे भाषान्तरण आसान होता है। पुनः अनूदित सामग्री का पुनर्गठन और पुनरीक्षण किया जाता है, न कि विश्लेषण। अतः डॉ. गोपीनाथन जिसे 'मूल पाठ्य सामग्री का विश्लेषण' कहते हैं, उसे 'पाठ-विवेचन' कहना सटीक, सुसंगत तथा समीचीन होगा। वैसे भी विवेचन विश्लेषण की तुलना में व्यापक अभिव्यक्ति है। विश्लेषण में किसी विषय, वस्तु या पदार्थ के संयोजक या घटक तत्त्वों का विघटन करते हुए उसे समझने का भाव होता है। वही विवेचन तर्क-वितर्क के साथ मीमांसा होता है। इसमें भली-भाँति जांच-परख के साथ निर्णय लेने का भाव होता है। अस्तु पाठ-विवेचन अधिक सुसंगत और व्यापक पद है।

1. पाठ-विवेचन : जैसा कि अनुवाद की प्रक्रिया के अन्तर्गत पाठ-पठन एवं पाठ-विश्लेषण के क्रम में विवेचित किया गया है, अनुवाद करते समय अनुवादक सबसे पहले पूरी स्रोत सामग्री को विषय एवं भाषा की दृष्टि से समझने का प्रयत्न करता है। इयान फिनले के मतानुसार भी ''अनुवाद करने

से पूर्व सम्पूर्ण पाठ्य सामग्री को पढ़ना और समझना अनुवाद प्रक्रिया का अनिवार्य नियम है।''[6]

इसके अन्तर्गत मुख्य रूप से पाठ का अर्थ निरूपित किया जाता है। इसमें शब्द, पदबन्ध और मुहावरों का विश्लेषण होता है। शब्दों के व्यतिरेक की पहचान की जाती है और उनका विश्लेषण करते हुए अर्थ निश्चित किया जाता है। पाठ के विन्यास में प्रयुक्त सांस्कृतिक, पौराणिक, ऐतिहासिक अथवा अभिनव संकल्पना के शब्दों की पहचान और उनका सन्दर्भानुसार अर्थ निर्धारण अत्यन्त महत्त्वपूर्ण होता है। इसके लिए अनुवादक का ज्ञान सम्पन्न और अनुभवी होना जरूरी होता है। पुनः पाठ की शैली की पहचान और तदनुरूप अनुवाद-शैली का निर्धारण पाठ-विवेचन के अन्तर्गत ही करना पड़ता है। पाठ-विवेचन की इस पूरी कवायद को सम्भव करने के लिए डॉ. गोपीनाथन ने अनुवादकर्ता को तीन बातें याद रखने का सुझाव दिया है–

''क. मूल लेखक क्या कहता है?

ख. उसका मन्तव्य क्या है? और

ग. वह कैसे कहता है?''[7]

लेखक क्या कहता है से पाठ का विषय अभिप्रेत है। पाठ के विषय को समझना वस्तुतः पाठ में प्रयुक्त विशिष्ट अभिव्यक्तियों के सन्दर्भगत अर्थ को जानना है। इसी तरह पाठ में लेखक का मन्तव्य उसका अभिप्राय होता है। किसी पाठ में अन्तर्निहित अभिप्राय के स्पष्ट होने से पाठ की संरचनागत जटिलता को भेदना सरल हो जाता है। इससे अनुवाद में स्वाभाविकता आती है। ऐसे ही पाठ के पल्लवन में 'कैसे' की पहचान दरअसल पाठ की शैली को समझना है। इससे अनुवाद में मूलपाठ जैसी शैली उतारना, अनुसृजित करना सहज होता है।

2. समुचित समतुल्यता : अनुवाद में समतुल्यता वास्तव में एक सैद्धान्तिक अवधारणा है। इस प्रसंग में पिछले अध्याय में पर्याप्त चर्चा की गई है। तथापि यहाँ यह कहना अप्रासंगिक न होगा कि अनुवाद कभी मूल नहीं होता, मूल जैसा बनने का प्रयास होता है। प्रयास इसलिए कि अनुवाद मूल से बिल्कुल भिन्न भाषिक रचना होता है। और भाषा का कलेवर ऐसी दीवार होता है जो अनुवाद को मूल होने

नहीं देता। ऐसे में अनुवाद में समुचित समतुल्यता का निर्वाह अनुवाद को मूल जैसा सृजित करने का प्रयास होता है। वैसे भी, किसी शब्द के प्रसंगानुसार कई अर्थ और भाषिक पर्याय होते हैं और पर्याय समानार्थी नहीं होते। फिर, भाषाओं की प्रकृति भी पृथक होती है। इसलिए भाषाओं के समानार्थी शब्द परस्पर समरूप नहीं, समतुल्य होते हैं। इसीलिए किसी भाषा के किसी शब्द का दूसरी भाषा में पर्याय माना जानेवाला शब्द पूर्णतः समान और युगपद् नहीं होता। ऐसे शब्दों यानी असमरूप भाषिक पर्यायों से अन्तरित अनुवाद मूलपाठ जैसा नहीं बन पाता। अर्थ-व्याप्ति और प्रभाव की दृष्टि से दोनों पाठों में अन्तर रह जाता है। अनुवाद में समतुल्यता का सिद्धान्त इसी वजह से प्रसिद्ध और प्रासंगिक है। इस प्रसंग में यह पुनरावृत्ति अनावश्यक न होगी कि अनुवाद में अपनाई जानेवाली चरणबद्ध प्रक्रिया वस्तुतः सटीक और समतुल्य भाषान्तरण के निमित्त होती है। इस हेतु पहले मूलपाठ के अर्थ एवं शैली का विश्लेषण होता है, फिर भाषान्तरण। भाषान्तरण के उपरान्त जो प्रारूप तैयार होता है, उसकी मूल पाठ के साथ तुलना की जाती है। जरूरत के अनुसार उसका पुनर्गठन किया जाता है, फिर पुनरीक्षण। और यह पूरी प्रक्रिया अनुवाद को मूल के सदृश अथवा समतुल्य गढ़ने की कोशिश होती है। इसमें अनुवादक को पता नहीं कितनी बार अपने अनुवाद प्रारूप की काट-छांट करनी पड़ती है। पुनर्गठन और पुनर्परीक्षण करना पड़ता है। यह सबकुछ इसलिए करना पड़ता है ताकि मूल से अनुवाद भिन्न न हो जाए। अनुवाद में मूल और अनूदित पाठ की समानता अर्थ, अभिप्राय, शैली आदि कई धरातलों पर सुनिश्चित करनी पड़ती है। इसीलिए 'समुचित समतुल्यता' अनुवाद-तकनीक का महत्त्वपूर्ण पहलू है।

अनुवाद में मूल की अर्थ-छटा, अभिव्यक्ति-कौशल, शैली, सन्देश, सांस्कृतिक विशिष्टता आदि को रूपायित करना पड़ता है। यह सब लक्ष्यभाषा की प्रकृति के अनुरूप करना पड़ता है, जिससे कि वह अनुवाद न लगे, स्वाभाविक रचना लगे। तभी अनुवाद रचना की अनुरचना होने को सार्थक कर पाता है। वैसे भी अनुवाद कला की सफलता इसी में है कि अनुवाद अनुवाद न लगे।

सन्दर्भ-संकेत

1. फ्रेंज हैरेस, द आर्ट ऑफ ट्रांसलेशन, स्टॉल नेच एंड फ्रेंज, (सम्पादित), 1961, भूमिका पृष्ठ-1
2. डॉ. जी.गोपीनाथन, अनुवादःसिद्धान्त एवं प्रयोग, लोकभारती प्रकाशन, इलाहाबाद, प्रथम संस्करण, 1985, पृष्ठ-47।
3. जैनेंद्र कुमार, अनुवाद कला कुछ विचार शीर्षक लेख, डॉ. जी. गोपीनाथन की उपर्युक्त पुस्तक में उद्धृत, पृष्ठ-48।
4. डॉ. जी. गोपीनाथन, अनुवादःसिद्धान्त एवं प्रयोग, लोक भारती प्रकाशन, इलाहाबाद, प्रथम संस्करण, 1985, पृष्ठ-48।
5. वही, पृष्ठ-48।
6. इयान एफ फिनले, ट्रांसलेटिंग, टीच योरसेल्फ बुक्स, 1971, पृष्ठ-93।
7. थियोडर सेवरी, द आर्ट ऑफ ट्रांसलेशन, जोनाथन केप, लंदन, संस्करण 1968, पृष्ठ–26।

अनुवाद की समस्याएँ

अनुवाद मूलतः भाषान्तरण है। इसमें स्रोतभाषा के पाठ का लक्ष्यभाषा में अन्तरण होता है। अन्तरण वास्तव में स्रोतभाषा के पाठ का नहीं, बल्कि पाठ के सन्देश का होता है। इसलिए अनुवाद को समतुल्य पर्याय का प्रतिस्थापन भी कहा जाता है। प्रसिद्ध अनुवादवेत्ता यूजीन ए नाइडा ने कहा भी है– ''अनुवाद का सम्बन्ध स्रोतभाषा के सन्देश का पहले अर्थ और फिर शैली के धरातल पर लक्ष्यभाषा में निकटतम, स्वाभाविक तथा तुल्यार्थक सन्देश प्रस्तुत करने से होता है।''[1]

स्पष्ट है कि अनुवाद में पाठ का ऐसा भाषान्तरण अभिप्रेत होता है जो हर दृष्टि से समान अथवा समतुल्य हो। इसलिए अनुवाद में निर्भ्रान्त अर्थबोध तथा स्पष्ट प्रेषण का बड़ा महत्त्व होता है। इसके लिए अनुवादक को सजग और सचेत रहना पड़ता है। उसे पाठ के संरचना और सन्दर्भ–दोनों स्तरों पर चौकन्ना रहना पड़ता है, क्योंकि यदि पाठ समग्रता में अनुवादक की बोध-प्रक्रिया में न रहे तो अच्छा अनुवाद सम्भव नहीं होता। शब्द, वाक्य और सन्देश (अभिप्राय) के बीच सामंजस्य बैठाकर ही अनुवाद को पूर्ण या समतुल्य बनाया जाता है। प्रोफेसर चंद्रभान रावत ने ठीक ही कहा है–

''यह अध्ययन अन्तर्वाक्य स्तर पर चलता है और इसमें सन्दर्भ का स्थान महत्त्वपूर्ण हो जाता है।...समस्त वक्तव्य भी उसकी बोध-प्रक्रिया में रहता है। वक्तव्य, वाक्य और शब्दों के स्तरों के बीच सामंजस्य स्थापित करके ही अनुवाद को पूर्णता के सन्निकट लाया जा सकता है।''[2]

जाहिर है कि अनुवाद में शब्द, वाक्य और वक्तव्य यानी पाठ के बीच तालमेल रखते हुए ही भाषान्तरण की प्रक्रिया पूरी करनी पड़ती है। तभी जाकर अनुवाद पूर्ण, सफल और समतुल्य हो पाता है। वैसे भी शब्द की कोई स्वतंत्र इयत्ता नहीं होती। वह अपने आप में कोई अर्थ व्यक्त नहीं

करता। शब्द संकेत मात्र होता है। अर्थ वाक्य के सन्दर्भ में ही होता है और शब्द का वही और उतना ही अर्थ होता है, जैसा तथा जितना प्रयोगकर्ता उसे प्राधिकृत करता है। इसीलिए भाषा की पूर्ण इकाई शब्द नहीं, वाक्य होता है। वाक्य ही से बात बनती है और कथन का अर्थ एवं अभिप्राय समझ में आता है। वाक्य शब्दों के मेल (समुच्चय) से बनता है। यह सार्थक शब्दों का व्यवस्थित रूप होता है। इसमें आकांक्षा, योग्यता और क्रम का होना जरूरी होता है। अस्तु वाक्य के अवयव, जो कि शब्द होते हैं, अपना स्वतंत्र अस्तित्व नहीं रखते। कथन के समग्र अर्थ की प्राप्ति वाक्य से ही होती है। यही कारण है कि वाक्य को पूर्ण तथा अविभाज्य भाषिक प्रतीक कहा जाता है। इस लेखे वाक्य में प्रयुक्त शब्द वे संकेत होते हैं, जो पाठक अथवा स्रोता को अर्थ तक पहुँचाते हैं।

बहरहाल, अनुवाद में पाठ का भाषान्तरण करते समय अनुवादक को पाठ के अवयवों अर्थात् शब्द, वाक्य और उसके अर्थ—तीनों का ध्यान रखना पड़ता है। पाठ का स्रोतभाषा से लक्ष्यभाषा में सटीक, सुसंगत तथा समतुल्य अन्तरण करने के लिए यह आवश्यक होता है कि शब्दार्थ तथा वाक्यार्थ—दोनों ही के प्रति सजग रहा जाए। अनुवाद में मूल के सन्देश का रूपांकन तभी सम्भव हो पाता है।

यद्यपि अनुवाद एक तरह का भाषिक संवाद है और इसमें शब्द तथा वाक्य वाद और सहवाद की भूमिका में होते हैं। इसमें अनुवादक को प्राथमिक स्तर पर पाठ के शब्दों तथा वाक्यों से जूझना पड़ता है। शब्दों तथा वाक्यों के साथ वाद एवं सहवाद करके ही वह भाषान्तरण का संवाद सम्भव कर पाता है। इस कार्य में शब्दार्थ और वाक्यार्थ का समग्र बोध अनुवादक के लिए अत्यन्त सहायक होता है। इसलिए शब्दार्थ और वाक्यार्थ को यथासम्भव सुरक्षित रखना अनुवादक का प्रमुख कर्तव्य होता है। तथापि अनुवाद स्रोतभाषा के शब्दों का लक्ष्यभाषा में अर्थ-साम्य रखने वाले पर्यायों से प्रतिस्थापन है। फलतः अनुवाद की शुरुआत फौरी तौर पर शब्दान्तरण से होती है और उसका लक्ष्य वाक्यार्थ का अविकल भाषान्तरण करना होता है।

भाषान्तरण में शब्दान्तरण की बड़ी भूमिका होती है। यह सर्वप्रथम स्रोतभाषा के शब्द के लिए लक्ष्यभाषा में पर्याय निर्धारित करने के माध्यम से घटित

होता है। जाहिर है कि पर्याय निर्धारण अनुवाद का प्राथमिक और महत्त्वपूर्ण कारक होता है। इसलिए अनुवाद में समस्या पर्याय निर्धारण से ही शुरू होती है। वैसे अनुवाद में कई अन्य समस्याएँ भी होती हैं। जैसे-व्यतिरेकी विश्लेषण की समस्या, पारिभाषिक शब्दों के अनुवाद की समस्या, वैज्ञानिक-तकनीकी साहित्य के अनुवाद की समस्या, मुहावरे-लोकोक्ति के अनुवाद की समस्या, काव्यानुवाद की समस्या, यंत्र-अनुवाद की समस्या आदि। अनुवाद के प्रसंग में आगे इन्हीं समस्याओं का विवेचन किया जाएगा।

पर्याय निर्धारण की समस्या

अनुवाद में पर्याय निर्धाण की समस्या व्यापक, बहुआयामी किन्तु सृजनात्मक होती है। यह समस्या मुख्यतः भाषान्तरण के क्रम में पैदा होती है। भाषान्तरण दरअसल शब्दान्तरण है, जो सम्भव होता है अन्तरभाषिक पर्यायों के माध्यम से। इसमें एक भाषा के शब्दों को दूसरी भाषा के शब्दों से प्रतिस्थापित किया जाता है। इस तरह अनुवाद अन्तरभाषिक पर्याय-प्रतिस्थापन भी है। इसमें दो भाषाओं के ज्ञान और दक्षता की बड़ी भूमिका होती है। यह भूमिका अनुवादकर्ता से जुड़ी होती है, जिसे किसी भाषा विशेष की शाब्दिक संरचना को दूसरी भाषिक संरचना में परिवर्तित करना पड़ता है। इसमें अनुवादकर्ता से यह अपेक्षा की जाती है कि उसका भाषाज्ञान गहन, व्यापक तथा सृजनात्मक बोध से युक्त हो। यथा–Green colour ideas are sleeping furiously. अंग्रेज़ी के इस कथन के लिए हिन्दी में यदि कहा जाए 'दुधमुँहे विचार बेसुध पड़े हैं' अथवा 'नवोन्मेषी विचार अपने असर से अनजान उन्मत्त सो रहे हैं' तो स्पष्ट है कि इस भाषान्तरण में शब्दों के जिस पर्याय का प्रयोग है वे अभीधात्मक नहीं, बल्कि व्यंजनात्मक हैं। दोनों कथनों का रंगबोध बड़ा मोहक है। मूल कथन में idea को green colour युक्त कहा गया है। idea हिन्दी में विचार है और कथन का विचार नया है। इसलिए अंग्रेज़ी की प्रकृति के अनुसार green colour का विशेषण लगाया गया है। जाहिर है कि इसका हिन्दी में अनुवाद करते समय हिन्दी की प्रकृति में संगत लगने वाले विशेषणों का ही प्रयोग करना पड़ेगा। अंकुर पौधे की सबसे छोटी अवस्था, टेसू को कहते हैं। बीज मिट्टी और नमी के संसर्ग में आने पर सबसे पहले अँखुआता है। उसमें आँख निकल आती है। फिर बीज की आँख बढ़कर गाभे का रूप धारण करती है। गाभा का गेंफा देशज रूप है। गाभे का रंग सफेद होता

है दूध की तरह। गाभे का ही विकसित रूप अंकुर कहलाता है। अंकुर भी सफेद होता है। अंकुर में फिर एक-दो पत्ते निकल आते हैं, जिसे कल्ला कहते हैं। कल्ले का रंग हरा होता है। तो विचार चूँकि नवांकुरित है, इसलिए अंग्रेज़ी में इसके साथ green colour का विशेषण लगाया गया है। यह विशेषण विचार की अवस्था का द्योतन करता है। इसी तरह से Sleeping के साथ furiously क्रिया विशेषण जोड़ा गया है। हिन्दी में furious के सन्दर्भगत पर्याय कई हैं। लेकिन चूँकि furious सोने की क्रिया की विशेषता बताने के लिए वाक्य में प्रयुक्त हुआ है; अतः इसके लिए बेसुध पर्याय ही उपयुक्त होगा, जो नींद की गहनता बताता है। इसलिए उक्त अंग्रेज़ी कथन के हिन्दी अनुवाद में शब्दों के वास्तविक अर्थ के बजाय भावगत अर्थ द्योतित करनेवाले दुधमुँहे तथा बेसुध जैसे पर्याय अपनाए गए हैं। और इस प्रकार से इस अनुवाद में कथन का सन्देश भी पूरी तरह से व्यंजित है। इस तरह से कहा जा सकता है कि अच्छे अनुवाद के लिए अनुवादक की योग्यता और दक्षता बहुत मायने रखती है।

अनुवाद यदि सृजन है, सृजन का सृजन अर्थात् पुनर्सृजन तो इसकी प्रक्रिया निस्सन्देह रचनात्मक होती है। इसका शब्द-चयन, वाक्य-विन्यास और लक्ष्यभाषा में पाठांतरण समग्रता में सृजनात्मक होता है। अस्तु यह अत्यन्त आवश्यक है कि अनुवादकर्ता पाठ का भाषिक विश्लेषण करने में सक्षम हो तथा स्रोतभाषा के साथ-साथ लक्ष्यभाषा में भी पारंगत हो। क्योंकि किसी एक भाषा के शब्द के लिए दूसरी भाषा में उपयुक्त पर्याय कम मिलते हैं, चूँकि किन्हीं दो शब्दों के अर्थ पूरी तरह से समान, समरूप नहीं होते, चूँकि किन्हीं दो भाषाओं का स्वभाव और साहचर्य पूर्णतः एक समान नहीं होते, इसलिए अनुवाद में पर्याय का निर्धारण सहज कम, कृत्रिम ज्यादा होता है। इसीलिए अनुवाद में पर्याय-निर्धारण की समस्या आम होती है।

जैसा कि पहले कहा जा चुका है, वाक्य भाषा की पूर्ण तथा लघुतम इकाई होता है और वाक्य बनता है शब्दों के मेल से। इसलिए अनुवाद में शब्द-प्रति-शब्द और वाक्य-प्रति-वाक्य कार्य किया जाता है। इस कार्य में स्रोतभाषा के शब्दों के लिए लक्ष्यभाषा में पर्याय-निर्धारण अहम होता है। इसमें अनुवादक का ज्ञान महत्त्वपूर्ण होता है तथा शब्दकोश की बड़ी

सहायक भूमिका होती है। इन्हीं के बल पर अनुवादक अनुवाद की सलिला पार करता है। अलबत्ता कभी-कभी वह दुविधाग्रस्त भी होता है। इसका कारण शब्द के पर्याय में अर्थ की एकरूपता का नहीं होना होता है। कारण कि प्रयोग के स्तर पर शब्द का अर्थ इतना तरल और गतिशील होता है कि उसके लिए दूसरी भाषा में पर्याय ढूँढ़ना मुश्किल होता है। फिर भी अनुवाद होता है और कोई-कोई अनुवाद तो मूल से भी सुन्दर और वरेण्य होता है। इसके लिए स्रोतभाषा के शब्दों के वास्ते लक्ष्यभाषा में सटीक और समतुल्य प्रतिशब्द चुनना आवश्यक होता है। निश्चय ही इसके लिए अनुवादक को विशेषज्ञ, मर्मज्ञ और कल्पनाशील होना चाहिए। तभी अनूदित शब्द और पाठ लक्ष्यभाषा के स्वभाव तथा परम्परा के अनुकूल होंगे और तभी वे अनूदित नहीं लगेंगे। The Truth, The Good, The Beautiful का सत्यं, शिवं, सुन्दरम्, अनुवाद ऐसा ही है, बल्कि मूल से भी सुन्दर एवं लयमय है। इस अनुवाद में Truth, Good तथा Beautiful शब्दों के लिए संस्कृत के सत्यं, शिवं तथा सुन्दरम् पर्याय चुने गए हैं। अभिधेय अर्थात् कथन की आत्मा में प्रवेश किए बिना ऐसा पर्याय-चयन सम्भव नहीं होता। संस्कृत के उद्‌भट विद्वान कुंतक ने ऐसे ही पर्याय को 'अभिधेय का अन्तरतम' माना है।[3]

पर्याय : समान अर्थ वाले शब्दों को पर्याय कहते हैं। किसी शब्द के अर्थ वास्ते प्रयुक्त दूसरा शब्द पर्याय है। इसे प्रतिशब्द भी कहा जाता है। अर्थ की दृष्टि से शब्दों के कई रूप होते हैं; जैसे पर्याय शब्द, युग्म शब्द, एकार्थक शब्द, विपरीतार्थक शब्द, समोच्चरित शब्द आदि। पर्याय समानार्थवाची शब्द होते हैं। प्रत्येक भाषा में ऐसे काफी शब्द होते हैं, जिन्हें पर्याय कहा जाता है। जिस भाषा में पर्याय की अधिकता होती है, वह भाषा समृद्ध होती है। हिन्दी के पर्याय शब्द असल में संस्कृत के तत्सम शब्द हैं, जिन्हें हिन्दी भाषा ने ज्यों-का-त्यों अपना लिया है।

परन्तु पर्यायों में अर्थ की समानता होते हुए भी उनके प्रयोग एक समान नहीं होते। पर्याय शब्द अपने आप में इतने पूर्ण होते हैं कि एक ही शब्द सभी स्थितियों में और सभी सन्दर्भों में प्रयुक्त नहीं होते। कहीं कोई शब्द उपयुक्त होता है तो कहीं कोई और। प्रत्येक शब्द का महत्त्व विषय और स्थान के अनुसार होता है। जैसे—मुनि, यती, अवधूत, संन्यासी, वैरागी,

तापस, सन्त, भिक्षु, महात्मा, साधु, मुक्तपुरुष। इन सभी शब्दों में भाव की समानता है। फिर भी इनमें अर्थ की भिन्नता स्पष्ट है। इसी प्रकार अंग्रेज़ी के पर्याय शब्द हैं–Mourning, Grief, Condolence, Bereavement, Sad, Sorrow.

हिन्दी अनुवाद-व्यवहार के क्षेत्र में आधारभूत कार्य करने वाले डॉ. कैलाश चंद्र भाटिया ने अनुवाद में पर्यायवाची की समस्या पर विचार करते हुए ठीक ही लिखा है–

''आदर्श पर्याय तो बहुत ही कम होते हैं, जिनका अर्थ एक दूसरे के पूर्णतः समान होता है। व्यवहार में इन सब पर्यायों में निकटता तो होती है, पर अर्थ की समानता कम होती है। उदाहरणार्थ–कोमल, मृदु, मृदुल, मुलायम, नाजुक, नरम (नमी), सुकुमार। सभी का भाव एक समान होते हुए भी प्रयोग से अर्थ भिन्नता स्थापित हो जायेगी। प्रखर, तीक्ष्ण तथा कुशाग्र बुद्धि के रूप भिन्न भावों में हिन्दी में मिलते हैं जो शायद दूसरी भाषा में न हों। दुख, दर्द, विषाद और शोक का जितना स्पष्ट अर्थ हिन्दी में है उतना अन्य भाषाओं में शायद न हो। फिर इसी ृंखला में कष्ट, क्लेश, पीड़ा, यातना, वेदना, व्यथा, यंत्रणा आदि शब्दों को बढ़ाया जा सकता है। प्रयोग तथा सन्दर्भ भेद से ही अर्थ-भेद निश्चित होता है।''[4]

तथापि प्रत्येक सार्थक शब्द का एक निश्चित और निर्धारित अर्थ होता है, जिसे मुख्यार्थ कहते हैं। मुख्यार्थ के अलावा शब्द के लक्ष्यार्थ तथा व्यंजार्थ भी होते हैं, जो वाक्य के सन्दर्भ में प्रकट एवं प्रभावमान होते हैं। अनुवादक को शब्द की इन सारी अर्थ छवियों के प्रति सजग रहना पड़ता है। उदाहरण के लिए, निर्णायक और न्यायाधीश। हिन्दी के इन दोनों शब्दों के प्रसंगानुरूप अलग-अलग अर्थ होते हैं। निर्णायक वाद-विवाद, प्रतियोगिता आदि का होता है। किन्तु न्यायाधीश एक ऐसा मान्य और प्राधिकृत पद है जो मुकदमे की सुनवाई करने और उसका फैसला करने के लिए राज्य की ओर से नियुक्त होता है। परन्तु अंग्रेज़ी में इन दोनों शब्दों के लिए Judge शब्द ही व्यवहृत होता है। इसी प्रकार का शब्द है–बड़ा। इसकी अंग्रेज़ी सामान्यतः Big होती है। जैसे–बड़ा बाज़ार-Big Bazaar, बड़ा सवाल–Big Question. परन्तु सभी सन्दर्भों में बड़ा के लिए Big का प्रयोग नहीं होता। यथा–

बड़ा लड़का	-	Elder Son
बड़ा अंक	-	Prominent Figure
बड़ा हृदय/दिल	-	Generous heart
बड़ा अवसर/संयोग	-	Significant occasion
बड़ा ग्रंथ	-	Voluminous Book
बड़ी चिंता	-	Serious concern
बड़ी कृपा	-	Immense favour
बड़ा महानगर	-	Mega City
बड़ा परिश्रमी	-	Hard working
बड़े लोग	-	Elite class
बड़ा पैमाना	-	Large Scale
बड़ा अभाव	-	Acute Scarcity
बड़ा विचार	-	Great Idea
बड़ा आराम/बड़ी राहत	-	Great Relief
बड़ा हिस्सा/भाग	-	Major Part
बड़ी संख्या	-	Huge Number
बड़ा समर्थन	-	Massive Support
बड़ा क्षेत्र	-	Vast Area
बड़ा विद्वान	-	Eminent Scholar

स्पष्ट है कि शब्दों के सन्दर्भ के अनुसार यदि अर्थ बदलते हैं तो सन्दर्भ के अनुरूप पर्याय भी बदल जाते हैं। यदि किसी खास शब्द के लिए कोई खास प्रतिशब्द निर्धारित हो तब भी पर्याय की समस्या खत्म नहीं होती। कारण कि प्रयोग के स्तर पर शब्दों का अर्थ परिवर्तनशील होता है। कथन के अभिप्राय और सन्दर्भ के अनुरूप शब्दों के अर्थ और आसंग (aspect) बदल जाते हैं। इस प्रकार से कहा जा सकता है कि शब्दों का अर्थ अपनी संगति और साहचर्य पर निर्भर करता है। Meaning of words depends upon their association. उदाहरण स्वरूप अंग्रेज़ी के Section शब्द पर विचार किया जा सकता है। Section का हिन्दी पर्याय मोटे तौर पर हिस्सा होता है। किन्तु शब्दों के साहचर्य में यह प्रसंगानुरूप कई अर्थ ध्वनित करता है। जैसे–

सामान्य प्रसंग–	Section of class–कक्षा (वर्ग) का हिस्सा Section of a Diagram–आरेख का हिस्सा
प्रशासन का प्रसंग–	Section of a Department–विभाग का अनुभाग Section Officer–अनुभाग अधिकारी
पुस्तकालय का प्रसंग–	The science section of Library–पुस्तकालय का विज्ञान खंड
रेडियो व मीडिया–	Music section–संगीत प्रभाग News Section–समाचार प्रभाग
विधि क्षेत्र–	Section of a Law–कानून की धारा

इसी तरह से सेना, पलटन या रक्षा के क्षेत्र में Section टुकड़ी, कुमुक, दल का अर्थ बोध कराता है। जैसे The section of army–सैनिक टुकड़ी/दल। इसी भाँति नगर व्यवस्था में Residential section का अर्थ आवासीय प्रवर्ग होता है। परन्तु रेल सेवा में Section लिप्यंतरित मात्र होता है और सेक्शन ही रहता है। जैसे–Grand chord section–ग्रैंड कॉर्ड सेक्शन। Dharwar Section–धारवाड़ सेक्शन। पर इसी Section शब्द में स्फीति लाकर जब Sectionalism बनाया जाता है तो इसका अर्थ प्रांतीयता या जातिवाद अथवा वर्गवाद हो जाता है। इसी तरह से Sectionalize शब्द का अर्थ होता है–विभाजित या विभाजित करना। किन्तु Section को जब Sectionally बनाया जाता है तो इसका खंडतः जैसा सर्वथा भिन्न अर्थ निकलता है। जैसे–Sectionally, this statement is true. यह कथन खंडतः सत्य है।

इसी तरह का एक सामान्य अंग्रेज़ी शब्द है–चार्ज (charge), जिसके कई अर्थ होते हैं। विज्ञान की प्रायः सभी शाखाओं और तकनीकी क्षेत्र में 'एनर्जी चार्ज' (Energy charge) शब्द बहुप्रचलित है। इसका हिन्दी पर्याय होता है–ऊर्जा आवेश। विज्ञान और तकनीक-जगत में इन शब्दों से बनने वाली अभिव्यक्तियों के लिए ऊर्जा आवेश का ही प्रयोग किया जाता है। परन्तु मानविकी विषयों में charge शब्द का पर्याय विषयवार बदल जाता है। इनसे परिचित नहीं होने के कारण अनुवादक को भारी दुविधा होती है। जैसे–charge का प्रशासन में अर्थ होता है–कार्यभार तो लेखा में व्यय (cost) तथा वाणिज्य में उधार (Debit) और राजनीति

में प्रहार (attack)। विधिक्षेत्र में यह शब्द अभियोग, आरोप और दोषारोप (accusation) के अर्थ में व्यवहृत होता है। इस प्रकरण में Election, Interest, Employment, Job, Attendent, Anticipation, Expense आदि सैकड़ों शब्द गिनाए जा सकते हैं, जिनके हिन्दी पर्याय विषयवार बदल जाते हैं।

पर्याय के सन्दर्भ में हिन्दी भाषा में अंग्रेज़ी शब्दों के लिप्यंतरित रूप अपना लिए जाने के उदाहरण भी पर्याप्त हैं, जिन्हें नज़रंदाज नहीं किया जा सकता। इससे हिन्दी न केवल अभिव्यक्ति के स्तर पर सम्पन्न हुई है, बल्कि बोध के स्तर पर भी समर्थ हुई है। इससे व्यावहारिक धरातल पर भी हिन्दी भाषा की सम्प्रेषणीयता बढ़ी है। ऐसे लिप्यंतरित शब्दों के चन्द उदाहरण गौरतलब हैं। यथा–

Station	-	स्टेशन
Ticket	-	टिकट
Oxygen	-	ऑक्सीजन
Carbon	-	कार्बन
Mission	-	मिशन
Bureau	-	ब्यूरो
Police	-	पुलिस
Academy	-	अकादमी
Crane	-	क्रेन (किरान-देशज)
Tin	-	टीन
Tincture	-	टिंचर

उपर्युक्त विवेचन से इतना तो स्पष्ट हो ही जाता है कि पर्याय अनुवाद की कुंजी है। इसके अभाव में अनुवाद की कल्पना नहीं की जा सकती। अनुवाद की सहजता तथा ग्राह्यता के लिए अच्छे एवं सटीक पर्याय का होना अत्यन्त आवश्यक है। परन्तु चूँकि प्रत्येक भाषा का स्वभाव अलहदा होता है और कोई दो भाषाएँ एक जैसी नहीं होतीं, अस्तु भाषा विशेष के सभी शब्दों के सटीक पर्याय दूसरी भाषा में उपलब्ध हों–यह जरूरी नहीं। पर भाषा की सम्प्रेषणीयता और सम्पन्नता के लिए पर्याय अपरिहार्य होते हैं। एक भाषा के शब्दों के लिए दूसरी भाषा में समुचित पर्यायों का होना

आवश्यक होता है। अन्यथा एक भाषा के विचारों, मन्तव्यों को दूसरी भाषा में सहजता के साथ व्यक्त करना कठिन होगा। फिर सभ्यताओं के बीच आदान-प्रदान का सिलसिला भी सम्भव नहीं होगा।

सभ्यता और समाज के इतिहास में भाषा वैज्ञानिकों की महत्ता इसी प्रसंग में असंदिग्ध होती है। वे अपनी भाषा को अक्षम और पंगु होने से बचाते हैं। यूँ तो भाषा का सृजन और संवर्द्धन समाज में निरन्तर चलता रहता है। पर भाषा को पारिभाषिक अभिव्यक्तियों से सम्पन्न करने का काम भाषा वैज्ञानिक ही करते हैं। इस तरह से प्रत्येक भाषा में शब्दों के कई प्रकार होते हैं, जो उनके स्रोत का संकेत करते हैं। जैसे, हिन्दी शब्दों के चार प्रकार होते हैं–तत्सम, तद्भव, देशज और विदेशज। शब्दों के ये प्रकार भाषा में सटीक पर्याय के प्रतिफल होते हैं। इसीलिए पर्याय के भी कई प्रकार होते हैं, जैसे–**शब्दगत, भावगत, शैलीगत, एकार्थी, भिन्नार्थी, व्याख्यात्मक आदि।**

शब्दगत पर्याय

एक भाषा के विचारों को दूसरी भाषा में दुहरा देना मात्र अनुवाद नहीं है। अनुवाद में सहजता और प्रवाह अपेक्षित होता है। अतः अनुवाद सदैव मूल लेखन के समकक्ष होना चाहिए। अनुवाद में सहजता, प्रवाह और मूल की समकक्षता के लिए आवश्यक है कि स्रोत और लक्ष्यभाषाओं के पर्याय शब्दशः तथा सटीक हों। ये अनुवाद के आधार होते हैं। प्रत्येक भाषा में ऐसे हज़ारों शब्द होते हैं, जो दूसरी भाषा के कथन की आवृत्ति को सम्भव बनाते हैं। ये भाषा के सामान्य शब्द होते हैं। इन्हें शाब्दिक या शब्दगत पर्याय कहते हैं। इनमें शब्द का मूलार्थ प्रमुख होता है। सामान्य अनुवाद इन्हीं शब्दगत पर्यायों के सहारे किया जाता है। यथा–

Application	-	आवेदन
Report	-	प्रतिवेदन
Memorandum	-	ज्ञापन
Administration	-	प्रशासन
Election	-	निर्वाचन, चुनाव

Modification	-	संशोधन
Assurance	-	आश्वासन
Adjustment	-	समायोजन
Assesment	-	मूल्यांकन

भावगत पर्याय

प्रत्येक भाषा की शब्द-सम्पदा अपने सामाजिक तथा सांस्कृतिक सन्दर्भों के अनुरूप होती है। यही कारण है कि एक भाषा के शब्दों में व्यंजित अर्थ को हू-ब-हू दूसरी भाषा के शब्दों द्वारा व्यक्त करना मुश्किल होता है। किन्तु इस तरह की मुश्किल से अनुवाद का काम नहीं रुकता। भावानुवाद (Paraphrase) की संकल्पना इसीलिए की गई है। ऐसे अनुवाद में पाठ के भावगत अर्थग्रहण पर जोर होता है। भावगत अर्थ सन्दर्भ पर निर्भर करता है। कभी कोई पाठ इतना अर्थव्यंजक होता है कि उसका अनुवाद शब्द-प्रति-शब्द न्याय से नहीं होता। पाठ में प्रयुक्त शब्द के साधारण अर्थ से ज्यादा उसके भावार्थ मुखर होते हैं। भाषा-प्रयोग में भावार्थ बड़े महत्त्वपूर्ण होते हैं। ऐसे पाठ का अनुवाद भावगत पर्यायों के सहारे ही किया जाता है।

वैसे भी सामान्यतः जब अर्थ के निर्धारण में कठिनाई होती है तो सन्दर्भ के अनुसार अर्थबोध किया जाता है। अनुवाद में यह पद्धति बड़ी काम आती है और इसी के सहारे अनुवादक सही अथवा अभीष्ट अर्थ तक पहुँच पाता है। वृहदेवता में भी इस पद्धति का उल्लेख मिलता है। वृहदेवता के अनुसार 'कथन के अभिप्राय का विनिश्चय शब्दार्थ' या 'उद्देश्य' के आधार पर किया जाता है।''[5]

भाषा के क्षेत्र में कोई भी कथन अथवा वक्तव्य सर्वदा अर्थपूर्ण होता है और वह किसी-न-किसी उद्देश्य के निमित्त होता है और उद्देश्य हमेशा प्रसंग के अनुरूप होता है। इसलिए अर्थ-निर्धारण में प्रसंग की भूमिका महत्त्वपूर्ण हो जाती है। अस्तु शब्दों के भावार्थ पूरी तरह से प्रसंग अथवा सन्दर्भ पर आश्रित होते हैं। प्रकांड भाषा-चिन्तक भर्तृहरि ने भी शब्द और अर्थ के सम्बन्धों का विवेचन करते हुए सन्दर्भ या प्रसंग की महत्ता प्रतिपादित की है। भर्तृहरि के अनुसार–

''अभिव्यक्ति का अर्थ सन्दर्भ या प्रसंग के आधार पर निश्चित किया जाता है। अभिव्यक्ति में प्रयुक्त रूप मात्र से अर्थग्रहण नहीं होता।''[6]

अभिव्यक्ति में प्रयुक्त रूप मात्र से अर्थग्रहण का पहलू कितना प्रभावित तथा भिन्नार्थक होता है, इसे निम्नलिखित उदाहरणों से समझा जा सकता है :

Audit Accounts	-	लेखा परीक्षा
Compensation of Loss	-	क्षतिपूर्ति
Blue-chip	-	भरोसेमंद (निवेश के अर्थ में)
Blue Ribbon	-	विशिष्ट सम्मान
Court of justice	-	न्यायालय
Brain Drain	-	प्रतिभा पलायन
Black Mail	-	भयादोहन
Cease Fire	-	युद्धविराम
Fourth Estate	-	पत्रकार वर्ग
Medieval age	-	मध्यकाल
Meta Phrase	-	शब्दानुवाद
Para Phrase	-	भावानुवाद
Fly past	-	विमान की समारोही उड़ान
Fly over	-	सतह के ऊपर निर्मित पुल
Metro	-	भूमिगत रेल
Blue Book	-	नियम पुस्तक

शैलीगत पर्याय

अनुवाद एक भाषा में कही गई बात को दूसरी भाषा में फिर से कहना है। इस दुहराव में सहजता और प्रवाह जरूरी होता है ताकि दुहराव, दुहराव न लगे, बल्कि मूल जैसा प्रभाव पैदा करे। मूल जैसा प्रभाव पैदा करने के लिए अनुवाद में अर्थ और शैली की समतुल्यता आवश्यक होती है। यूजीन ए नाइडा के अनुवाद सिद्धान्त का सार यही है। इस सम्बन्ध में यहां नाइडा द्वारा प्रतिपादित 'समतुल्यता के सिद्धान्त' की याद आना स्वाभाविक है।

बहरहाल, यहाँ ध्यान देने की बात यह है कि समतुल्यता सिर्फ पाठ की ही नहीं होती है, वरन् पर्याय की भी होती है। यानी अनुवाद में स्रोतभाषा के शब्दों के लिए लक्ष्यभाषा के जिन शब्दों का चयन किया जाता है, उन शब्दों में भी अर्थ और शैली की समतुल्यता वांछनीय होती है। जहाँ इन दोनों का समुचित निर्वाह होता है, वहाँ अनुवाद की छटा देखते बनती है। अनुवाद की यह छटा नीचे के उदाहरणों में शब्द-दर-शब्द तथा वाक्य-दर-वाक्य देखने योग्य है।

The second sex	—	स्त्री उपेक्षिता
The God of small things	—	मामूली चीजों का देवता
Far from The Madding crowd	—	कोलाहल से दूर
Paradise Pickles & Preserves	—	पैराडाइज़ अचार और मुरब्बे
May in Ayemenem is a hot, brooding month	—	आयमनम में मई एक गर्म, गुमसुम महीना होता है।
The days are long and humid	—	दिन लम्बे,उन्मन और उमस-भरे होते हैं।
The river shrinks and black crows gorge on bright mangoes in still dust green trees.	—	नदी सिकुड़-सिमट जाती है और काले कौए थिर, धूसर हरे पेड़ों में दमकते आमों को खा-खाकर अघाते रहते हैं।
Red bananas ripen.	—	लाल-लाल केले पकते हैं।
Jackfruits burst.	—	कटहल फट पड़ते हैं।
Dissolute bluebottles burn vacuously in the fruity air	—	लम्पट भँवरे फलों की महक-लदी हवा में बेमकसद बेवकूफी से गुनगुनाते हैं।
Then they stun themselves against clear windowpanes and die, fatly baffled in the sun.	—	फिर वे खिड़कियों के साफ-शफ्फाक शीशों से टकराकर अचेत हो, धूप में अपनी स्तम्भित स्थूलता के साथ स्वर्ग सिधार जाते हैं।

वैसे पर्याय की समतुल्यता किंचित चुनौतीपूर्ण होती है। इसमें अनुवादक का भाषा ज्ञान, अर्थबोध और रुचि महत्त्वपूर्ण होती है। इसलिए यह कार्य

वस्तुनिष्ठ से ज्यादा व्यक्तिनिष्ठ हो जाता है। वैसे भी शैली का मामला व्यक्तिनिष्ठ होता है, चाहे वह पाठ का हो अथवा पर्याय का। जैसे-शान्ति, सुकून, चैन, तसल्ली, इत्मीनान, आराम आदि। ये शब्द मोटे तौर पर एक-दूसरे के पूरक और पर्याय लगते हैं। पर इनमें अर्थबोध तथा अभिव्यक्ति का बारीक फर्क है, जो वाक्य प्रयोग से स्पष्ट होता है। जैसे-शहर में शान्ति है। गरीबों को चैन नसीब नहीं। दो घड़ी सुकून से जी लो, काम होते रहेंगे। चोर के पकड़े जाने पर थानेदार को तसल्ली हुई। तैयारी पूरी रहने पर परीक्षा देने में इत्मीनान रहता है। इस दवा से मरीज को बड़ा आराम हुआ। ध्यातव्य है कि चैन तथा आराम समान अर्थ का बोध करते हैं, परन्तु इनका वाक्य प्रयोग व्यक्ति के बोध और रुचि पर निर्भर करता है।

शैलीगत पर्याय के मुख्यतः दो प्रकार होते हैं–मूलनिष्ठ पर्याय और व्यक्तिनिष्ठ पर्याय–

मूलनिष्ठ पर्याय

मूलनिष्ठ पर्याय में स्रोत तथा लक्ष्यभाषा के शब्दों में समरूपता पर बल होता है। शब्दों की समरूपता से अनुवाद में प्रवाह आता है तथा वह मूल-सा प्रभाव पैदा करता है। जैसे–

Dont pluck flowers – फूल मत तोड़ो।
It is an interesting story – यह एक रोचक कथा है।
Burn the lamp – दीया (लैंप) जलाओ।

व्यक्तिनिष्ठ पर्याय

अभिव्यक्ति सामान्यतः भाषा में होती है और भाषा ध्वनियों की प्रतीक व्यवस्था है। भाषा में शब्द महत्त्वपूर्ण होते हैं और शब्द के चयन तथा प्रयोग में व्यक्ति के ज्ञान और अभिरुचि की बड़ी भूमिका होती है। इस प्रकार से शब्द की कोटि व्यक्तिनिष्ठ भी होती है। अनुवाद में अनुवादक महत्त्वपूर्ण होता है और अनुवाद चूँकि कला है, शब्द और भाषा के प्रयोग की कला, अतः इसका सम्बन्ध अनुवादक के भाषा संस्कार से सीधे तौर पर जुड़ा होता है। इस दृष्टि से अनुवाद में अनुवादक के व्यक्तित्व की छाप अन्तर्निहित

होती है। ऐसा अनुवाद मूलनिष्ठ से अधिक व्यक्तिनिष्ठ पर्यायों का समुच्चय होता है। जैसे–Please take your seat. इस वाक्य के कई अनुवाद हो सकते हैं, जो सटीक होते हुए भी अनुवादक की अभिरुचि और भाषा संस्कार के प्रतीक होंगे। जैसे–

(1) कृपया बैठिए।
(2) कृपया बिराजिए
(3) मेहरबानी करके बैठिए।
(4) मेहरबानी करके तशरीफ रखिए।
(5) बराए करम तशरीफ रखिए।

एकार्थी पर्याय

अंग्रेज़ी से हिन्दी अथवा हिन्दी से अंग्रेज़ी अनुवाद करनेवालों में इस बात को लेकर अक्सर ऊहापोह रहता है कि अंग्रेज़ी के कई शब्दों के लिए हिन्दी में एक ही पर्याय चलता है। वैसे किसी भी सम्पन्न भाषा में शब्दों का अकाल नहीं होता और हिन्दी निस्सन्देह एक सम्पन्न भाषा है। इसलिए हिन्दी में भी अंग्रेज़ी के शब्दों के लिए उचित पर्याय होने चाहिए। परन्तु प्रयोजनमूलक हिन्दी में कतिपय शब्दों के अर्थ में प्रयोगजनित विस्तार मिलता है। फलस्वरूप, हिन्दी के ऐसे शब्द अंग्रेज़ी के कई शब्दों के पर्याय रूप में व्यवहृत होते हैं। जैसे-अंग्रेज़ी के capacity और power शब्द। इन दोनों के लिए हिन्दी में 'क्षमता' शब्द का व्यवहार होता है। अंग्रेज़ी के Field, Area, Sphere, Region, Sector और Walk भी ऐसे ही शब्द हैं, जिनके लिए हिन्दी में 'क्षेत्र' शब्द चलता है। अंग्रेज़ी के Conservation तथा Protection और Preservation शब्दों के लिए भी हिन्दी में 'संरक्षण' का प्रयोग होता है। इस प्रसंग की स्पष्ट समझ के लिए निम्नलिखित उदाहरण देखे जा सकते हैं–

1. Defined capacity - निश्चित क्षमता
   Mental Power - मानसिक क्षमता
2. Classified Field - वर्गीकृत क्षेत्र
   Area of Interest - अभिरुचि का क्षेत्र

	Every sphere of life	-	जीवन का प्रत्येक क्षेत्र
	Southern Region	-	दक्षिणी क्षेत्र
	Industrial Sector	-	औद्योगिक क्षेत्र
	Different Walks of Life	-	जीवन के विभिन्न क्षेत्र
3.	Soil conservation	-	भू-संरक्षण
	Consumer Protection	-	उपभोक्ता संरक्षण
	Food Preservation	-	खाद्य संरक्षण

उपर्युक्त उदाहरण हिन्दी शब्दों की अर्थव्याप्ति में अभिवृद्धि होने के आदर्श हैं। उदाहरण के हिन्दी के शब्द एकार्थी पर्याय के नमूने हैं, जो प्रसंग के अनुसार भिन्न-भिन्न अर्थों का बोध कराने में सक्षम हैं। अस्तु अंग्रेज़ी के कई शब्दों के अर्थ में इनका प्रयोग होता है। तथापि यह कदापि नहीं समझना चाहिए कि अंग्रेज़ी के मुकाबले हिन्दी में शब्दों की कमी है। हिन्दी के एकार्थी पर्याय असल में प्रयोजन के क्षेत्र में प्रयोग, प्रचलन और व्यापक स्वीकृति के द्योतक हैं।

भिन्नार्थी पर्याय

भारतीय मनीषा शब्द को ब्रह्म मानती है। पतंजलि ने महाभाष्य की प्रस्तावना में लिखा है–

''एक शब्दःसम्यक् धीतः, सम्यक् प्रयुक्तः स्वर्गे लोके कामधुग्भवति।''

अर्थात् एक शब्द का सही ज्ञान, उच्चारण और प्रयोग लोक और परलोक की कामना-प्राप्ति के समान होता है।

वैसे शब्द के ज्ञान में जो अपरिमित सुख है, वह यूँ ही नहीं मिलता। उसके लिए साधना करनी पड़ती है। सम्पूर्ण ध्वनि शास्त्र, छन्दशास्त्र, अलंकारादि इसी साधना की निष्पति हैं। तथापि शब्द का ब्रह्मत्व उसकी व्याप्ति से सम्बद्ध है। यानी शब्द का अर्थ ब्रह्म की भाँति विपुल और व्यापक होता है। इसलिए शब्द के अर्थ विषयानुरूप और बहुविध होते हैं। ऐसे नाना अर्थों वाले शब्द को भिन्नार्थी पर्याय कहते हैं। जैसे, अंग्रेज़ी शब्द General। इस शब्द के हिन्दी में प्रसंग के अनुसार कई अर्थ होते हैं। यथा–

General Election	-	आम चुनाव
General Knowledge	-	सामान्य ज्ञान
General Good	-	आमहित/लोकहित
General Body	-	साधारण सभा
General Secretary	-	महा सचिव
General (Army)	-	जेनरल (सेना का सर्वोच्च पद)

इसी तरह से दैनिक जीवन में विधि, प्रबन्ध और प्रशासन के क्षेत्र में प्रयुक्त होनेवाले अंग्रेज़ी के एक ही शब्द के लिए सन्दर्भ के अनुरूप भिन्न-भिन्न हिन्दी पर्याय व्यवहार में लाए जाते हैं। ऐसे भिन्नार्थी पर्यायों के चन्द प्रसंगानुरूप प्रयोग निम्नलिखित उदाहरणों में देखे जा सकते हैं। यथा–

Article-अनुच्छेद, धारा, लेख और वस्तु तथा अन्तर्नियम के अर्थ में।

Article 343 of the Constitution	: संविधान का अनुच्छेद 343
Article 3(1) of the Act	: कानून की धारा 3(1)
Published Article	: प्रकाशित लेख
All the Articles	: सभी वस्तुएँ
Articles of Association	: संस्था के अन्तर्नियम

Workshop - कार्यशाला, कर्मशाला के अर्थ में।

Administrative workshop	: प्रशासनिक कार्यशाला
Machine workshop	: यंत्र कर्मशाला

Division - मंडल, श्रेणी, खंड एवं मतभेद के अर्थ में।

Divisional Rail Manager	: मंडल रेल प्रबन्धक
Upper Division	: प्रवर श्रेणी
Division Court	: खंड न्यायालय
Division in Party	: दल में मतभेद (फूट)

Capital-राजधानी, पूंजी, प्राण और बड़ा (दीर्घ) के अर्थ में।

Capital of Karnataka	- कर्नाटक की राजधानी
Capital investment	- पूंजी निवेश
Capital Punishment	- प्राण दंड
Capital Letter	- बड़ा (दीर्घ) अक्षर

Balance-शेष (बाकी), सन्तुलन तथा तुला के अर्थ में।

Balance Amount	- शेष राशि
Keep Balance	- सन्तुलन रखना
Physical Balance	- भौतिक तुला

Executive - कार्यपालिका, अधिशासी, कार्यपालक तथा कार्यकारिणी के अर्थ में।

Executive	- कार्यपालिका (शासन व्यवस्था)
Executive Director	- अधिशासी निदेशक
Executive Committee	- कार्यकारिणी समिति

Fair -स्वच्छ, उचित/निष्पक्ष, निष्कपट मेला, सुन्दर (गोरा) के अर्थ में।

Fair copy	- स्वच्छ प्रति
Fair Price	- उचित मूल्य
Fair Judgement	- निष्पक्ष फैसला
Fair Dealing	- निष्कपट व्यवहार
Meeting in a Fair	- मेले में मुलाकात
Fair complexion	- गौर वर्ण, गोरा रंग

Post-पद, डाक, स्थान, चौकी एवं स्तम्भ के अर्थ में।

Post of appointment	: नियुक्ति का पद
Post office	: डाक घर
Post of Duty	: ड्यूटी स्थान, स्थल
Police Post	: पुलिस चौकी
Flag post	: ध्वज स्तम्भ

Body-शरीर, निकाय और पदार्थ के अर्थ में।

Human Body	: मानव शरीर
Autonomous Body	: स्वायत्त निकाय
Moving Body	: गतिशील पदार्थ

उपर्युक्त उदाहरणों के हिन्दी पर्यायों पर उन लोगों को जरूर गौर करना चाहिए जो हिन्दी भाषा को अंग्रेज़ी की तुलना में हीन मानते हैं। हिन्दी में भी ऐसे हज़ारों शब्द हैं, जिनके लिए उसी स्तर के अंग्रेज़ी पर्याय उपलब्ध नहीं

हैं। भारतीय जीवन-दर्शन और संस्कृति को रूपायित करनेवाले श्रद्धा, दर्शन, परिताप, मेधा, उद्भट जैसे शब्द इसके प्रमाण हैं। वैसे हर संस्कृति की अपनी कुछ विशिष्टताएँ होती हैं। इन विशिष्टताओं को अभिव्यक्त करने वाले शब्दों के समस्तरीय प्रतिशब्द दूसरी भाषाओं में बहुधा नहीं मिलते। अनुवाद में तब निकटतम भाव को व्यक्त करनेवाले पर्याय से ही काम चलाना पड़ता है। अनुवादक को ऐसी स्थितियों से हर स्तर पर दो-चार होना पड़ता है।

व्याख्यात्मक पर्याय

शब्द संस्कृति के वाहक होते हैं। आधुनिक समय में जब विश्वग्राम (Global Village) की कल्पना साकार हो रही है, तब संस्कृतियों, सभ्यताओं और जीवन पद्धतियों में आपसी मेलजोल का बढ़ना स्वाभाविक है। भूमंडलीकरण के इस दौर में वस्तुओं और उत्पादों का ही नहीं, बल्कि भाषाओं, भावों और शब्दों का भी परस्पर आदान-प्रदान बढ़ा है। वैसे भी कोई भाषा अपने आप में पूर्ण नहीं होती, निरन्तर विकसित और संवर्द्धित होती रहती है। भाषा में यह कार्य नई संकल्पनाओं के लिए शब्द-सृजन तथा समृद्ध भाषा के शब्दों के सहज अंगीकरण द्वारा सम्पन्न होता है। इसमें समय लगता है। किन्तु अनुवाद में सबकुछ होता है, बस समय ही नहीं होता। ऐसे में अनुवादक को विशेष और संकल्पनात्मक शब्दों के लिए व्याख्यापरक पर्यायों के प्रयोग से काम चलाना होता है। मूल के किसी एक शब्द अथवा वाक्यांश के बदले अनुवाद में जब व्याख्यात्मक या विवरणात्मक शब्द अथवा वाक्यांश का उपयोग किया जाता है, तो उसे व्याख्यात्मक पर्याय कहा जाता है। जैसे–

Empowerment of disadvantaged sections-वंचित और बेसहारा वर्गों को अधिकारों के प्रति जागरूक और सशक्त बनाना।

Scale economy in Public Distribution-सार्वजनिक वितरण प्रणाली के अन्तर्गत अनाज वितरण में मात्रा की मितव्ययिता।

Santro! A big small car - सेंट्रो! कम दाम, बड़ा आराम।
The king of compact cars - सर्वसुविधा सम्पन्न कारों की रानी।
Round the clock service - चौबीस घंटे सेवा।

Lane Driving sane driving - लेन में जो चले यार, वही ड्राइवर होशियार।

उक्त उदाहरणों से स्पष्ट है कि अनुवाद करते समय अनेक बार व्याख्यात्मक अन्तरण अपरिहार्य हो जाता है। स्रोतभाषा के किसी शब्द अथवा वाक्यांश के लिए जब लक्ष्यभाषा में स्वाभाविक पर्याय अनुपलब्ध होता है, वैसी स्थिति में व्याख्यात्मक पर्यायों के सहारे अनुवाद किया जाता है। वैसे व्याख्यात्मक पर्याय भी मूल शब्द या वाक्यांश के साथ तादात्म्य बैठाकर ही रचा जाता है। इसमें अनुवादक को व्याख्याकार की भूमिका अपनानी पड़ती है।

भाषा प्रयोग के क्षेत्र में व्याख्यात्मक अनुवाद वास्तव में अनुवाद में सृजन के उदाहरण होते हैं। इस तरह के सृजन से भी भाषा अर्थ-सक्षम बनती है और सहज अनुवाद की सम्भावनाओं के द्वार खुलते हैं।

अंग्रेज़ी के कतिपय एकल शब्दों (Unit words) के हिन्दी प्रतिशब्द भी व्याख्यात्मक पर्याय के सुन्दर उदाहरण हैं। निश्चित रूप से ये पर्याय अपने स्वरूप में यौगिक शब्द (compound words) हैं और इनका निर्धारण अथवा गठन मूल शब्द की संकल्पना के अनुरूप और व्याख्यापरकता के आधार पर हुआ है। मसलन–

Parents - माता-पिता
Democracy - लोकतंत्र
Programme - कार्यक्रम
Atmosphere - वातावरण
Increment - वेतनवृद्धि
Hive - मधुछत्ता
Lares - गृहदेवता

कहना न होगा कि अनुवाद के क्रम में अनुवादक को स्रोतभाषा के किन्हीं शब्दों/वाक्यांशों के लिए लक्ष्यभाषा में जब माकूल शब्द/वाक्यांश नहीं मिलते हैं, तब उसे व्याख्या का सहारा लेना पड़ता है। शब्दों की व्याख्या करते हुए वह कभी अन्वय, कभी व्यास तो कभी समास पद्धतियों का सहारा लेता है। लेकिन उसके तमाम प्रयासों का एकमात्र लक्ष्य मूल भाषा-कथन की आत्मा को अनुवाद में संरक्षित और अनुरंजित करना होता है, जिससे कि अनुवाद अनुवाद न लगे, बल्कि मूल जैसा सहज तथा सृजनात्मक लगे।

वैसे भी अनुवाद की सफलता भाषान्तरण में नहीं, वरन् समानान्तर रचना होने में है। अनुवाद के कला होने का राज यही है।

देशज पर्याय

प्रायः कहा जाता है कि अनुवाद सृजन है। सृजन का सृजन। यानी पुनर्सृजन। जाहिर है कि अनुवाद सृजन जैसा स्वाभाविक (natural) तथा रचनात्मक (Creative) होता है। अनुवाद चूँकि भाषा का कर्म है, अस्तु अनुवाद की सहजता तथा रचनात्मकता भाषा में ही प्रवाहित और रूपायित होती है। इसके लिए अनुवाद में भाषिक प्रवाह जरूरी होता है और भाषिक सुघड़ता अपरिहार्य। स्वाभाविक शब्द-संयोजन, सहज वाक्य-विन्यास, मुहावरों का समुचित प्रयोग और मौलिक शैली भाषा में सृजन की शर्त होती है। इसमें तत्सम तथा तद्भव ही नहीं, बल्कि देशज शब्दों का भी महत्त्वपूर्ण योगदान होता है।

हिन्दी के देशज शब्द निश्छल लोक जीवन की अभिव्यक्ति-सामर्थ्य के प्रतीक हैं। इनमें न केवल नाद सौन्दर्य, बल्कि दृश्य, गति और भावों का अभिराम संयोजन भी मिलता है। जब ये वाक्य के अंग बनते हैं, तब भाषा का प्रवाह और अभिव्यक्ति का बांकपन देखते बनता है। निश्चित रूप से देशज पर्यायों से सम्पृक्त अनुवाद अपेक्षाकृत अधिक मुखर, प्रवाहमय और प्रभावशाली होता है। हिन्दी पत्रकारिता की शक्ति, सामर्थ्य और धार में देशज पर्यायों के अवदान से इनकार नहीं किया जा सकता। यथा गुरूघंटाल को मात, दल-बदलुओं की खिचड़ी, साँसत में सरकार, बदलाव की बयार, विपक्ष का अड़ंगा, मलाईदार कुर्सी के लिए घमासान, रेवड़ियों की बन्दरबाँट, जालसाजी का भांडाफ़ोड़, मुस्टंडों को नकेल, हड़ताल से आम आदमी हलकान, भगत का भंडा फूटा, खुर्राट को खरी-खोटी आदि। कहने की आवश्यकता नहीं कि पर्याय निर्धारण में देशज शब्दों की भूमिका विशिष्ट होती है और देशज पर्याय से भाषा की शक्ति और शैली में श्रीवृद्धि होती है। इनसे अनुवाद की सृजनात्मकता में भी अभिवृद्धि होती है। कतिपय अंग्रेज़ी शब्द और उनके देशज पर्याय नीचे ध्यातव्य हैं :-

Where abouts	-	ठौर-ठिकाना, अता-पता
Black mailing	-	भयादोहन

Bungling	-	गोलमाल, घपला
Postman	-	डाकिया
Postmaster	-	डाकबाबू
Armman	-	मुस्टंडा
Scam	-	घोटाला
Forgery	-	जालसाजी
Feint	-	पैंतरा
Home Affairs	-	घरेलू मामले
Write off	-	बट्टेखाते डालना
Hung Parliament	-	त्रिशंकु संसद
Obstructive	-	अड़ंगेबाज
Obstruction	-	अड़ंगा
Fraud	-	घपला
Fraudulent	-	चालबाज

ऊपर उद्धृत अंग्रेज़ी-हिन्दी पर्यायों में यदि कोशीय संगति खोजी जाए तो बहुतेरे मामलों में निराशा होगी। क्योंकि इन शब्दों के लिए कोश में जो पर्याय दिए गए हैं, वे इन देशज पर्यायों से भिन्न हैं। फिर भी ये पर्याय चल निकले हैं तो इसका कारण यह है कि शब्द के अर्थ (पर्याय) प्रयोग तथा सन्दर्भ से निश्चित होते हैं। पर्याय निर्धारण में शब्द शक्तियों–यथा अभिधा, लक्षणा तथा व्यंजना का विशेष महत्त्व होता है। साहचर्य (Association) की इसमें सहायक भूमिका होती है। ऐसे पर्याय विरले होते हैं, जिनके अर्थ एक-दूसरे से पूरी तरह मिलते-जुलते हैं। यद्यपि व्यवहार में सभी पर्यायों में निकट का सम्बन्ध होता है, तथापि इनके बीच सूक्ष्म अर्थ-भेद विद्यमान रहता है। जैसे-अनुपम, अपूर्व, अनोखा, अद्भुत, अनूठा, अद्वितीय, अतुल आदि। इन पर्यायों में भाव की समानता होते हुए भी सूक्ष्म अर्थ-भेद मौजूद है, जो प्रयोग से स्पष्ट होता है। अस्तु अनुवाद में पर्याय चुनने में अनुवादक को अर्थ के सूक्ष्म पहलुओं का ध्यान रखना पड़ता है।

स्रोतभाषा के पाठ में प्रयुक्त शब्दों के भाव को लक्ष्यभाषा में सम्प्रेषित करना भी एक कला है। इस कला में अनुवादक जितना ही पारंगत होता है,

अनुवाद उतना ही उत्तम और सृजनात्मक बनता है। अनुवाद इसी अर्थ में कला है और अनुवादक को इस कला की साधना करनी पड़ती है। शब्द की वास्तविक शक्ति प्रयोग में निहित होती है और प्रयोग को शक्ति तथा समर्थन मिलता है व्यवहार से। सुधी अनुवादक अपने प्रयोगों तथा व्यवहारों से पर्याय निर्धारण की समस्या का निराकरण कर लेता है।

सन्दर्भ-संकेत

1. "Translation consists in producing in the recepter language the closest, natural equivalant to the message of the source language, first in meaning and secondly in style." E.A. Nida. Nida and Taber, Leidan: The Theory and Practice of Translation, 1974, Page-12.
2. प्रो. चंद्रभान रावत, अनुवादः अवधारणा और अनुप्रयोग, नेशनल पब्लिशिंग हाउस, प्रथम संस्करण : 1988, पृष्ठ-11
3. ''अभिधेयान्तरतमः पर्यायः'', कुंतक, वक्रोक्तिजीवित-2-10
4. डॉ. कैलाश चंद्र भाटिया,अनुवाद : अवधारणा और अनुप्रयोग पुस्तक में पर्यायवाची की समस्या शीर्षक लेख, पृष्ठ-3
5. वृहदेवता-2-118
6. भर्तृहरि, वाक्यपदीय-2-316

व्यतिरेकी विश्लेषण की समस्या

अनुवाद का काम दो भाषाओं के बीच घटित होता है। इन दो भाषाओं में से पहली भाषा को स्रोतभाषा (Source language) और दूसरी को लक्ष्यभाषा (Target language) कहा जाता है। जैसा कि पूर्व में कहा गया है,स्रोतभाषा वह होती है, जिसका अथवा जिसमें व्यक्त किए गए विचारों का अनुवाद किया जाता है और जिस भाषा में अनुवाद किया जाता है, वह लक्ष्यभाषा कहलाती है। उल्लेखनीय है कि आंगिक दृष्टि से कोई भी दो भाषाएँ कभी एक समान नहीं होतीं। ध्वनि, लिपि, शब्द, अर्थ, वाक्य, व्याकरण और संस्कृति भाषा के विभिन्न अंग-उपांग होते हैं और इन स्तरों पर स्रोत और लक्ष्यभाषाएँ काफी भिन्न होती हैं।

कुछ भाषाओं के बीच समान अथवा असमान तत्त्वों की मात्रा कम हो सकती है और कुछ के बीच ज्यादा। दो भाषाओं के बीच के असमान तत्त्व ही भाषा सीखने या अनुवाद के काम में समस्या अथवा रुकावट पैदा करते हैं। इस समस्या (रुकावट) से निबटने के लिए दो भाषाओं की आंगिक संरचना को जानना और उनकी पारस्परिक तुलना के द्वारा उनमें समान एवं असमान तत्त्वों को परखना जरूरी होता है। इसके आधार पर ही दो भाषाओं के बीच के समान और भिन्न तत्त्वों का विश्लेषण सम्भव हो पाता है। यही विश्लेषण व्यतिरेकी विश्लेषण (Constrastive Analysis) कहलाता है।

व्यतिरेक का अर्थ होता है—भेद, अन्तर, अतिक्रम अथवा विरोधात्मक स्थिति। अनुवाद के प्रसंग में इसका तात्पर्य दो भाषाओं की संरचनाओं में समान अभिव्यक्ति के लिए पाया जानेवाला अन्तर या व्यतिक्रम अथवा विपर्यय से है। अनुवाद करते समय अनुवादक को स्रोत और लक्ष्यभाषाओं के बीच विद्यमान अन्तर अथवा असंगत स्थितियों का प्रायः सामना करना पड़ता है। अनुवाद की यह एक तरह से आम समस्या होती है।

प्रायः ऐसा देखा जाता है कि एक भाषा में कोई बात जिस तरह से कही गई होती है, उसे उसी तरह से दूसरी भाषा में नहीं कही जाती है। व्याकरण के नियम ऐसा करने की इजाजत नहीं देते। जैसे–मैंने इस चाबी से दरवाजा खोला। सामान्यतः इसकी अंग्रेज़ी होनी चाहिए I opened the door by this key, परन्तु ऐसा नहीं है। अंग्रेज़ी व्याकरण के नियमों के अनुसार उपर्युक्त हिन्दी वाक्य की अंग्रेज़ी होती है–I opened the door with this key. यहाँ हिन्दी परसर्ग 'से' उसकी अंग्रेज़ी by अथवा from तथा नियमानुसार प्रयोग with के बीच के अन्तर या व्यतिरेक काफी समस्या पैदा करते हैं और स्रोतभाषा की अभिव्यक्ति को लक्ष्यभाषा में रूपान्तरित करने में अवरोध उत्पन्न करते हैं। इस अवरोध को दूर करने के लिए अनुवादक को व्यतिरेकी विश्लेषण का सहारा लेना पड़ता है। कहना चाहिए कि अनुवाद की सहजता और सुघड़ता में दो भाषाओं का व्यतिरेकी विश्लेषण सहायक होता है। नीचे अंकित उदाहरणों से यह स्पष्टतः समझा जा सकता है कि अनुवाद में भाषा का व्यतिरेक कैसी-कैसी उलझनें पैदा करता है और उसे सुलझाने में अनुवादक को कितने हाथ-पाँव मारने पड़ते हैं। यथा–

वह कार्यालय 'से' आ रहा है–He is coming from the office.

मैं सोमवार 'से' अच्छा नहीं महसूस कर रहा हूँ–I am not feeling well since monday.

वे गत पाँच साल 'से' यहाँ काम कर रहे हैं–They are working here for the last five years.

वह प्रतिदिन इस रास्ते 'से' गुजरता है–He passes through this road everyday.

वह कार 'से' अस्पताल जाएँगी–She will go to the hospital by car.

हम कलम 'से' लिखते हैं–We write with pen

सीता आप सब 'से' बड़ी है–Sita is older than all of you

मैं आपके माता-पिता 'से' नहीं मिल सका–I could not meet your parents.

(इस वाक्य में 'से' परसर्ग के लिए अंग्रेज़ी अनुवाद में कोई शब्द प्रयुक्त नहीं है।)

जाहिर है कि अनुवाद के सन्दर्भ में परसर्ग सम्बन्धी उपर्युक्त समस्या अत्यन्त सामान्य समस्या है, जिससे अनुवादक को प्रायः दो-चार होना पड़ता है। इसके अतिरिक्त विशेषण, क्रियाविशेषण, काल और वृत्ति (Tens and mood) वाच्य-व्यवस्था, वाक्य संरचना, वाक्य का स्वरूप (Sentence pattern) आदि ऐसे भाषिक क्षेत्र हैं, जहाँ अनुवाद करते समय तरह-तरह की असंगतियों या अवरोधों का सामना करना पड़ता है। इनका समुचित समाधान यदि न किया जाए तो अनुवाद का गलत या दोषपूर्ण होना अवश्यम्भावी होता है। निपुण अनुवादक ऐसी स्थिति में भाषा के व्यतिरेकी विश्लेषण की सहायता लेता है।

व्यतिरेकी विश्लेषण में दो भाषाओं की संरचना के धरातल पर पारस्परिक तुलना की जाती है और उनके बीच पाए जाने वाले समान और भिन्न तत्त्वों का विश्लेषण किया जाता है। इससे दो भाषाओं की प्रकृति के साथ-साथ उनकी पारस्परिक संगति एवं विसंगति को समझने में आसानी होती है। चूँकि किन्हीं दो भाषाओं के रचनागत विधान अथवा व्याकरण एक समान नहीं होते, अस्तु व्यतिरेकी विश्लेषण का उद्देश्य दो भाषाओं के बीच पाई जानेवाली भिन्नताओं का पता लगाना और अनुवाद करते समय उन भिन्नताओं से परहेज करना होता है। सुधी विद्वान और भाषाविद् प्रो. सूरजभान सिंह के अनुसार,

''व्यतिरेकी विश्लेषण (Constrastive Analysis) में दोनों भाषाओं की समान संरचनाओं के बजाय उन संरचनाओं पर खास बल दिया जाता है जो एक-दूसरे से भिन्न होते हैं, क्योंकि ये भिन्न और असमान तत्त्व ही अनुवाद कार्य या भाषा सीखने की प्रक्रिया में बाधा उत्पन्न करते हैं। इस विश्लेषण का उद्देश्य दो भाषाओं की समकक्ष संरचनाओं के बीच व्यतिरेक (Constrast) स्पष्ट करना होता है।''[1]

अनुवाद करते समय अनुवादक स्रोतभाषा के तत्त्वों को अपने मानस में ग्रहण कर उसका स्थानान्तरण लक्ष्यभाषा में करता है। स्रोत और लक्ष्यभाषाओं के समान तत्त्वों के लिए लक्ष्यभाषा में उपयुक्त समानार्थी पर्याय ढूँढ़ना अपेक्षाकृत आसान होता है। परन्तु असमान तत्त्वों के लिए लक्ष्यभाषा में समतुल्य संरचना का संयोजन करना कठिन होता है। अनुवादक इस कठिन कार्य को व्यतिरेकी विश्लेषण से सम्पन्न करता है। वह दो भाषाओं

के बीच विभिन्न स्तरों पर समान और असमान संरचनाओं का विश्वसनीय विवरण प्राप्त करता है। इसी विवरण के उपयोग के द्वारा वह अनुवाद करते समय भाषिक मुश्किलों से पार पाता है। उदाहरण के लिए, अज्ञानता में हिन्दी परसर्ग 'से' के लिए लोग प्रायः गलत अंग्रेज़ी शब्द का प्रयोग कर देते हैं। वे from, for तथा since के सन्दर्भगत विभेद से अनभिज्ञ रहने के कारण ऐसा करते हैं। यदि यह पहले से मालूम हो कि 'से' परसर्ग के लिए अंग्रेज़ी में अलग-अलग सन्दर्भों में from, for, since, through, of, with to, by आदि का प्रयोग होता है तो सही अंग्रेज़ी बोली या लिखी जा सकती है। जैसे–

Sheela is coming from the office.
शीला दफ्तर से आ रही है।

You have not seen for last three days
आप बीते तीन दिनों से नहीं देखे गए हैं।

People have been waiting here since 9'0 clock.
लोग यहाँ पर 9 बजे से इन्तजार कर रहे हैं।

All the visitors will pass through this gate.
सभी आगंतुक इस द्वार से चलकर जाएँगे।

He died of cholera
वह हैजा से मरा।

I write with pen.
मैं कलम से लिखता हूँ।

The dawn to dusk bund called by opposition passed peacefully.

प्रतिपक्ष द्वारा आहूत सुबह से शाम तक का बन्द शान्तिपूर्ण निपट गया।

The Doctor will go to the hospital by car.
डॉक्टर कार से अस्पताल जाएँगे।

कहना न होगा कि व्यतिरेकी विश्लेषण के परिणामों से अनुवादकर्ता स्रोत और लक्ष्यभाषाओं के भिन्न व्याकरणिक नियमों और असमान संरचनाओं के प्रति सजग रहता है। वह अनुवाद करते समय स्रोत और लक्ष्यभाषाओं के

उन संवेदनशील स्थलों का पूर्वानुमान कर सकता है, जहाँ मातृभाषा व्याघात या अन्य कारणों से गलती होने की सम्भावना रहती है। इस प्रकार वह भाषा की संरचना और शैली की स्वाभाविक प्रकृति से सुपरिचित रहकर असहज और कृत्रिम अनुवाद से बच सकता है। वह अपने अनुवाद को स्रोतभाषा की संरचना के अवांछित प्रभाव से मुक्त रख सकता है।

व्यतिरेकी विश्लेषण के द्वारा अनुवादक को स्रोतभाषा के शब्दों अथवा अभिव्यक्तियों के लिए लक्ष्यभाषा में एक से अधिक शब्द अथवा समानार्थी अभिव्यक्तियाँ उपलब्ध होती हैं। इससे उसे सन्दर्भ के अनुसार उपयुक्त विकल्प चुनने में सुविधा होती है और अनुवाद में मूल पाठ की सूक्ष्म अर्थ-छवियों को सुरक्षित रखना सम्भव हो पाता है।

वैसे दो भाषाओं में पारस्परिक सम्बन्ध ढूँढ़ना अथवा उनमें समानता, असमानता के तत्त्वों की खोज करना कोई नई बात नहीं है। भाषा वैज्ञानिक ऐसा शुरू से करते रहे हैं। इसे भाषाओं का तुलनात्मक अध्ययन कहा जाता है। इसका उद्देश्य और क्षेत्र महत्त्वपूर्ण और गौर करने लायक होता है। जैसे कि दो भाषाओं में तुलना करने का उद्देश्य क्या है और तुलना करते समय भाषा के किस पक्ष को केन्द्र में रखा जाता है? उद्देश्य और कार्य प्रणाली का यही अन्तर तुलनात्मक भाषा विज्ञान और व्यतिरेकी भाषा विज्ञान का विभाजक बिन्दु होता है।

दो भाषाओं का तुलनात्मक अध्ययन भाषा वैज्ञानिकों के लिए सर्वदा आकर्षण का विषय रहा है। इस तरह के अध्ययन का सिलसिला उन्नीसवीं सदी में शुरू हुआ। तब भाषा वैज्ञानिकों के लिए दुनिया भर में प्रचलित भाषाएँ अध्ययन और विश्लेषण के मुख्य सरोकार बनी हुई थीं। विश्व की विभिन्न भाषाओं के बीच आनुवांशिक सम्बन्धों की खोज और स्थापना, भाषा-परिवारों का निर्धारण तथा उनकी शाखाओं का वर्गीकरण तत्कालीन अध्ययन के प्रमुख सोपान थे। यह ऐतिहासिक तथा तुलनात्मक भाषा विज्ञान का आरम्भिक चरण था।

बहरहाल, यहाँ यह तथ्य साफतौर पर समझ लेना चाहिए कि तुलनात्मक भाषा विज्ञान (Comparative Linguistics) और बीसवीं सदी के मध्य में विकसित व्यतिरेकी भाषा विज्ञान (Contrastive Linguistics) में पद्धति, अध्ययन क्षेत्र और उद्देश्य की दृष्टि से बहुत अन्तर है।

नीचे की तालिका इसी अन्तर को समझने का एक प्रयास है :-

	तुलनात्मक भाषा विज्ञान	**व्यतिरेकी भाषा विज्ञान**
(क)	तुलनात्मक भाषा विज्ञान में दो अलग-अलग समयों की भाषाओं के बीच तुलना की जाती है।	व्यतिरेकी भाषा विज्ञान में एक ही समय की, खासकर आधुनिक समय की दो भाषाओं के बीच तुलना की जाती है।
(ख)	तुलनात्मक भाषा विज्ञान का अध्ययन क्षेत्र मूल रूप से कतिपय ध्वनियों और रूपों की तुलना तक सीमित रहता है।	व्यतिरेकी भाषाविज्ञान का अध्ययन क्षेत्र भाषा के सभी अंगों तक फैला होता है। यथा–ध्वनि, शब्द, अर्थ, वाक्य, व्याकरण, संरचना आदि।
(ग)	तुलनात्मक भाषा विज्ञान का उद्देश्य दो या अधिक भाषाओं के मध्य पारिवारिक सम्बन्ध खोजना होता है। इसके द्वारा भिन्न काल, स्थान और परिवेश में भाषाओं के ऐतिहासिक विकास, भाषा-परिवार,भाषा-संपर्क और शब्दों की व्युत्पत्ति आदि के सम्बन्ध में महत्त्वपूर्ण जानकारी प्राप्त की जाती है।	व्यतिरेकी भाषाविज्ञान का उद्देश्य वर्तमान सन्दर्भ में भाषा-शिक्षण, अनुवाद और कोश आदि के लिए उपयोगी सामग्री उपलब्ध कराना होता है। इसीलिए व्यतिरेकी विश्लेषण दो समकालीन भाषाओं के बीच ही किया जाता है, अस्तु समकालिक अध्ययन (Synchronic study) कहलाता है।
(घ)	तुलनात्मक भाषा विश्लेषण का मुख्य उद्देश्य दो भाषाओं के बीच समान तत्त्वों की खोज करना होता है, जिससे कि उनके बीच ऐतिहासिक या आनुवांशिक (genetic) सम्बन्ध सूत्र स्थापित किया जा सके।	व्यतिरेकी भाषा विश्लेषण का मुख्य उद्देश्य दो भाषाओं के बीच असमान अथवा अर्द्धसमान तत्त्वों की खोज करना होता है, ताकि भाषा सीखते समय या अनुवाद करते समय मातृभाषा व्याघात (Mother-tongue interference) या असमान संरचनाओं के चलते होने वाली त्रुटियों का परिहार किया जा सके।

व्यतिरेकी विश्लेषण (Contrastive Analysis) : व्यतिरेकी विश्लेषण भाषा विज्ञान का एक आधुनिक अध्ययन-क्षेत्र है। इसका आरम्भ बीसवीं सदी के पाँचवें दशक में अमरीका में हुआ। सन् 1940 में मिशिगन विश्वविद्यालय के अंग्रेज़ी भाषा संस्थान ने दूसरी भाषाएँ बोलनेवालों को अंग्रेज़ी सिखाने वास्ते विशेष पाठ्य-सामग्री प्रकाशित की। तत्पश्चात् सन् 1945 में फ्राइज की प्रसिद्ध पुस्तक Teaching and Learning of English as a Foreign Language प्रकाश में आई। व्यतिरेकी विश्लेषण की यह नींव थी। आगे चलकर सन् 1953 में वाइनरिक और हॉगेन के अध्ययनों से इसके सिद्धान्तों का सूत्रपात हुआ।

वाइनरिक और हॉगेन ने अमरीका के द्विभाषी आप्रवासियों (immigrants) के मिश्रित भाषा-प्रयोगों का विशद अध्ययन किया। उनके निष्कर्ष आगे चलकर भाषा विज्ञानियों के बीच काफी चर्चित हुए। परन्तु व्यतिरेकी विश्लेषण पद्धति के प्रतिपादन में सन् 1957 में प्रकाशित रॉबर्ट लाडो की पुस्तक Lingustics Across Culture की बड़ी भूमिका रही। इस पद्धति का व्यावहारिक विस्तार करते हुए उन्होंने एक और पुस्तक लिखी, जिसका नाम था Language Teaching : The Construction and use of Foreign Language Tests। यह 1961 में छपी। इसी बीच 1959 में सी.ए. फर्गुसन ने Constrastive Structures Series चलाई। इसके अन्तर्गत अंग्रेज़ी, फ्रांसीसी, जर्मन, इतालवी, रूसी, स्पेनिश आदि भाषाओं के व्यतिरेकी विश्लेषण की पुस्तक मालाएँ प्रकाशित हुईं।

निश्चय ही व्यतिरेकी विश्लेषण से अनुवाद-कार्य में सहूलियत मिलती है। परन्तु याद रखना होगा कि अध्ययन के विषय के रूप में इसकी शुरुआत भाषा-शिक्षण के तौर पर हुई। इसके अध्येता चूँकि मूल रूप में भाषा वैज्ञानिक थे, इसलिए इसकी संकल्पना और पद्धति के विकास में भाषा सीखने की आधारभूत आवश्यकताओं पर जोर दिया गया। तथापि व्यतिरेकी विश्लेषण के निष्कर्ष अनुवाद के लिए भी पर्याप्त रूप से उपयोगी साबित हुए। मसलन–काल, पक्ष (aspect), वाच्य, विशेषण और क्रिया पदबन्ध, वाक्य-संरचना आदि व्यतिरेकी विश्लेषण के आधारभूत सरोकार होते हैं और किन्हीं दो भाषाओं के ये सरोकार सर्वदा समतुल्य तथा समस्तरीय नहीं होते। अस्तु अनुवाद में व्यतिरेकी विश्लेषण तथा

इसके परिणाम निश्चय ही लाभकारी होते हैं। अनुवाद के सन्दर्भ में यहाँ व्यतिरेकी विश्लेषण के कतिपय लाभकारी पक्षों की चर्चा अप्रासंगिक नहीं होगी।

(i) अनुवादक अनुवाद-कार्य के दौरान जब स्रोतभाषा तथा लक्ष्यभाषा का व्यतिरेकी विश्लेषण करता है, तो वह स्रोत तथा लक्ष्यभाषाओं के व्याकरण सम्बन्धी नियमों, अभिव्यक्तियों एवं पदबन्धों आदि से परिचित हो जाता है। फिर वह अनुवाद करते हुए लक्ष्यभाषा की सहज तथा समतुल्य अभिव्यक्तियों का उपयोग करता है। ऐसा अनुवाद ही स्रोतभाषा की संरचना के गैरजरूरी प्रभावों से बच पाता है। उदाहरणार्थ, हिन्दी सहित समस्त भारतीय भाषाओं में द्विरुक्ति या सहचर शब्दों के प्रयोग की प्रवृत्ति आम होती है। जैसे-आहिस्ता-आहिस्ता, भिन्न-भिन्न, बात-बात, शनैः-शनैः, घड़ी-घड़ी, तरह-तरह, चिन्दी-चिन्दी आदि। परन्तु अंग्रेज़ी में इस तरह की द्विरुक्ति नहीं चलतीं। व्यतिरेकी विश्लेषण से अनुवादक निम्नलिखित किस्म की गलतियाँ, जो कि सरसरी तौर पर सही और शाब्दिक अनुवाद प्रतीत होती है, करने से बच जाता है। जैसे-'चोर अहिस्ता-अहिस्ता घर में घुसा' का अनुवाद–Slowly-Slowly the thief entered in the house अथवा 'विरोध करने के लिए भिन्न-भिन्न जगहों के लोग इकट्ठा हुए थे' के लिए People from different-different places had gathered to make their protest सरीखा अनुवाद।

(ii) व्यतिरेकी विश्लेषण से अनुवादक अनुवाद के समय स्रोत तथा लक्ष्यभाषा की संरचना के अन्तरों की जानकारी प्राप्त कर लेता है। वह दोनों भाषाओं की असमान संरचनाओं तथा व्याकरण सम्बन्धी नियमों के कारण गलती होनेवाले बिन्दुओं के प्रति सावधान हो जाता है। उदाहरण के लिए, हिन्दी परसर्ग 'से' के लिए अंग्रेज़ी में From, for, since, to, through, with, by आदि कई परसर्गों का प्रयोग। इनके बारे में विस्तार से चर्चा पहले के पृष्ठों में की जा चुकी है।

(iii) व्यतिरेकी विश्लेषण के माध्यम से अनुवादक के पास स्रोतभाषा की किसी अभिव्यक्ति के लिए लक्ष्यभाषा में कई समानार्थी अभिव्यक्तियाँ या विकल्प मौजूद होते हैं। इससे मूल पाठ का समतुल्य और समानार्थी अनुवाद करने में सुविधा होती है। व्यतिरेकी विश्लेषण के साथ विकल्प विश्लेषण की

यह सुविधा सटीक अनुवाद को सम्भव बनाती है। इस बारे में विस्तार से चर्चा आगे के पन्नों पर की जाएगी।

जैसा कि पहले कहा जा चुका है, अनुवाद के प्रसंग में व्यतिरेकी का तात्पर्य दो भाषाओं की संरचनाओं में समान अभिव्यक्ति के लिए पाया जानेवाला अन्तर या व्यतिक्रम होता है। यह अन्तर जितना बड़ा होता है, अनुवाद का काम उतना ही कठिन होता है। कुशल अनुवादक इस कठिनाई से पार पाने के लिए स्रोतभाषा के पाठ का रूप, शब्द, वाक्य और कथन के स्तर पर विश्लेषण करता है। फिर उसे लक्ष्यभाषा की समतुल्य अभिव्यक्ति में रूपान्तरित करता है।

व्यतिरेकी विश्लेषण एक मूर्त अवधारणा है और यह कई चरणों में घटित होता है। इसमें दो भाषाओं का पारस्परिक तुलना के आधार पर अध्ययन किया जाता है। भाषा की संरचना मुख्यतः रूप, शब्द और वाक्य पर अवलम्बित होती है। व्यतिरेकी विश्लेषण में दो भाषाओं की इन्हीं रूपगत, शब्दगत तथा वाक्यगत संरचनाओं का तुलनात्मक अध्ययन किया जाता है। इसके अन्तर्गत दोनों भाषाओं के खंडों, उपखंडों का और उनके परस्पर समानता तथा असमानता के पहलुओं का विशद विवेचन किया जाता है। इससे न केवल भाषा का अध्ययन रोचक और जानकारी पूर्ण होता है, बल्कि अनुवाद भी मूल पाठ के समतुल्य सटीक तथा प्रभावपूर्ण बनता है।

व्यतिरेकी विश्लेषण की प्रक्रिया में निम्नलिखित का निर्धारण कर लेना महत्त्वपूर्ण होता है:-

क. पाठ अथवा सामग्री की मौखिक अथवा लिखित उपलब्धता इस प्रक्रिया की पहली जरूरत होती है। इसी के रूपान्तरण के क्रम में स्रोत और लक्ष्यभाषाओं का व्यतिरेकी अध्ययन शुरू और सम्भव होता है। उच्चारण एवं ध्वनि आधारित विश्लेषण यदि अभिप्रेत हो तो पाठ का ध्वन्यात्मक लिपि में लिखा होना जरूरी होता है।

ख. पाठ अथवा सामग्री का समतुल्य अनुवाद सर्वदा एककालिक होता है। अस्तु व्यतिरेकी विश्लेषण में भी काल की समानता का ध्यान रखना जरूरी होता है।

ग. स्रोत अथवा लक्ष्यभाषाओं में से किसी एक रूप का चयन कर लेना सुविधाजनक होता है। यह रूप व्याकरणिक अथवा सांस्कृतिक, कुछ भी हो सकता है।

घ. व्यतिरेकी विश्लेषण ध्वनि, शब्द, रूप, वाक्य एवं कथन में से आवश्यकतानुसार एक, एकाधिक अथवा सभी स्तरों पर किया जा सकता है।

निर्धारण के ये पहलू बेहद महत्त्वपूर्ण होते हैं। इसे यदि व्यतिरेकी विश्लेषण की आत्मा कहा जाए तो अतिशयोक्ति न होगी।

व्यतिरेकी विश्लेषण की आवश्यकता, रोचकता और प्रभावमयता ध्वनि, शब्द, रूप, वाक्य और कथन के स्तरों पर कैसे निर्भर करती है, इसे समझने के लिए इन पहलुओं की किंचित विस्तार से चर्चा जरूरी है।

ध्वनि के स्तर पर उच्चारण में व्यतिरेक के दिलचस्प उदाहरण पढ़ने तथा सुनने को मिलते हैं। यथा Agarkar, Agra, Chennai, Patna, Madan आदि। Agarkar प्रसिद्ध उपाधि अगरकर है जो अंग्रेज़ी अक्षर a तथा g से शुरू होता है। किन्तु a तथा g से ही शुरू होनेवाला शब्द Agra हिन्दी में आगरा कहा जाता है। इसी तरह का एक नामिक शब्द है Chennai जिसे कुछ लोग चेन्नै तो कुछ लोग चेन्नई जब कि कुछ लोग चेन्नाई कहते सुने जाते हैं। Patna प्रसिद्ध नगर पटना है, जबकि कुछ लोग इसे पाटना भी कहते हैं। Madan शब्द का ध्वन्यात्मक व्यतिरेक तो और दिलचस्प है। यह वस्तुतः हिन्दी का नामिक शब्द मदन है। परन्तु इसे मादन और मदान के रूप में लोग पढ़ते हैं, जबकि हिन्दी में मदन, मादन और मदान–तीनों भिन्न शब्द हैं, जिनके अर्थ भी क्रमशः कामदेव, मादक अथवा कामदेव के पंचबाणों में से एक बाण (पुष्प) और उपाधि होते हैं। इसी प्रकार Kumar को हिन्दी में कुमार और कुमर–दोनों रूपों में उच्चरित किया जाता है।

स्पष्ट है कि अंग्रेज़ी स्वराक्षरों जैसे a, e, i, o और u के उच्चारणों में जो व्यतिरेक पाए जाते हैं, वे दिलचस्प ही नहीं उलझन भी पैदा करते हैं। मसलन, a के लिए अ और आ अक्षर क्रमशः ह्रस्व और दीर्घ–दो भिन्न स्वरों की प्रतीक ध्वनियाँ हैं। व्यतिरेक यह है कि a के लिए अ और आ दोनों बोले और लिखे जाते हैं, जैसे अमन-Aman और आर्ट-Art। कभी-कभी तो a के

लिए ए तथा ऐ ध्वनियाँ भी उच्चरित होती हैं, जैसे–Able, gate, Add तथा mat। इसी प्रकार e,i,o और u के हिन्दी उच्चारणों में भी a जैसा व्यतिरेक मिलता है। जैसे कि Den और Delete। इन दोनों शब्दों में e का उच्चारण एक समान नहीं है। Die और Dig में i का उच्चारण भी एक जैसा नहीं होता है। इसी तरह से Q और u के उच्चारण भी अलग-अलग होते हैं। जैसे DQ तथा Dock और Run तथा Ruby। जहाँ एक ही अक्षर से बननेवाले शब्दों के उच्चारण में इतने फर्क मिलते हैं, वहाँ दूसरी भाषा के अध्येता के समक्ष उलझन पैदा होना स्वाभाविक है। अंग्रेज़ी से हिन्दी अथवा अन्य भारतीय भाषाओं में तथा हिन्दी सहित इतर भारतीय भाषाओं से अंग्रेज़ी में अनुवाद करते समय ऐसे ध्वन्यात्मक प्रकरणों में सतर्क रहना सदैव लाभकारी होता है।

शब्द रचना के मामले में हिन्दी बड़ी सम्पन्न भाषा है। इसमें बनावट की दृष्टि से रूढ़ि, यौगिक और योगरूढ़ि जैसे तीन प्रकार के शब्द पाए जाते हैं। शब्द रचना में उपसर्ग, प्रत्यय के साथ-साथ संधि तथा समास की भी बड़ी भूमिका होती है। इनके अलावा हिन्दी में द्विरुक्त शब्द भी ढेर सारे हैं। परन्तु हिन्दी और अंग्रेज़ी के व्यतिरेकी विश्लेषण से यह तथ्य उजागर होता है कि अंग्रेज़ी के कतिपय रूढ़ि शब्दों के लिए हिन्दी में रूढ़ि शब्द नहीं हैं। ऐसे मामलों में संकल्पना के अनुसार और संधि या समास के जरिये पर्याय रचे गए हैं। दूसरी तरफ अंग्रेज़ी भाषा में द्विरुक्ति नहीं चलती। अंग्रेज़ी में योगरूढ़ि शब्द भी हिन्दी योगरूढ़ि शब्दों जैसे छवि सम्पन्न नहीं मिलते। अंग्रेज़ी के योगरूढ़ि शब्द खास प्रकरणों में ही मोहक होते हैं और प्रकरण बदलते ही असंगत हो जाते हैं। नीचे अंग्रेज़ी के कतिपय रूढ़ि शब्द और उनके हिन्दी पर्याय गौर करने लायक हैं :

Cabinet	- मंत्रिमंडल	Plane	- हवाई जहाज
President	- राष्ट्रपति	Principal	- प्राचार्य
Train	- रेलगाड़ी	Radio	- आकाशवाणी
Stadium	- क्रीड़ांगन	Globe	- भूमंडल
Hospital	- चिकित्सालय	Peon	- आदेशपाल

जाहिर है कि उपर्युक्त सभी अंग्रेज़ी शब्द रूढ़ि शब्द हैं, जबकि उनके हिन्दी पर्याय संकल्पना आधारित यौगिक शब्द हैं। वैसे हिन्दी के

भी बहुत सारे रूढ़ि शब्द ऐसे हैं, जिनके अंग्रेज़ी पर्याय रूढ़ि नहीं, बल्कि यौगिक हैं, जैसे–

सुन्दर	-	Beautiful, Handsome
छाछ	-	Buttermilk
तितली	-	Butterfly
गाली	-	Dirty word
लोथ	-	Disable
छूट	-	Discount

यौगिक शब्दों के मामले में हिन्दी और अंग्रेज़ी में प्रायः एक जैसी स्थिति मिलती है। जैसे–

District Magistrate	-	जिलाधीश
General Manager	-	महाप्रबन्धक
Head Master	-	प्रधानाध्यापक
Managing Editor	-	प्रबन्ध सम्पादक
Milky Way	-	आकाश गंगा
Prime Minister	-	प्रधानमंत्री
Prima facie	-	प्रथम दृष्ट्या

अनुवाद के प्रसंग में शब्दों का व्यतिरेकी अध्ययन तब तक मुकम्मल नहीं हो सकता, जब तक उपसर्ग, प्रत्यय और समास से बननेवाले शब्दों और उनके पर्यायों पर विचार न कर लिया जाए। हिन्दी और अंग्रेज़ी में उपसर्गों, प्रत्ययों तथा समासों की बड़ी व्यापक संख्या है, और उनके अर्थ प्रसंग भी बेहद विस्तृत हैं। उन सभी पर यहाँ विचार करना सम्भव नहीं है। तथापि चन्द उदाहरण गौरतलब हैं मसलन, अ उपसर्ग। यह हिन्दी में संस्कृत से आया हुआ उपसर्ग है। इसका प्रायः निषेधात्मक अर्थ होता है और यह शब्दों के निर्माण में बड़ा सक्षम है। जैसे–

सुरक्षा-असुरक्षा	Security-Insecurity
धर्म-अधर्म	Religion-Irreligion
नैतिक-अनैतिक	Moral-Immoral
शान्त-अशान्त	Quiet-Unquiet
शिक्षित-अशिक्षित	Literate-Illiterate
योग्यता-अयोग्यता	Qualification-Disqualification

ऊपर के उदाहरणों में देखा जा सकता है कि हिन्दी के एक ही उपसर्ग के लिए अंग्रेज़ी में In, Ir, Im, Un, Il और Dis उपसर्ग प्रयुक्त हुए हैं। हिन्दी में **क, स, सु, दु, नि, वि, अव** आदि उपसर्ग बड़े अर्थ व्यंजक हैं। जैसे कपूत, सपूत, सुडौल, दुकाल, निकम्मा, विज्ञान, अवज्ञा, अवतार आदि। इन उपसर्गों के समान अंग्रेज़ी में उपसर्ग नहीं हैं।

हिन्दी में संस्कृत, हिन्दी और उर्दू के कोई 50 उपसर्ग इसी प्रकार व्यवहृत होते हैं, जबकि अंग्रेज़ी में इतने prefix नहीं होते। संस्कृत उपसर्ग अन् से जोड़कर बड़े सार्थक और समर्थ शब्द हिन्दी में बनते हैं जैसे अनधिकार, अनर्थ, अनाचार, अनाहूत आदि। अनधिकार के अर्थ में अंग्रेज़ी का unauthorise शब्द उपयुक्त है, परन्तु अनाचार के लिए un prefix से कोई शब्द नहीं बनता। हिन्दी अन उपसर्ग से बननेवाले शब्दों–अनमोल, अनबोल, अनपढ़, अनमेल आदि के अंग्रेज़ी अनुवाद में Un prefix सदैव काम नहीं आता। हिन्दी का अनु उपसर्ग तो कमाल का है। इससे बननेवाले शब्दों के अंग्रेज़ी पर्याय में साम्य ढूँढ़ना दूर की कौड़ी लाना है। जैसे–

अनुशासन-Discipline	अनुकरण-Imitation, Mimicry
अनुवाद-Translation	अनुचर-Attendant
अनुज-Younger brother	अनुक्रम-Sequence
अनुपात-Proportion	अनुरूप-Like
अनुकूल-Agreable	अनुशीलन-Investigation
अनुगृहीत-Obliged	अनुग्रह-Favour
अनुत्तीर्ण-Fail	अनुबन्ध-Contract
अनुमान-Guess	अनुमोदन-Approval
अनुभव-Experience	अनुपालन-Compliance

यद्यपि ऊपर के उदाहरणों में आए हिन्दी शब्दों में जहाँ उपसर्ग की समानता है, वहीं अंग्रेज़ी शब्दों में किसी प्रकार की समानता नहीं है, तथापि यह कोई विरला मामला नहीं है। सभी भाषाओं में ऐसा होता है। अंग्रेज़ी में भी बहुत सारे ऐसे शब्द हैं, जो एक ही Prefix से बने हैं, पर उनके हिन्दी पर्याय एकदम भिन्न होते हैं। जैसे–

Discolour - बदरंग	Discomfort - असहज
Discourage - हतोत्साहित	Discover - खोज

Discourse	- कथन, प्रोक्ति	Displace	- छटकना
Disrepute	- बदनामी	Disslove	- भंग
Distraction	- विकर्षण	Disable	- पंगु

परन्तु अंग्रेज़ी में एक prefix होता है Multi, जिसके लिए हिन्दी में बहु उपसर्ग समीचीन और स्वयंपूर्ण है। जैसे–

Multinational	- बहुराष्ट्रीय	Multipurpose	- बहुद्देशीय
Multilingual	- बहुभाषी	Multicorner	- बहुकोणीय
Multilateral	- बहुपक्षीय	Multistoried	- बहुतल

किन्तु अंग्रेज़ी Prefix Ultra के लिए अति उपसर्ग कहीं-कहीं स्वयंपूर्ण नहीं लगता। विशेषकर Ultrasonic, Ultramundane, Ultramontane, Ultramarine, Ultravoilet, Ultra virus जैसे शब्दों के प्रसंग में।

शब्द निर्माण में प्रत्ययों (Suffix) की भूमिका भी बहुत प्रभावी और दिलचस्प होती है। हिन्दी हो या अंग्रेज़ी अथवा कोई अन्य भाषा–प्रत्यय से जुड़कर शब्द अलग ही अर्थ और आयाम उद्घाटित करने लगते हैं। जाहिर है कि इनका व्यतिरेकी अध्ययन भी बेहद रोचक और अर्थ गर्भित होता है। इस दृष्टि से प्रत्यय के कतिपय पहलू और उदाहरण गौरतलब हैं:-

प्रत्यय (प्रति + अय) उपसर्गों की तरह ही अविकारी शब्दांश होते हैं, जो शब्दों के अन्त में जुड़ते हैं। शब्द आमतौर पर धातु, संज्ञा, क्रिया, विशेषण आदि रूपों में होते हैं। इन शब्द रूपों के अन्त में प्रत्यय लगते हैं और उनके अर्थ और रूप को बदल देते हैं। जैसे–

लड़	(ऐत)	लड़ैत	Fight	Fighter
लड़	(आका)	लड़ाका		
श्रम	(इक)	श्रमिक	Labour	Labourer
परिश्रम, मेहनत	(ई)	परिश्रमी, मेहनती	Labour	Labourious
राष्ट्र	(ईय)	राष्ट्रीय	Nation	National
शत्रु	(ता)	शत्रुता	Enemy	Enmity
खेत	(ई)	खेती	Farm	Farming
धन	(ई, वान)	धनी, धनवान	Wealth	Wealthy
तेज	(स्वी)	तेजस्वी	Energy	Energetic
ऊर्जा	(इत)	ऊर्जित	Energy	Energize

ऊपर के उदाहरणों से स्पष्ट है कि प्रत्यय शब्द के अन्त में जुड़ते हैं और उनके अर्थ तथा रूप बदल देते हैं। ऐसा हिन्दी तथा अंग्रेज़ी के साथ-साथ सभी भाषाओं में होता है। किन्तु अनुवाद के क्रम में स्रोतभाषा के शब्दों का लक्ष्यभाषा में पर्याय निर्धारित करते समय कई बार काफी गहरा व्यतिरेक उपस्थित होता है। ऐसा व्यतिरेक बिल्कुल भिन्न अर्थ और प्रसंग का बोध कराता है। जैसे–

रंग	(त)	रंगत
रंग	(ईला)	रंगीला
मुनि	(अ)	मौन
फल	(इत)	फलित
मधु	(र)	मधुर
नाक	(एल)	नकेल

स्पष्ट है कि रंग के लिए अंग्रेज़ी में Colour होता है, किन्तु रंगत के पर्याय के लिए Colour को आधार नहीं बनाया जा सकता। रंगत शब्द अंग्रेज़ी में Mood, Action आदि का अर्थ बोध कराता है। रंग से बना रंगीला 'शब्द' तो और भी अर्थव्यंजक है। इसके लिए lively, Merry अथवा Flirtatious पर्याय ही उपयुक्त हो सकते हैं।

इसी तरह से मुनि अंग्रेज़ी में Saint, Sage, Seer अथवा ascetic हैं, किन्तु मुनि से ही बना मौन शब्द silent अथवा Silence हो जाता है। फल को अंग्रेज़ी में Fruit कहा जाता है, परन्तु फल से बना फलित शब्द Astrology की व्यंजना देता है। मधु हिन्दी का अत्यन्त प्रसिद्ध शब्द है और इसकी अंग्रेज़ी Honey होती है, किन्तु मधुर के लिए Sweet या melodious ही चलता है। नाक का अंग्रेज़ी पर्याय Nose सभी जानते हैं, पर नकेल के अर्थ प्रसंग को clutch या grip से ही समझा जा सकता है।

अनुवाद के प्रसंग में व्यतिरेकी विश्लेषण के अन्तर्गत हिन्दी **समास** की भूमिका भी काफी प्रभावी होती है। चूँकि हिन्दी की प्रकृति संस्कृत के अनुरूप है, अस्तु हिन्दी में समास का अनुशीलन संस्कृत के आधार पर हुआ है। समास का अर्थ है–संक्षेप। कम शब्दों में अधिक अर्थ बाँधना, समेटना समास का उद्देश्य होता है। दो या दो से अधिक शब्द अपनी-अपनी विभक्ति या प्रत्यय त्यागकर जब एक हो जाते हैं तो उसे समास

कहते हैं। जैसे–विद्यालय, शोकाकुल, नरोत्तम, जलवायु, प्रयोगशाला, नेत्रहीन, देशभक्ति आदि। जाहिर है कि लक्ष्यभाषा की अल्पज्ञता में अनुवादक सामासिक शब्दों का विग्रह के आधार पर अनुवाद करने की चेष्टा कर सकता है। ऐसी चेष्टा भयंकर भूल होने से बचा नहीं सकती। मसलन, जलपान से निरा जल का पान मान लिया जाए तो इसकी अंग्रेज़ी Breakfast कभी नहीं होगी, Drink water ही होगी जो कि सरासर गलत है। इसी तरह से जलवायु के लिए water air जैसा कोई शब्दयुग्म बनेगा, जबकि इसके लिए Climate जैसा सुन्दर और बहुप्रयुक्त शब्द है। प्रयोगशाला भी House of experiment जैसे शब्द से अनूदित होगा और Laboratory शब्दकोश में ही सिमटकर रह जाएगा। देशभक्ति शब्द को भी अनुवादक अगर विग्रह रूप में समझकर अनुवादित करने लगें तो Devotion of Nation या Devotion of country जैसा शब्दयुग्म ही व्यवहृत होगा। फिर Patriotism का क्या होगा? समास के प्रसंग से जुड़े ऐसे व्यतिरेक के प्रति सावधान और सजग रहकर ही सहज, समतुल्य और बेहतर अनुवाद सम्भव हो सकता है।

अनुवाद में व्यतिरेकी विश्लेषण की समस्या के अन्तर्गत स्रोतभाषा और लक्ष्यभाषा के बीच विद्यमान संरचनात्मक अन्तर भी काफी रोचक तथा महत्त्वपूर्ण होता है। यह **रूपगत** अथवा **अन्विति** सम्बन्धी व्यतिरेक कहलाता है। अनुवाद में सबसे अधिक व्यतिरेक रूप अथवा अन्विति के प्रसंग में ही घटित होता है। अन्विति का मतलब होता है–वाक्य रचना। इसके अन्तर्गत मुख्यतः कारक और क्रिया सम्बन्धी रूप रचना के विषय आते हैं। विश्लेषण यदि हिन्दी-अंग्रेज़ी वाक्यरूपों में पाए जानेवाले व्यतिरेक तक सीमित रखा जाए तो यह स्पष्ट लक्षित होता है कि हिन्दी में कर्ता-क्रिया और कर्म-क्रिया की अन्विति वचन एवं लिंग तथा वचन एवं पुरुष के अनुसार होती है, जबकि अंग्रेज़ी में ऐसी स्थिति नहीं होती। उदाहरण के लिए, हिन्दी में एक ही शब्द लड़का से वचन परिवर्तित होने पर लड़के रूप बन जाता है, अर्थात् एक लड़का, दो लड़के। किन्तु वचन के अपरिवर्तित रहने पर भी कर्ताकारक का चिह्न ने लगाने से लड़का शब्द का रूप बदल कर लड़के हो जाता है। जैसे वह लड़का बोला। उस लड़के ने कहा। परन्तु अंग्रेज़ी में ऐसा रूप परिवर्तन नहीं होता। अलबत्ता हिन्दी में भी कतिपय शब्द ऐसे हैं, जिनका रूप

कारकीय संयोग की स्थिति में भी यथावत् बना रहता है, जैसे–लड़की। वह लड़की बोली। उस लड़की ने कहा। स्पष्ट है कि लड़की शब्द में कारक चिह्न 'ने' लगने से भी कोई रूपगत परिवर्तन नहीं होता है। परन्तु लड़का शब्द का रूप प्रायः बदल जाता है। जैसे–लड़के की बहन (सम्बन्ध कारक), उस लड़के में दिव्य लक्षण (अधिकरण कारक) आदि रूप परिवर्तन होता ही होता है। हिन्दी तथा अंग्रेज़ी के बीच पाए जाने वाले पुरुष और लिंग (person & gender) सम्बन्धी व्यतिरेक को नीचे के उदाहरणों से समझा जा सकता है–

राम खाना खाता है - Ram takes food
सीता खाना खाती है - Sita takes food
वे खाना खाते हैं - They take food
वह खाना खाता है - He takes food
वह खाना खाती है - She takes food
वे खाना खाती हैं - They take food

इसी प्रकार से हिन्दी तथा अंग्रेज़ी के मध्य पाए जानेवाले वचन और पुरुष (Number & person) सम्बन्धी व्यतिरेक को देखा जा सकता है। जैसे–

वह दफ्तर जाता है - He goes to office
तुम दफ्तर जाते हो - You go to office
आप दफ्तर जाते हैं - You go to office
वे दफ्तर जाते हैं - They go to office
वह दफ्तर जाती है - She goes to office
तुम दफ्तर जाती हो - You go to office
आप दफ्तर जाती हैं - You go to office
वे दफ्तर जाती हैं - They go to office

ऊपर के उदाहरणों से स्पष्ट है कि हिन्दी और अंग्रेज़ी की वाक्य संरचना में कर्ता के पुलिंग तथा स्त्रीलिंग सर्वनाम होने पर क्रिया रूप में अन्तर आ जाता है। हिन्दी में कर्ता, सर्वनाम के लिंग के अनुसार क्रिया का लिंग निर्धारित होता है, जबकि अंग्रेज़ी में एक ही क्रिया-रूप होता है। अंग्रेज़ी में क्रिया को कर्ता, (संज्ञा अथवा सर्वनाम) के लिंग से कुछ लेना-

देना नहीं होता। यह भी स्पष्ट है कि हिन्दी में सर्वनाम के शब्दरूप में लिंग भेद से कोई अन्तर नहीं पड़ता, जबकि अंग्रेज़ी में अन्तर पड़ता है। जैसे–वह पुलिंग और स्त्रीलिंग, दोनों रूपों में व्यवहृत होता है, जबकि अंग्रेज़ी में He पुलिंग रूप में और She स्त्रीलिंग रूप में प्रयुक्त होता है। अंग्रेज़ी में 'वह' निर्जीव के लिए It हो जाता है। इसी प्रकार से हिन्दी वाक्य संरचना में जब कर्म का प्रयोग होता है, तब क्रिया की अन्विति कर्म के अनुसार होती है। अर्थात् जैसा कर्म का लिंग होता है, क्रिया का रूप भी वैसा ही होता है। किन्तु अंग्रेज़ी में ऐसी बात नहीं होती। अंग्रेज़ी वाक्य संरचना में क्रिया को कर्ता के सिवा कर्म से कोई मतलब नहीं होता। जैसे–

श्याम ने आम खाया - Shyam ate a mango
राधा ने आम खाया - Radha ate a mango
श्याम ने वंशी बजाई - Shyam played flute
राधा ने वंशी बजाई - Radha played flute

हिन्दी सर्वनाम 'वह' का सम्बन्धवाची रूप 'उसका' (एकवचन) तथा 'उनका' (बहुवचन) होता है। ये दोनों पुलिंग रूप होते हैं। इनके स्त्रीलिंग रूप 'उसकी' (एकवचन) तथा उनकी (बहुवचन) होते हैं। इन दोनों रूपों 'उसका' तथा 'उनका' के लिए अंग्रेज़ी में क्रमशः His तथा Him प्रयुक्त होता है, जबकि 'उसकी' तथा 'उनकी' (स्त्रीलिंग) के लिए Her। परन्तु 'वह' सर्वनाम के बहुवचन रूप 'वे' की अंग्रेज़ी They होती है। और ये दोनों 'वे' तथा They पुलिंग एवं स्त्रीलिंग, दोनों लिंगों में समान रूप से प्रयुक्त होते हैं। 'वे' के सम्बन्धवाची रूप 'उनका' (पुलिंग) तथा उनकी (स्त्रीलिंग) होते हैं। किन्तु इन दोनों रूपों के लिए अंग्रेज़ी में Their व्यवहृत होता है। जाहिर है कि सर्वनाम के इन रूपों का हिन्दी तथा अंग्रेज़ी की वाक्य संरचना में जब प्रयोग होता है तब पारस्परिक तौर पर खासा व्यतिरेक पैदा होता है।

सुसंगत तथा समतुल्य अनुवाद के लिए इस प्रकार के व्यतिरेक को ध्यान में रखना नितान्त आवश्यक होता है। जैसे–He is writing his application वह अपना आवेदन लिख रहा है। She is writing her application वह अपना आवेदन लिख रही है। They are writing their applications वे अपने आवेदन लिख रहे हैं। वे अपने आवेदन लिख रही हैं।

कहना न होगा कि भाषा की असली ताकत उसकी वाक्य रचना होती है। वाक्य रचना से ही भाषा की पहचान बनती है। व्याकरण इस पहचान का नियामक और निर्धारक होता है। हिन्दी में पुरुष महत्त्वाकांक्षी, शक्तिशाली और अन्वेषी कहलाता है, जबकि महिला महत्त्वाकांक्षिणी, शक्तिशालिनी और अन्वेषिणी। किन्तु अंग्रेज़ी में Adjective Gender से प्रभावित नहीं होता। यथा–

The man is ambitious.
The woman is ambitious.
The man is powerful.
The woman is powerful.
The man is innovative.
The woman is innovative.

ऊपर के उदाहरणों में The article वाक्य का अनिवार्य और महत्त्वपूर्ण हिस्सा है, जबकि हिन्दी वाक्य संरचना में article (उपपद) की कोई अवधारण नहीं होती।

अनुवाद में व्यतिरेक का यह एक ऐसा पहलू है, जिसकी अनदेखी नहीं की जा सकती।

उल्लेखनीय है कि अंग्रेज़ी में दो प्रकार के article (उपपद) होते हैं– Definite article-निश्चित उपपद तथा Indefenite article-अनिश्चित उपपद। 'The' निश्चित उपपद है, जबकि 'A' तथा 'An' अनिश्चित उपपद। अंग्रेज़ी वाक्य रचना में उपपद के प्रयोग के लिए संज्ञा का होना आवश्यक है।

जैसे–It is a lamp. यह चिराग (लैंप) है।
It is an ant. यह चींटी है।

किन्तु निम्नलिखित अंग्रेज़ी वाक्य भी ध्यातव्य हैं, जिनमें किसी उपपद का प्रयोग नहीं है; फिर भी ये वाक्य अंग्रेज़ी व्याकरण की दृष्टि से सही हैं। यथा–

He is active.	वह सक्रिय है।
He is effective.	वह प्रभावशाली है।
He is innocent.	वह निर्दोष है।
Mohan is orthodox.	मोहन रूढ़िवादी है।
Shyam is unable.	श्याम अयोग्य/असमर्थ है।

जाहिर है कि ऊपर के पाँचों वाक्यों में प्रयुक्त active, effective, innocent, orthodox और unable शब्द विशेषण हैं जो सम्बद्ध कर्ता/संज्ञा के गुण या दोष बताते हैं। इसलिए इन वाक्यों में अंग्रेज़ी उपपद an का प्रयोग नहीं हुआ है। स्पष्ट है कि अंग्रेज़ी उपपद वाले वाक्यों का अनुवाद करते समय विशेष सावधानी की जरूरत होती है। अंग्रेज़ी का निश्चित उपपद The वाले वाक्यों का अनुवाद करते समय तो खासतौर पर सावधानी अपेक्षित होती है, क्योंकि The उपपद का कोई निश्चित अर्थ नहीं होता है। कभी यह उपपद अर्थयुक्त होता है तो कभी अर्थहीन भी। किसी-किसी वाक्य में 'वह' के अर्थ में मुखर होता है तो किसी-किसी में बिल्कुल गौण और अर्थहीन। जैसे–

The geeta is a holy book of Hindus. गीता हिन्दुओं का पवित्र ग्रंथ है।

The cow is a fourfooted animal. गाय चौपाया जन्तु (पशु) है।

उपर्युक्त दोनों अंग्रेज़ी वाक्यों में The उपपद वाक्य संरचना का अभिन्न अंग है। इसके बिना दोनों वाक्य अशुद्ध ही नहीं, अधूरे और अकल्पनीय हैं। फिर भी इन वाक्यों में यह उपपद अपना कोई स्वतंत्र अर्थ व्यंजित नहीं करता। किन्तु आगे के उदाहरणों में 'The' उपपद की व्यंजना कितनी मुखर और अर्थवान है, इसे देखिए–

This is the boy, who killed his friend yesterday.

यही वह लड़का है, जिसने अपने मित्र/साथी की कल हत्या कर दी।

This is the transfer, I was waiting for.

यही वह स्थानान्तरण है, जिसकी मुझे प्रतीक्षा थी।

This is the place, where Panipat battle was happend.

यही वह स्थल है, जहाँ पानीपत का युद्ध लड़ा गया।

निस्सन्देह भाषाओं के बीच पाए जाने वाले व्यतिरेकी बिन्दुओं को भाषा के विभिन्न घटकों, जैसे ध्वनि, रूप, शब्द तथा वाक्य संरचना से और उनके विश्लेषण से जाना जाता है। परन्तु कभी-कभी व्यतिरेक प्रोक्ति के स्तर पर भी उद्‌घाटित होता है। इस उद्‌घाटन से स्रोतभाषा के सन्देश का लक्ष्यभाषा में अन्तरण करने में आसानी होती है। साथ-ही-साथ अनुवाद में लक्ष्यभाषा की प्रकृति का निर्वाह सम्भव हो पाता है। इससे अनुवाद में बोधगम्यता भी आती है। क्योंकि प्रोक्ति भाषा की ऐसी वाक्य व्यवस्था है,

जो सम्प्रेषण की दृष्टि से स्वयं में पूर्ण और लाक्षणिक होती है। प्रोक्ति परस्पर सम्बद्ध वाक्यों की प्रभावशाली संरचना होती है। भाषा के अध्ययन की दृष्टि से प्रोक्ति वाक्यों की परस्पर सम्बद्ध और अपेक्षित इकाई होती है। एक अकेला वाक्य अपने आप में पूरा अर्थ नहीं देता। कभी-कभी वह असंगत भी होता है। इसलिए पूरे अर्थ-प्रसंग की प्राप्ति के लिए वाक्यों का तर्कसंगत और सन्दर्भानुरूप संयोजन किया जाता है। वाक्य और वाक्य के इस क्रमिक संयोजन को प्रोक्ति कहते हैं। प्रोक्ति की यह विन्यासकला उसे भाषा की महत्तम इकाई बनाती है। भाषा में सम्प्रेषण की दृष्टि से प्रोक्ति से बड़ी कोई इकाई नहीं होती। व्यवस्था की दृष्टि से अर्थ के घटक-तत्व वाक्य आधारित होते हैं, जबकि सम्प्रेषण की दृष्टि से प्रोक्ति आधारित। कोशीय दृष्टि से अर्थ शब्द का होता है। अस्तु अर्थ का घटक-तत्व शब्द है, जबकि व्याकरण की दृष्टि से रूप। व्याकरण, वाक्य-रचना और रूप-रचना की दृष्टि से वाक्य अर्थ का एक घटक-तत्व है, सम्पूर्ण नहीं। अर्थ का सम्पूर्ण घटक-तत्व है—प्रोक्ति। प्रोक्ति में ही साम्प्रेषणिकता, व्यापकता, सन्दर्भबद्धता, प्रासंगिकता आदि का पूर्ण प्रतिफलन होता है। यद्यपि गुणात्मकता की दृष्टि से ध्वनि में भी अर्थ की किंचित छटा मिलती है, तथापि अर्थ केवल ध्वनि, शब्द और रूप से परिपूर्णता में ज्ञापित नहीं हो पाता। वाक्य के सहारे कुछ कदम चला जा सकता है, परन्तु अर्थ की परिपूर्णता के लिए प्रोक्ति अपेक्षित है। प्रोक्ति एक पाश्चात्य अवधारणा है। आचार्य विश्वनाथ का 'प्रकरण' ही प्रोक्ति है। भर्तृहरि ने इसके लिए 'महावाक्य' शब्द का प्रयोग किया है।

प्रोक्ति किसी विषय का वाद,विवाद और संवाद—सब कुछ होती है। इसमें अनेक वाक्य संरचनागत तौर पर आपस में गूँथे हुए और एक-दूसरे के पूरक होते हैं। भाषा वैज्ञानिकों के विचार में प्रोक्ति किसी विधा जैसे काव्य या गद्य की कोई सम्पूर्ण कृति भी हो सकती है या कृति का एक अंश भी हो सकती है।

प्रोक्ति में भाषा के संरचनागत नियम काफी मुखर होते हैं। चूँकि हर भाषा में सरल वाक्य से संयुक्त तथा मिश्रित वाक्य बनाने के नियम अलग-अलग होते हैं, अस्तु प्रोक्ति के अनुवाद में व्यतिरेक होना स्वाभाविक होता है। यथा—''होरी ने संकेत से धनिया को पास बुलाया। बच्चों का खयाल

रखने का निवेदन किया। हाथ दबाया। अस्फुट कुछ कहा। शून्य में ताकता रहा। और आँखें मूंद लीं।''

जैसा कि द्रष्टव्य है, इस पूरे उद्धरण में वाक्यों की जो संरचना है, उसमें होरी मात्र पहले वाक्य में आया है, परन्तु शेष पाँचों वाक्यों में वह लक्षणगत तौर पर विद्यमान है। यही कारण है कि इन वाक्यों की क्रियाएँ होरी से जुड़ी हैं और सभी वाक्य अपने आप में पूर्ण तथा साकांक्ष होते हुए भी परस्पर सम्बद्ध हैं। परन्तु अंग्रेज़ी भाषा की वाक्य संरचना ऐसी नहीं होती। अंग्रेज़ी में कर्ता के अभाव में वाक्य पूर्ण नहीं होता। अंग्रेज़ी प्रोक्ति चाहे जितना संक्षिप्त अथवा विस्तृत हो, उसके प्रत्येक वाक्य में कर्ता अनिवार्य रूप से विद्यमान रहता है। अस्तु हिन्दी की उपर्युक्त प्रोक्ति का उसी शैली और शिल्प में अंग्रेज़ी अनुवाद नहीं किया जा सकता। अनुवादक को ऐसे व्यतिरेक के प्रति सजग रहना पड़ता है।

भाषा असल में अभिव्यक्ति का माध्यम होती है। भाषाएँ सभ्यता के विकास-क्रम में मनुष्य की सांस्कृतिक धरोहर रही हैं। मनुष्य अपने विविध विचार और मन्तव्य भाषाओं के माध्यम से ही अभिव्यक्त करता आया है। दुनिया के सारे कार्य-व्यापार भाषाओं के द्वारा ही सम्पन्न होते हैं। इस विकास यात्रा में भाषा मानव संस्कृति की संवाहक रही है। मनुष्य की पहचान का प्रसंग मानवीय संस्कृति से सम्बद्ध होता है और संस्कृति की संवाहिका भाषा होती है। संस्कृति क्षेत्र विशेष की सभ्यता, रहन-सहन, खान-पान, भौगोलिक विशिष्टता, सामाजिक-आर्थिक स्थिति और पर्यावरणीय प्रभाव की विशिष्ट उपज होती है। संस्कृति की संवाहिका होने के कारण भाषा में तत्सम्बन्धी विशिष्टताओं का रूपांकन स्वाभाविक होता है। अकारण नहीं संस्कृति का इतिहास भाषा में परिलक्षित होता है।

भाषा में लोक और लोक के सम्पूर्ण जीवन, इतिहास, परम्परा, जातीय विशेषता, तीज-त्योहार आदि के मुखर होने का कारण भी यही है। प्रसिद्ध कहावत है—चार कोस पर पानी बदले, आठ कोस पर वाणी। भाषा में यह बदलाव प्रकारान्तर से मनुष्य समाज की विशिष्टताओं और परिस्थितिगत परिवर्तनों का बायस होता है। इसलिए जैसा समाज होता है, वैसी भाषा होती है। इसीलिए प्रत्येक भाषा की अपनी प्रकृति और संस्कृति होती है। अनुवाद में भाषा की यह प्रकृति और संस्कृति काफी अड़चनें पैदा करती हैं।

किसी पाठ का जब एक भाषा से दूसरी भाषा में अन्तरण किया जाता है तो भाषाओं का स्वभाव या कहें कि सांस्कृतिक विभेद, व्यवधान खड़ा करता है। अनुवाद में व्यतिरेक का यह बड़ा कारण बनता है। इसे समझने के लिए लोकोक्तियों तथा मुहावरों का उदाहरण लेना समीचीन होगा।

लोकोक्तियाँ तथा मुहावरे समाज के सामूहिक अनुभव की सशक्त और संश्लिष्ट अभिव्यक्ति होते हैं। इनमें लोक-जीवन के सांस्कृतिक-ऐतिहासिक सन्दर्भों का निचोड़ निहित होता है। इसलिए इनके अभिव्यंजक शब्द खास अर्थ-सन्दर्भों के वाहक होते हैं। ये सामान्य भाषा की सरल उक्तियाँ नहीं होते, बल्कि लोक जीवनानुभव की सारगर्भित व ध्वन्यार्थक अभिव्यक्तियाँ होते हैं। इसलिए इनका अनुवाद कठिन होता है। इनके अनुवाद में 'मक्षिका स्थाने मक्षिका पातः' का न्याय बिल्कुल नहीं चलता। इनका भावानुवाद ही होता है। यथा–

भगीरथ प्रयत्न - Herculean task

एक पंथ दो काज - To kill two birds with one stone.

दुविधा में दोऊ गए, माया मिली न राम - Bewteen two stools he fell to the ground.

नाच न जाने आँगन टेढ़ा - A bad workman quarrels with his tools.

स्पष्ट है कि प्रत्येक भाषा की अभिव्यक्ति और अभिव्यंजना-शक्ति पृथक और विशिष्ट होती है। स्वभावतया लोकोक्ति और मुहावरे भी भाषा की विशिष्ट शैली और व्यंजना का बोध देते हैं। इसलिए इनकी शब्द-योजना और बिम्ब-योजना भी खास अन्दाजवाली होती हैं।

चूँकि भाषाओं की प्रकृति तथा संस्कृति एक समान नहीं होतीं, इसलिए किन्हीं दो भाषाओं की शब्द-योजना तथा बिम्ब-योजना भी एक समान नहीं होतीं।

लोकोक्तियों तथा मुहावरों के अनुवाद में भावात्मक एवं तुलनात्मक समानता होने के यही कारण हैं। यद्यपि कुछ महावुरों के शब्दानुवाद भी काफी संगत तथा प्रचलित हैं। जैसे–

लालफीताशाही	-	Red tapism
हवाई किला बनाना	-	To make a castle in the air.
मगरमच्छ के आँसू	-	Crocodile tears
अँधेरे में रखना	-	To keep in the dark.

तथापि अनेक शब्दानुवाद भाषा की सीमा का बोध भी कराते हैं और इसलिए वे व्यंजक जरा भी नहीं लगते। जैसे–

White colour	-	सफेद रंग
White elephant	-	सफेद हाथी
Iron will	-	इस्पाती इच्छा
Save skin	-	चमड़ी बचाना

अभिप्राय स्पष्ट है कि अनुवाद में भाषाओं के सांस्कृतिक सन्दर्भ खासा व्यतिरेक पैदा करते हैं। अनुवादक को इनके प्रति सतर्क रहना पड़ता है। तभी एक भाषा के पाठ का अर्थ के स्तर पर सांस्कृतिक विभेद करने में अनुवादक समर्थ हो पाता है। तभी उसे सांस्कृतिक पाठों के अनुवाद में यथेष्ट सफलता मिल पाती है। अन्यथा 'It is just minutes to midnight' के लिए 'यह आधी रात से ठीक पहले का वक्त है' जैसा अनुवाद ही सम्भव हो पाता है। अनुवादक अंग्रेजी की इस अभिव्यक्ति के बारे में तनिक ठहरकर विचार न करे, सूझ-बूझ से काम न ले तो इसका हिन्दी की प्रकृति के अनुरूप सहज, संगत और ग्राह्य अनुवाद हर्गिज नहीं होगा। लेकिन विचारशील अनुवादक के आगे उपर्युक्त अभिव्यक्ति कोई चुनौती नहीं खड़ी करती। वह हिन्दी की प्रकृति के अनुरूप 'यह अवसर गवां बैठने का वक्त है या यह अवसर चूक जाने का वक्त है अथवा यह अवसर के हाथ से निकल जाने की घड़ी है' जैसा सहज और ग्राह्य अनुवाद आसानी से कर लेता है। इसी प्रकार अंग्रेज कवि वड्र्सवर्थ की प्रसिद्ध काव्य पंक्ति–The child is the father of the man भी अनुवादक के आगे मुश्किलें खड़ी करती है। इस पंक्ति का अर्थ-सन्दर्भ 'बच्चा मनुष्य का पिता है' में जरा भी व्यक्त नहीं होता। किन्तु इसके शब्दों के प्रति आग्रही न होकर यदि इसके भाव-सन्दर्भ तथा इसकी दार्शनिकता को ध्यान में रखा जाए तो सुन्दर अनुवाद सम्भव है। 'बचपन मनुष्य का अनन्त आकाश है' में मूल की अर्थ-छवियाँ और भाव-उर्मियाँ व्यंजित हैं। निस्सन्देह ऐसे सांस्कृतिक या दार्शनिक कथन अथवा पाठ के संगत और सटीक अनुवाद के लिए अनुवादक की स्रोत एवं लक्ष्यभाषाओं पर पकड़ जरूरी होती है। अनुवादक भाषाओं के बीच विद्यमान व्यतिरेक का विश्लेषण करके ही उन पर पकड़ कायम कर पाता है। अलबत्ता भाषाओं पर पकड़ बनाना आनन-फानन में नहीं होता। इसके

लिए गहन अध्ययन-और विश्लेषण तथा निरन्तर अभ्यास आवश्यक होता है। अध्ययन-मनन से चीज़ों को समझने तथा उसे विश्लेषित करने की दृष्टि मिलती है।

अनुवाद भी एक तरह का सृजन है। अस्तु अनुवाद के लिए भी अन्तर्दृष्टि की बड़ी अर्थवान भूमिका होती है। अच्छा अनुवाद तो अन्तर्दृष्टि के बिना सम्भव ही नहीं होता। अनुवाद विज्ञ विनोद कुमार सन्दलेश ने ठीक ही लिखा है–

''व्यतिरेकी विश्लेषण अनुवादक को स्रोतभाषा और लक्ष्यभाषा के असमान और समान बिन्दुओं का विश्लेषण करने की दृष्टि देता है और भाषायी विश्लेषण के प्रति अनुवादक को और अधिक सजग तथा सचेत करता है। इससे न केवल अनुवादक दो भाषाओं की विशिष्ट प्रकृति के बारे में जानकारी हासिल करता है, बल्कि अनुवाद के लिए आवश्यक सम्प्रेषणीयता को भी सही मायने में समझता है।''[2]

व्यतिरेकी विश्लेषण के उपर्युक्त अध्ययन को विभिन्न स्तरों और उदाहरणों से विवेचित करने का मुख्य उद्‌देश्य अनुवाद के निमित्त दो भाषाओं के बीच विद्यमान समान और असमान तत्त्वों का स्पष्ट आकलन करना है। इस आकलन के अन्तर्गत अनुवादक के लिए यह अनिवार्य होता है कि वह अनुवाद करते समय मूल पाठ का अन्तरण करते हुए स्रोत और लक्ष्यभाषाओं के व्यतिरेक का विश्लेषण करे। कहना न होगा कि व्यतिरेक दो भाषाओं की संरचना में समान अभिव्यक्ति के लिए पाया जानेवाला अन्तर है। भाषाओं में यह अन्तर ध्वनि, शब्द, पर्याय, परसर्ग, वाक्य, रूप, प्रोक्ति या भाषिक स्वभाव अथवा सांस्कृतिक सन्दर्भ के स्तर पर पाया जाता है। अनुवादक को अनुवाद करते समय स्रोत तथा लक्ष्यभाषाओं के बीच मौजूद अन्तर अथवा व्यतिरेक से प्रायः जूझना पड़ता है। सहज और सटीक एवं ग्राह्य अनुवाद के लिए यह आवश्यक है कि अनुवाद करते समय भाषाओं के इस व्यतिरेक का विश्लेषण किया जाए। इसके लिए भाषाओं का व्याकरणिक ज्ञान अपेक्षित होता है। साथ-ही-साथ भाषाओं की ध्वनि, रूप, विन्यास आदि संरचनागत विशेषताओं का ध्यान भी रखना पड़ता है। भाषाओं की प्रकृति तथा सांस्कृतिक सन्दर्भों का भी सम्यक् विचार रखना भी आवश्यक होता है। अनुवाद में व्यतिरेकी विश्लेषण का यही अभीष्ट है। निश्चय ही इस अभीष्ट का ध्येय

सही और सटीक अनुवाद की राह में अड़ंगा बननेवाली भाषा संरचना की समस्याओं तथा बारीकियों का सूक्ष्म विश्लेषण एवं विवेकपूर्ण निपटान करना है।

सन्दर्भ-संकेत

1. प्रो. सूरजभान सिंह, अंग्रेज़ी-हिन्दी अनुवाद व्याकरण, प्रभात प्रकाशन, नई दिल्ली, प्रथम संस्करण, 2003, भूमिका-पृष्ठ 3।
2. श्री विनोद कुमार सन्दलेश, हिन्दी और अंग्रेज़ी की संरचनाओं में व्यतिरेक, अनुशीलन, केन्द्रीय अनुवाद ब्यूरो, 8वां तल, सीजीओ कॉम्पलैक्स, नई दिल्ली, वर्ष 1, अंक-2, अगस्त 1994, पृष्ठ-42।

पारिभाषिक शब्दों के अनुवाद की समस्या

पारिभाषिक शब्द परिभाषा संज्ञा का विशेषण है। इसका अर्थ होता है–व्याख्यान, प्रवचन, विश्लेषण। 'परि + भाष् + अ + टाप्। महाभाष्यकार के अनुसार 'इको गुणवृद्धीत्यादिका परिभाषा'।[1] व्याकरणशास्त्र में परिभाषा का तात्पर्य पाणिनि के 'अष्टाध्यायी' में वर्णित उस व्याख्यानात्मक सूत्र से है, जो अन्य सूत्रों के प्रयोग की रीति बतलाता है। सरल शब्दों में कहें तो परिभाषा मतलब भाषा अर्थात् बोली, वाणी यानी शब्द का परिमांकण या शब्द का परिमापन अथवा शब्द का सीमांकन। अर्थात् अर्थ के मामले में शब्द का सीमाबन्धन। अर्थात् शब्द विशेष से सम्बद्ध संकल्पना का संक्षिप्त विवरण। इस लिहाज से परिभाषा के विशेषण पारिभाषिक का अर्थ हुआ–वह शब्द, जिसकी अर्थगत सीमाएँ बाँध दी गई हों। 'परिभाषा + ठक्। अर्थात् किसी विशेषार्थ का संकेतक, तकनीकी'।[2] पारिभाषिक अर्थात् किसी भाव, विचार या संकल्पना को व्यक्त करनेवाला। चूँकि भाव या विचार अथवा संकल्पना को हमेशा शब्दों में व्यक्त किया जाता है, इसलिए पारिभाषिक सर्वदा शब्द होता है। इसीलिए पारिभाषिक के सहचर के रूप में शब्द का प्रयोग होता है।

पारिभाषिक शब्द को अंग्रेज़ी में टेक्निकल टर्म (Technical Term) कहा जाता है। अंग्रेज़ी का Technical शब्द Technique से बना है। Technique शब्द ग्रीक भाषा के टेक्ने (Tekhne) शब्द से व्युत्पन्न हुआ है। इसका शाब्दिक अर्थ है–किसी विशेष विषय, कला अथवा शिल्प का व्यावहारिक ज्ञान या कौशल।

"Technical–having to do with the practical skills of particular subject, art or craft."[3]

स्पष्ट है कि पारिभाषिक शब्द संकल्पनात्मक शब्द होता है और टेक्निकल अर्थात् तकनीकी शब्दों में कोई न कोई संकल्पना छिपी होती है। अस्तु

उनकी परिभाषा सम्भव होती है। इसीलिए उन्हें हिन्दी में 'पारिभाषिक शब्द' भी कहा जाता है। बल्कि हिन्दी में 'पारिभाषिक शब्द' ही अधिक प्रचलित है। शब्दावली अथवा कोश के प्रसंग में तो टेक्निकल के लिए 'पारिभाषिक' अनुवाद ही व्यवहृत होता है। जैसे–अंग्रेज़ी में Technical Terminology तो हिन्दी में पारिभाषिक शब्दावली। अंग्रेज़ी में Technical linguistics तो हिन्दी में पारिभाषिक भाषा विज्ञान। अंग्रेज़ी में 'Comprehensive Glossary of Technical Terms' तो हिन्दी में 'बृहत पारिभाषिक शब्द संग्रह'।

रैंडम हाउस ने पारिभाषिक शब्द को परिभाषित करते हुए लिखा है–

"A word of phrase used in definite or precise sense in some particular subject as a science or art, a technical empression (more fully term of art)"[4]

अर्थात् 'किन्हीं विशिष्ट विषय, जैसे विज्ञान अथवा कला की तकनीकी अभिव्यक्ति के लिए निश्चित अथवा उसके विशिष्ट अर्थ में प्रयुक्त शब्द (प्रायः कला का शब्द)।'

पारिभाषिक शब्दों के अभिनव सर्जक एवं प्रस्तोता डॉ. रघुवीर ने इसकी परिभाषा देते हुए लिखा है–

''पारिभाषिक शब्द किसे कहते हैं, जिसकी परिभाषा की गई हो? पारिभाषिक शब्द का अर्थ है, जिसकी सीमाएँ बाँध दी गई हों।...जिन शब्दों की सीमा बाँध दी जाती हैं वे पारिभाषिक हो जाते हैं और जिनकी सीमा नहीं बाँधी जाती वे साधारण शब्द होते हैं।''[5]

उपर्युक्त परिभाषा पर विचार करने से पारिभाषिक शब्दों के निम्नलिखित तीन लक्षण स्पष्ट होते हैं–

1. पारिभाषिक शब्द सीमित अर्थबोध का द्योतक होता है।
2. पारिभाषिक शब्द किसी विशिष्ट अर्थ का एकमात्र संवाहक होता है।
3. पारिभाषिक शब्द अपनी अर्थगत विशेषता के चलते सामान्य शब्द से भिन्न होता है।

पारिभाषिक शब्द और सामान्य शब्द के उपर्युक्त प्रसंग के सिलसिले में यहाँ ज्ञातव्य है कि प्रयोग के अनुसार तीन प्रकार के शब्द होते हैं–सामान्य शब्द, अर्द्ध पारिभाषिक शब्द और पारिभाषिक (तकनीकी) शब्द।

सामान्य शब्द : सामान्य शब्द वे शब्द होते हैं, जो दिन-प्रतिदिन के

कामकाज में प्रयुक्त होते हैं। जैसे–पानी, नमक, बच्चा, अलमारी, पर्दा, कलम आदि।

अर्द्ध पारिभाषिक शब्द : अर्द्ध पारिभाषिक शब्द वे शब्द होते हैं, जो सामान्य तथा पारिभाषिक–दोनों रूपों में प्रयुक्त होते हैं। जैसे–विधि, आसन, आदेश, लेखा, अलंकार आदि। ध्यातव्य है कि विधि, आसन, आदेश, लेखा तथा अलंकार शब्दों के सामान्य अर्थ क्रमशः तरीका, कुर्सी, हुक्म, हिसाब तथा गहना होता है। किन्तु ये शब्द जब विशेष ज्ञान शाखा के सन्दर्भ में व्यवहृत होते हैं, तब इनके अर्थ विशिष्ट हो जाते है। जैसे, न्याय के क्षेत्र में विधि का अर्थ कानून तो संसद के प्रसंग में आसन का मतलब अध्यक्ष पीठ होता है। इसी प्रकार कार्यालय के प्रसंग में आदेश वह लिखित निर्णय है, जिसका अनुपालन बाध्यकारी होता है। बैंकिंग में लेखा धन की जमा या निकासी का प्रामाणिक रोकड़ कहलाता है। काव्य शास्त्र में अलंकार कविता का विशिष्ट गुण होता है।

पारिभाषिक (तकनीकी) शब्द : पारिभाषिक शब्द वे शब्द होते हैं, जो किसी विशिष्ट ज्ञानानुशासन की विशिष्ट अभिव्यक्ति के लिए प्रयुक्त होते हैं। जैसे–परमाणु, ऊर्जा, क्षेत्रफल, छन्द, प्रक्षेपण आदि।

इस तरह से पारिभाषिक शब्द वह हुआ, जो परिभाषित है, अर्थात् जिसकी एक सुनिश्चित परिभाषा है यानी जिसका अर्थ किसी क्षेत्र-विशेष के लिए निश्चित और निर्धारित है। अस्तु पारिभाषिक शब्द का अर्थबोध क्षेत्र विशेष के प्रसंग में ही प्राप्त होता है, किसी अन्य प्रसंग में नहीं। जैसे-'जलकर'। इस शब्द का प्रयोग किसी व्यक्ति या संस्था को की जानेवाली जलापूर्ति के बदले में नगरपालिका, नगर निगम या जल बोर्ड अथवा सरकार द्वारा वसूल किए जाने वाले 'कर' के अर्थ में किया जाता है। भारत के ग्रामीण क्षेत्रों में सार्वजनिक जलाशयों या तालाबों की मछलियों आदि को पकड़ने और उसे खाने अथवा बेचने के अधिकार के बदले सरकार को चुकाए जानेवाले 'कर' के अर्थ में भी 'जलकर' का प्रयोग किया जाता है। स्पष्ट है कि सरकार के अलावा किसी अन्य संस्था द्वारा वसूल की जानेवाली राशि 'जलकर' नहीं कहला सकती।

अतः पारिभाषिक शब्द वह विशिष्ट शब्द है, जो किसी क्षेत्र विशेष में

एक निश्चित और परिसीमित अर्थ का द्योतन करता है तथा जिसके साथ कोई भाव, विचार या चिन्तन सम्बद्ध होता है और जिसकी परिभाषा अथवा व्याख्या निर्धारित होती है।

जाहिर है कि पारिभाषिक शब्द सामान्य शब्द नहीं होता। वह अर्थगत तथा सन्दर्भगत कारणों से विशिष्ट होता है। इस हेतु पारिभाषिक शब्द से कुछ अपेक्षाएँ जुड़ी हुई होती हैं। जैसे–

1. पारिभाषिक शब्द का अर्थ किसी विशेष ज्ञानानुशासन में निश्चित और निर्धारित होना चाहिए।
2. पारिभाषिक शब्द को स्वतः स्पष्ट और निर्भ्रान्त होना चाहिए।
3. पारिभाषिक शब्द को संकल्पनामूलक होना चाहिए अर्थात् उसके साथ कोई न कोई संकल्पना अवश्य जुड़ी होनी चाहिए।
4. पारिभाषिक शब्द को एकल होना चाहिए यानी एक अर्थ का बोध करानेवाला एक ही शब्द होना चाहिए। इसमें पर्याय नहीं चलता।
5. पारिभाषिक शब्द को भाषा की प्रकृति और उच्चारण प्रणाली के अनुरूप होना चाहिए। आगम शब्दों (दूसरी भाषाओं से लिए गए शब्दों) के मामले में यह बड़ा जरूरी होता है कि किसी भाषा में अपनाए जाने से पूर्व उन्हें उस भाषा की प्रकृति, संरचना तथा उच्चारण के अनुरूप ढाला जाए।

कहना न होगा कि अर्थ तथा प्रयोग के मामले में पारिभाषिक शब्दों के कतिपय निश्चित गुण-धर्म होते हैं। फलतः पारिभाषिक शब्द सामान्य शब्दों से भिन्न और विशिष्ट होते हैं। चूँकि वैज्ञानिक सन्दर्भों नें अर्थ और संकल्पना के स्तर पर सूक्ष्मता की जरूरत पड़ती है। अस्तु सूक्ष्म अर्थों और संकल्पनाओं को व्यक्त करने के लिए खास शब्दों और खासे शब्दों की आवश्यकता होती है। और इतने खास और खासे शब्द किसी भी भाषा में सुलभ नहीं होते। इसलिए पारिभाषिक शब्दों के मामले में विकसित से विकसित भाषा में भी समस्या रहती है। इस समस्या का निदान हर भाषा अपने ढंग से करती है। कभी-कभार सामान्य शब्द भी प्रयोग और सन्दर्भ के अनुरूप विशिष्ट अर्थ व्यक्त करने की क्षमता विकसित कर लेते हैं। कदाचित ऐसे मामलों में नए शब्द गढ़ने की सम्भावना नहीं रहती। प्रचलित शब्द ही नई अर्थ छवि में ढल जाते हैं और पारिभाषिक

शब्दों की समस्या दूर कर देते हैं। इस तरह, किसी देश में वैज्ञानिक एवं तकनीकी क्षेत्र में जैसे-जैसे विकास होता रहता है, वैसे-वैसे उसकी भाषा के शब्दों में भी प्रसंगानुसार नए-नए अर्थों का समावेश होता जाता है। जैसे 'अधिकारी', 'प्राधिकारी' तथा 'पदाधिकारी' शब्द। हिन्दी के ये तीनों शब्द कार्यालय और प्रशासन व्यवस्था से जुड़े सामान्य शब्द हैं। फिर भी प्रशासनिक व्यवस्था में इन तीनों ही शब्दों का खासा महत्त्व है। इनके बिना प्रशासनिक ढांचे की कल्पना नहीं की जा सकती। परन्तु ध्यान रखना होगा कि ऊपर से एक जैसा प्रतीत होने के बावजूद अधिकारी, प्राधिकारी और पदाधिकारी शब्द पर्यायवाची नहीं हैं। इन तीनों के तीन और सर्वथा भिन्न अर्थ होते हैं। अधिकारी कोई भी व्यक्ति हो सकता है। चाहे वह किसी भी प्रकार के अधिकार से सम्पन्न हो, अधिकारी होता है। अधिकार यहाँ शक्ति (power) का बोध कराता है। जैसे–प्रखंड विकास अधिकारी, अनुमंडल अधिकारी, विधि अधिकारी आदि। किन्तु अधिकार कभी-कभी गुण और नियंत्रण (क्वालिटी एंड कमांड) का भी बोधक होता है। जैसे–अधिकारी विद्वान। इसी प्रकार, अधिकारी और प्राधिकारी में बड़ा फर्क होता है। फर्क केवल उच्चारण में ही नहीं, अधिकार के मामले में भी होता है। प्रशासनिक व्यवस्था में हर अधिकारी प्राधिकारी नहीं होता, जबकि हर प्राधिकारी बुनियादी तौर पर अधिकारी होता है। कोई अधिकारी जब तक निश्चित प्रशासनिक एवं/अथवा वित्तीय अधिकारों के प्रयोग के लिए नियंत्रक अधिकारी द्वारा प्राधिकृत नहीं किया जाता, तब तक प्राधिकारी नहीं होता। इसी भाँति 'पदाधिकारी' शब्द है। जैसा कि इसकी ध्वनि से स्पष्ट है, कोई भी पद धारक अधिकारी पदाधिकारी होता है। पदाधिकारी पद से जुड़े हुए कर्तव्य के प्रयोग और निर्वहन के लिए नियुक्त, निर्वाचित अथवा नामित होता है। तथापि पदाधिकारी और अधिकारी में अन्तर होता है। प्रत्येक पद के कुछ कर्तव्य सुनिश्चित होते हैं। परन्तु प्रत्येक पद के कुछ अधिकार भी हों, यह जरूरी नहीं। प्रशासनिक ढांचे में हर अधिकारी पदाधिकारी होता है, किन्तु हर पदाधिकारी अधिकारी नहीं होता अर्थात् वह (पदाधिकारी) अधिकारों के प्रयोग के लिए शक्ति-सम्पन्न नहीं होता।

इस तरह से स्पष्ट है कि अनुसंधान तथा विकास के साथ-साथ शब्दों

की दुनिया में भी नए अर्थों तथा नई संकल्पनाओं का आयाम सम्मिलित होता रहता है। पारिभाषिक शब्दों में अर्थ का सूक्ष्म से सूक्ष्मतर और सूक्ष्मतम होते जाना दरअसल विकास और प्रगति से कदम ताल मिलाना है। इसके लिए जरूरी नहीं कि हर समय भाषा के प्रचलित शब्दों को ही नए अर्थों से संवलित किया जाए। कभी-कभी नई संकल्पना के लिए नए शब्द भी गढ़े जाते हैं तो कभी दूसरी भाषा के शब्दों के अनुवाद भी सहायक हो जाते हैं। कभी पराई भाषा के शब्दों के लिप्यंतरण भी पारिभाषिक शब्द-जगत के लिए बड़े काम के सिद्ध होते हैं। जैसे–इंजन, मशीन, क्लीनिक, परेड, नर्स, पुलिस, कमान, लेजर, स्प्रिट, टिकट, प्लेटफार्म आदि।

बहरहाल, पारिभाषिक शब्दों के मामले में अनुवाद की क्या भूमिका होती है तथा ऐसे अनुवाद की क्या समस्याएँ होती हैं, इस पर विचार करने से पूर्व पारिभाषिक शब्दों की विशेषताएँ जान लेना जरूरी है, ताकि उनमें और सामान्य शब्दों में आसानी से फर्क किया जा सके।

पारिभाषिक शब्द शुरू से ही भाषाविदों के बीच गहन विचार-विमर्श का विषय रहा है। चूँकि पारिभाषिक शब्द शास्त्रीय शब्द होते हैं, अस्तु इसकी प्रकृति और संरचना पर सम्बन्धित शास्त्र की छाप रहती है। अर्थात् भारतीय परम्परा और ज्ञानानुशासन के पारिभाषिक शब्द भारतीय भाषानुरूप तत्सम और देशज होते हैं तो पश्चिम में विकसित ज्ञान के पारिभाषिक शब्द पाश्चात्य भाषाभिमुख आगत, अनुवाद जनित एवं लिप्यंतरित होते हैं। इस सम्बन्ध में चक्रवर्ती राजगोपालाचारी, डॉ. अबुलकलाम आज़ाद, बहुभाषाविद् डॉ. रघुवीर, हिन्दुस्तानी कल्चर सोसाइटी के प्रमुख पं. सुन्दरलाल, उस्मानिया विश्वविद्यालय के अनुवाद विभाग के निदेशक डॉ. ईश्वर टोपा, भारत सरकार द्वारा 1950 में गठित वैज्ञानिक शब्दावली मंडल के अध्यक्ष अकबर हैदरी, भाषा वैज्ञानिक डॉ. सुनीति कुमार चटर्जी और डॉ. बाबूराम सक्सेना, अक्तूबर 1961 में गठित वैज्ञानिक और तकनीकी शब्दावली आयोग के पहले अध्यक्ष डॉ. दौलतसिंह कोठारी, प्रसिद्ध वैज्ञानिक डॉ. शान्तिस्वरूप भटनागर, भाषाविद् डॉ. भोलानाथ तिवारी, डॉ. देवेंद्रनाथ शर्मा, साइंस न्यूज सर्विस के डिवीज़न ऑफ इंटरलिंगुवा के अध्यक्ष डॉ. एलेक्जेंडर गोड, यूनेस्को के प्रोफेसर ऑगस्टिनो सेवोरिन आदि के विचार बेहद गम्भीर और चिन्तनपरक किन्तु परस्पर अन्तर्विरोधी रहे हैं। इनके विचारों का अवगाहन

पारिभाषिक शब्दावली की समझ के लिए जरूरी है। यह कार्य आगे किया जाएगा। फिलहाल पारिभाषिक शब्दावली की विशेषताओं की चर्चा। डॉ. भोलानाथ तिवारी के ग्रंथ 'पारिभाषिक शब्दावली' तथा यूनेस्को की ओर से प्रकाशित प्रोफेसर ऑगस्टिनो सेवोरिन के ग्रंथ 'साइंटिफिक एंड टेक्निकल ट्रांसलेशन एंड अदर आस्पेक्ट्स ऑफ लैंग्वेज प्रॉब्लम' में पारिभाषिक शब्दावली की विशेषताओं पर विस्तार से प्रकाश डाला गया है। इन ग्रंथों के अध्ययन से पारिभाषिक शब्द की निम्नलिखित आठ प्रमुख विशेषताएँ उजागर होती हैं:-

1. **उच्चारण में सरलता**—पारिभाषिक शब्द का उच्चारण सरल होना चाहिए, जिससे कि प्रयोक्ता को उसका प्रयोग करने में कोई परेशानी न हो। यदि कोई पारिभाषिक शब्द किसी पराई भाषा से लिया जाए तो उसका अपनी भाषा की प्रकृति के अनुसार अनुकूलन कर लेना चाहिए ताकि प्रयोक्ता उसका उच्चारण सरलता से कर सके। जैसे—एकेडमी-अकादमी, इंटरिम-अन्तरिम, गुवारंटी-गारंटी, लैंटर्न-लालटेन।
2. **अर्थ-स्पष्टता**—पारिभाषिक शब्द का अर्थ स्पष्ट, सुबोध तथा सुनिश्चित होना चाहिए। अर्थ संकोच अथवा अर्थ विस्तार पारिभाषिक शब्द के दोष माने जाते हैं।
3. **विषयबद्धता**—पारिभाषिक शब्द को सर्वदा अपने विषय अथवा संकल्पना से सम्बद्ध होना चाहिए। उसे हर हाल में विषयगत अथवा संकल्पनागत अर्थ का ही बोध कराना चाहिए। इसके लिए जरूरी है कि किसी एक विषय अथवा संकल्पना के लिए एक ही शब्द का प्रयोग किया जाए। जैसे Physics के लिए पहले हिन्दी में पदार्थ विज्ञान और भौतिक शास्त्र दोनों शब्दों का प्रयोग किया जाता था। इससे भ्रम पैदा होता था। अब केवल भौतिक शास्त्र (विज्ञान) का प्रयोग होता है।
4. **संक्षिप्तता**—पारिभाषिक शब्द के लिए संक्षिप्तता आवश्यक है। इससे प्रयोक्ता को बार-बार प्रयोग करने में भी कोई हिचक या असुविधा अथवा अरुचि नहीं होती। जैसे—ऊर्जा, बल, चुम्बक, विद्युत।
5. **उर्वरता**—पारिभाषिक शब्द की महत्त्वपूर्ण विशेषता उर्वरता होती

है। इसके अन्तर्गत पारिभाषिक शब्द में उपसर्ग या प्रत्यय जोड़कर आवश्यकतानुसार नए और अपेक्षित शब्द बनाए जाते हैं। जैसे–विमान-वैमानिक, वैमानिकी, विमानीय तथा भौतिक-भौतिकी, भौतिकीय, भौतिकता आदि।

6. **मूलनिष्ठता–**पारिभाषिक शब्द की एक अन्य विशेषता मूलनिष्ठता होती है। इसका मतलब यह है कि पारिभाषिक शब्द को एक ही मूल शब्द से निर्मित होना चाहिए। इससे अर्थ की गहनता, स्पष्टता तथा सम्प्रेषणीयता बनी रहती है। जैसे–ग्रहण-ग्राह्य, ग्रहणीय, अग्राह्य, अग्रहणीय, संग्रहण, गृहीत आदि।
7. **स्वतंत्रता और स्वायत्तता–**पारिभाषिक शब्द के लिए बहुत जरूरी होती है–स्वतंत्रता और स्वायत्तता। इससे उसकी पहचान अक्षुण्ण रहती है और किन्हीं दो पारिभाषिक शब्दों के बीच कभी कोई भ्रम पैदा नहीं होता। जैसे, ऊर्जा (Energy), बल (Force), शक्ति (Power) आदि।
8. **सांकेतिकता–**पारिभाषिक शब्द का यह अनिवार्य गुण होती है। इससे विषय की नई से नई अभिव्यक्ति को भाषा में नूतन संकेतों के माध्यम से व्यक्त करने में आसानी होती है। विज्ञान के विषयों में तो सांकेतिकता के बिना काम नहीं चलता। यहाँ प्रशासन के चन्द उदाहरण प्रस्तुत हैं। जैसे–

स.नि.	–	सहायक निदेशक
उ.नि.	–	उप निदेशक
सं.नि.	–	संयुक्त निदेशक
म.नि.	–	महानिदेशक

इस सिलसिले में पारिभाषिक शब्दों से सम्बन्धित चैम्बर्स टेक्निकल डिक्शनरी के विचार को नजर अन्दाज नहीं किया जा सकता। डिक्शनरी का विचार जितना सम्यक् है, उतना ही गूढ़ है। क्योंकि इसी में पारिभाषिक शब्द के अनुवाद की समस्या और उसका समाधान निहित है। अतः पारिभाषिक शब्द की विशेषताएँ जान लेने के बाद और उसके अनुवाद की समस्या पर विचार करने से पूर्व यह जरूरी है कि चैम्बर्स टेक्निकल डिक्शनरी के विचार भी जान लिए जाएँ। डिक्शनरी के अनुसार–

"Technical terms are symbols adopted or inverted by specialists and technicians to facilitate the precise recording ideas."[6]

अर्थात् ''पारिभाषिक शब्द विशेषज्ञों एवं तकनीकविदों के अपने संश्लिष्ट विचारों को लिपिबद्ध करने के लिए ग्रहण, अनुकूलन तथा निर्माण के द्वारा तैयार किए जाने वाले प्रतीक हैं।''

स्पष्ट है कि पारिभाषिक शब्द विशेषज्ञों एवं तकनीकविदों के अनुभव एवं अनुसंधान के निष्कर्षों को लिपिबद्ध करने के प्रतीक होते हैं। ये प्रतीक विभिन्न ज्ञान शाखाओं-प्रशाखाओं से सम्बद्ध विशिष्ट शब्दावली होते हैं। ये सामान्य शब्दों से अर्थ एवं व्यवहार–दोनों रूपों में भिन्न होते हैं। इनकी जानकारी के अभाव में सम्बद्ध ज्ञान की दुनिया में प्रवेश करना असम्भव होता है। इसी असम्भव को सम्भव करने के लिए एक भाषा दूसरी भाषा से अपेक्षित पारिभाषिक अथवा तकनीकी शब्द उधार लेती है। हिन्दी में यह उधार कार्य मुख्य रूप से अंग्रेज़ी के ज़रिये हुआ है। जैसे–गामा, बीटा, कार्बन, ग्लूकोज, हेमोग्लोबिन आदि। कभी-कभी ऐसा भी होता है कि दूसरी भाषा से शब्दों को उधार लेते समय उनका लक्ष्यभाषा के स्वभाव के अनुरूप रूप परिवर्तन (अनुकूलन) कर लिया जाता है, जैसे–इंटरिम का अन्तरिम, एकेडमी का अकादमी, फोनिम का स्वनिम, ट्रेजेडी का त्रासदी, कॉमेडी का कामदी, टेक्नीक का तकनीक, बाइसिकल का साइकिल, हॉस्पिटल का अस्पताल आदि। अनुभव और अनुसंधान के मौलिक होने की स्थिति में विशेषज्ञ एवं आविष्कर्ता को स्वयं पारिभाषिक शब्द निर्मित करने पड़ते हैं। स्वभावतया आविष्कर्ता की जो भाषा होती है, वही भाषा पारिभाषिक शब्द की भी हो जाती है। जैसे–योग, प्राणायाम, ध्यान, निर्वाण, लक्ष्मण रेखा, गजल, दोहा, कवित्त आदि।

ऐसे में पारिभाषिक शब्दों के अनुवाद में समस्या उत्पन्न होना स्वाभाविक है। अनुवाद की यह समस्या खालिस भाषा की समस्या नहीं होती। स्रोतभाषा के शब्दों के लिए लक्ष्यभाषा में प्रतिरूप शब्द के अभाव की समस्या भी नहीं होती। पारिभाषिक शब्दों अथवा तकनीकी शब्दों के बोध को अनुवाद में हू-ब-हू व्यक्त करने की समस्या भी नहीं होती। अनुवाद के जटिल अथवा अबोधगम्य हो जाने की समस्या भी नहीं होती। भाषिक सूचना के अन्तरण की समस्या भी नहीं होती। पारिभाषिक शब्द मिथकीय अथवा सांस्कृतिक

शब्द नहीं होते, इसलिए उनके लिए स्रोतभाषा और लक्ष्यभाषा में एकीकरण लाने की समस्या भी नहीं होती। तो सवाल उठता है कि पारिभाषिक शब्दों के अनुवाद की समस्या आखिर होती क्या है और इस समस्या के कारण क्या होते हैं?

पारिभाषिक शब्द असल में संकल्पनात्मक शब्द होते हैं। इसलिए पारिभाषिक शब्दों के अनुवाद की समस्या मूलतः संकल्पना के अनुवाद की समस्या होती है। मूल पारिभाषिक शब्द सीधे मूल संकल्पना से जुड़ा होता है। वह विशेषज्ञ अथवा आविष्कर्ता द्वारा दिया गया नामिक शब्द होता है, जबकि पारिभाषिक शब्द का अनुवाद सामान्यतः संकल्पना विशेष का द्योतक किसी अन्य भाषा का शाब्दिक पर्याय मात्र होता है। और पर्याय एक नहीं अनेक होते हैं, इसलिए पारिभाषिक शब्द की संकल्पना को किसी अन्य भाषा में पर्याय के माध्यम से व्यक्त करने में कमी-बेशी होने अर्थात् अल्पानुवाद या अत्यानुवाद होने की सम्भावना हमेशा बनी रहती है। दूसरे शब्दों में कहें तो मूल पारिभाषिक शब्द सीधे विषय विशेषज्ञ या अन्वेषक के अनुभव अथवा अनुसंधान का सृजन होता है, जबकि उसका अनुवाद सूचना का भाषान्तरण मात्र। इसलिए पारिभाषिक शब्दों के अनुवाद में समस्या आती है।

पारिभाषिक शब्दों के अनुवाद की समस्या पाठ के सटीक, सुगम और यथेष्ट अन्तरण की समस्या होती है। साथ ही, बोध के स्तर पर मूल जैसे प्रभाव की समस्या होती है। इनके साथ-साथ अनूदित पाठ की व्यापक स्वीकार्यता अथवा ग्राह्यता की भी समस्या होती है। क्योंकि यदि अनुवाद मूल जितना ही सटीक, सुगम और प्रामाणिक हो तो भी वह मूल जितना ही ग्राह्य एवं प्रचलित होगा,इसकी गारंटी नहीं होती। क्योंकि अनुवाद की स्वीकार्यता एवं ग्राह्यता के कई कारण होते हैं। शिक्षा, प्रचलन, अभ्यास, लोकमानस, राजनीतिक, सामाजिक, भाषाई, प्रसिद्धि आदि कई कारण। जैसे—डॉक्टर का अनुवाद चिकित्सक, इंजीनियर का अनुवाद अभियन्ता, पासपोर्ट का अनुवाद पारपत्र, पुलिस का अनुवाद आरक्षी, ड्राइवर का अनुवाद चालक, ऑपरेशन का अनुवाद शल्य क्रिया, टेलीविजन का अनुवाद दूरदर्शन, गजट का अनुवाद राजपत्र, रजिस्ट्रेशन का अनुवाद पंजीकरण, टेलीफोन का अनुवाद दूरभाष, प्रिंसिपल का अनुवाद प्राचार्य, रेडियो का

अनुवाद आकाशवाणी, पेंटिंग का अनुवाद चित्रकारी, ट्रैफिक का अनुवाद यातायात, कॉलेज का अनुवाद महाविद्यालय आदि। कहने की जरूरत नहीं कि उदाहरण के अंग्रेज़ी शब्दों की तुलना में उनके अनुवाद किसी भी मायने में कम नहीं हैं। फिर भी व्यवहार में ये अंग्रेज़ी शब्द ही ज्यादा चलते हैं। इससे स्पष्ट होता है कि पारिभाषिक शब्दों के अनुवाद की भी अपनी समस्या होती है जो शाब्दिक नहीं, बल्कि इतर कारणों से स्वीकार्यता और ग्राह्यता की समस्या होती है। इस बारे में प्रसिद्ध भाषाविद् प्रो. सूरजभान सिंह ने तकनीकी शब्दावली की विकास-यात्रा पर विचार करते हुए बड़ी मार्के की बात कही है। उनकी बातों पर गौर करने से इस समस्या की पूरी तस्वीर साफ हो जाती है। प्रो. सिंह कहते हैं–

''ज्ञान और शब्दावली का विकास एक साथ होता है। हर नया ज्ञान भाषा से शब्दावली और अभिव्यक्ति की माँग करता है। जो अन्वेषक नए ज्ञान या विचार को जन्म देता है वही उसे नाम या शब्द भी देता है। सामाजिक ग्राह्यता और मानकता पाने के लिए इस शब्द को प्रयोग की एक लम्बी प्रक्रिया से गुजरना पड़ता है। मौलिक ज्ञान के साथ विकसित तकनीकी शब्द की विकास की यह एक सहज और प्राकृतिक प्रक्रिया है। इसके विपरीत, जो देश अन्य देशों में विकसित नए वैज्ञानिक और तकनीकी ज्ञान को उधार लेकर अपनी भाषा में उतारना चाहते हैं वहाँ शब्दावली विकास की प्रक्रिया एक भिन्न मार्ग का अनुसरण करती है। यह प्रक्रिया प्राकृतिक और सहज नहीं, सायास और नियोजित होती है, जिसमें तकनीकी शब्दों का नहीं, बल्कि तकनीकी पर्यायों या समानार्थी शब्दों का विधान किया जाता है।''[7]

जाहिर है कि पारिभाषिक शब्द एक प्रयोजनमूलक भाषिक प्रतीक होता है, जो ज्ञान विशेष की अभिव्यक्ति के लिए विशेषज्ञ अथवा अन्वेषक द्वारा निर्मित किया जाता है। अस्तु इसके अनुवाद में समस्या उत्पन्न होना स्वाभाविक है। कारण कि यह अनुवाद सीधे संकल्पना का अन्तरण नहीं होता, बल्कि संकल्पना की अभिव्यक्ति का अन्तरण होता है। पुनः यह अन्तरण सायास और नियोजित होता है। इसमें स्वाभाविकता प्रायः गायब रहती है और समानार्थी शब्दों का ही कृत्रिम विधान होता है। इस तरह से देखा जाए तो पारिभाषिक शब्दों के अनुवाद की समस्या संकल्पना बनाम

उधार या सृजन बनाम अंगीकरण, या कथन बनाम अन्तरण अथवा शब्द बनाम पर्याय की समस्या है। ऐसा अनुवाद चूँकि सायास और नियोजित होता है, इसलिए इसमें शिथिलता, अबोधगम्यता, जटिलता आदि का होना लाजिमी है। वैसे पारिभाषिक शब्दों का अनुवाद सर्वदा शिथिल अथवा जटिल ही हो, यह जरूरी नहीं।

पारिभाषिक शब्दों के बहुतेरे अनुवाद भी कम बेहतरीन अथवा कम लोकप्रिय नहीं हैं। जैसे–

Foreign	- विदेश	Sublime	- उदात्त
Fee	- शुल्क	Artificial	- कृत्रिम
Matter	- पदार्थ	Science	- विज्ञान
Female	- मादा	Art	- कला
Male	- नर	Commission	- आयोग
Magnet	- चुम्बक	Bio Technic	- जैव तकनीक
Mataphor	- अलंकार	Tribunal	- न्यायाधीकरण
Nation	- राष्ट्र	Environment	- पर्यावरण
Solution	- घोल	Idealism	- आदर्शवाद
Tragedy	- त्रासदी	Poetic Justice	- काव्यन्याय
Atom	- परमाणु	Solid	- ठोस
Explosion	- विस्फोट	Concrete	- मूर्त
Export	- निर्यात	Cottage Industry	- कुटीर उद्योग
Energy	- ऊर्जा	Pollution	- प्रदूषण
Import	- आयात	Parliament	- संसद
Administration	- प्रशासन	Constitution	- संविधान

जहाँ तक पारिभाषिक शब्दों के अनुवाद के शिथिल या अबोधगम्य अथवा जटिल होने की बात है, तो इस सम्बन्ध में वास्तविकता कुछ और है। तत्सम्बन्धी दो तथ्य ध्यातव्य हैं। पहला यह है कि पारिभाषिक शब्द संकल्पनात्मक शब्द होते हैं। और संकल्पना सरल नहीं संश्लिष्ट होती है। कोई भी विषय, वस्तु या भाव जब सरल, सुगम अथवा सहज से विशिष्ट बनता है तो वह संश्लिष्ट हो जाता है। फिर संश्लिष्ट चीजों या भावों का बोध आसान नहीं रहता, प्रयत्न की माँग करता है। स्वभावतया विशिष्ट संकल्पनाओं को भाषा में व्यक्त

करनेवाले शब्द भी बोलचाल के शब्द से अलग विशिष्ट हो जाते हैं। दुनिया की सभी भाषाओं में ऐसा ही होता है। अंग्रेज़ी में भी ऐसा ही है। अंग्रेज़ी की सामान्य बातें जिन शब्दों में कही जाती हैं, उन्हीं शब्दों में विज्ञान, प्रौद्योगिकी, कला या दर्शन की बातें नहीं कही जा सकतीं। हिन्दी में भी ऐसा ही होता है। सामान्य हिन्दी जानने-समझनेवालों को भी किसी विषय का गूढ़ ज्ञान हिन्दी माध्यम से ही समझने में कठिनाई होती है। क्योंकि उस विषय के पारिभाषिक शब्द हिन्दी के शब्द होते हुए भी उक्त व्यक्ति के लिए अबूझ होते हैं। जैसे-संवेग, अनुभूति, काव्यन्याय, मधुमती भूमिका, उदात्त, कवित्व, साधारणीकरण आदि। परन्तु हिन्दी भाषी विषय विशेषज्ञों या जानकारों के साथ ऐसा नहीं होता, क्योंकि वे सम्बद्ध पारिभाषिक शब्दों से परिचित और अभ्यस्त होते हैं।

दूसरा तथ्य शब्द निर्माण की प्रक्रिया और व्यावहारिकता से सम्बन्धित है। भारत की अधिकतर भाषाओं का स्रोत संस्कृत है। प्रायः सभी भाषाओं ने अपनी शब्दावली को समृद्ध करने में यथावश्यकता संस्कृत के शब्द अपनाए हैं, क्योंकि संस्कृत के शब्द धातु आधारित और अपेक्षाकृत अधिक उर्वर होते हैं। एक शब्द से अनेक शब्द बनाने में सुगम होते हैं। अंग्रेज़ी के एक शब्द से बने अनेक शब्दों के अनुवाद करने में संस्कृत शब्दों का आधार बड़ा कारगर होता है। जैसे-अंग्रेज़ी का शब्द Law. इससे कितने शब्द बनाए गए हैं और उनके अनुवाद में संस्कृत का आश्रय कितना सुगम हुआ है, इसे नीचे के उदाहरण से समझा जा सकता है–

Law	-	विधि
Lawful	-	विधिवत
Legal	-	वैध,विधिक, विधिविषयक
Illegal	-	अवैध
Lawless	-	विधिहीन
Lawlessness	-	विधिहीनता
Legalism	-	विधिवादिता
Legalist	-	विधिज्ञ
Legality	-	वैधता
Legalization	-	वैधीकरण

Legaly	-	विधितः
Legislation	-	विधान
Legislative	-	विधायी, वैधानिक
Legislator	-	विधायक
Legislature	-	विधायिका

वैसे Law के अनुवाद के रूप में 'कानून' शब्द भी मान्य है और आमतौर पर यही शब्द प्रयुक्त होता है। किन्तु Law से विन्यस्त अन्य शब्दों के अनुवाद में 'विधि' शब्द से जैसी सुविधा होती है, वैसी 'कानून' से नहीं।

'कानून' से अधिक से अधिक कानूनी, कानूनियत, कानूनन जैसे तीन शब्द ही प्रचलन में हैं। अतः Law से व्युत्पन्न सभी शब्दों के अनुवाद के लिए यदि 'कानून' शब्द को आधार बनाया जाए तो मुश्किल होगी। फिर अनुवादक को 'कानून' शब्द के उद्‌गम अरबी-फारसी स्रोतों की खाक छाननी पड़ेगी, जो आसान नहीं है। वैसे भारत में पारिभाषिक अथवा तकनीकी शब्दों के अनुवाद में अत्यन्त प्रचलित उर्दू शब्दों को अपनाए रखने की नीति भी लागू है। पर हर क्षेत्र में यह नीति काम नहीं आती।

उपर्युक्त तथ्यों के बावजूद पारिभाषिक शब्दों के हिन्दी अनुवाद कुछ लोगों को दुरूह अथवा जटिल लगते हैं। पर वस्तुस्थिति ऐसी नहीं है। दुरूहता अथवा जटिलता का सम्बन्ध वस्तुतः व्यवहार से होता है। स्नान करना सामान्य कर्म है। परन्तु महीनों तक नहीं नहानेवाले व्यक्ति के लिए नहाना कठिन काम होता है। ऐसे ही पारिभाषिक शब्दों की जटिलता वास्तव में व्यवहार की कमी के कारण होती है। जैसा कि पहले भी कहा जा चुका है, किसी भी भाषा की पारिभाषिक शब्दावली सामान्य शब्दावली की भाँति सरल नहीं होती। यह साधारणतः आम लोगों के व्यवहार की शब्दावली भी नहीं होती। विषय-विशेषज्ञ या उस क्षेत्र में रुचि रखनेवाले अथवा काम करनेवाले लोग ही इससे भली-भाँति परिचित होते हैं। प्रसिद्ध भाषाविद् आचार्य देवेंद्रनाथ शर्मा भी पारिभाषिक शब्दावली के सम्बन्ध में कुछ इसी तरह का मन्तव्य रखते हैं। उनका कहना है–

''...पारिभाषिक शब्दावली न तो सबके लिए है, न बहुसंख्यकों के

लिए ही; बल्कि उन इने-गिने व्यक्तियों के लिए है, जो ज्ञान की किसी एक शाखा में विशेषता या प्रवीणता प्राप्त करने के इच्छुक हैं।''[8]

इस सम्बन्ध में महत्त्वपूर्ण बात यह भी है कि पारिभाषिक शब्दों के हिन्दी रूप केवल हिन्दीभाषी लोगों के लिए ही नहीं होते। ऐसे शब्दों का विकास और अनुवाद संविधान के अनुच्छेद 351 की भावना के अनुरूप हुआ है और होता है। इसके पीछे निहित बड़ा उद्देश्य अखिल भारतीय स्वीकृति का है। इसीलिए शब्दावली निर्माण में संस्कृत मूल को वरीयता दी जाती है, क्योंकि सभी भारतीय भाषाओं में कमोबेश संस्कृत मूल के शब्द हैं और संस्कृत आधारित शब्दों की स्वीकार्यता प्रायः अखिल भारतीय है।

दरअसल, हिन्दी में पारिभाषिक शब्दों को लेकर जो समस्या है, वह मात्र अनुवाद की समस्या नहीं है। वह समस्या पारिभाषिक शब्दों को अपनाने, उसे समझने और उसे व्यवहार में लाने की समस्या भी है। चूँकि हमारा सम्पूर्ण आधुनिक, वैज्ञानिक तथा तकनीकी ज्ञान उधार का ज्ञान है। हम उसे अंग्रेज़ी भाषा के माध्यम से प्राप्त करते हैं। फिर उसे हम अपनी भाषा-राजभाषा हिन्दी में उतारने के लिए अनुवाद करते हैं, जबकि हिन्दी में आधुनिक ज्ञान-विज्ञान के अपने पारिभाषिक शब्द नहीं हैं। जो हैं, वे अंग्रेज़ी शब्दों के ही अनूदित रूप हैं। इसलिए वे सहज नहीं, सायास और नियोजित हैं। फलतः हिन्दी के पारिभाषिक शब्द संकल्पना द्योतक, वैज्ञानिक और तकनीकी शब्द नहीं, बल्कि मूल शब्दों के तकनीकी पर्याय अथवा समानार्थी शब्द हैं। ऐसे में पर्यायों अथवा समानार्थी शब्दों के सहारे किया गया वैज्ञानिक साहित्यानुवाद हमारा कृत्रिम लगने लगता है। और कृत्रिम लेखन की विश्वनीयता नहीं होती। उसे पढ़ने में भरोसा नहीं जमता। फिर ऐसे ज्ञान का आगे प्रयोग या व्यवहार भी निर्भ्रान्त नहीं रहता। हिन्दी में पारिभाषिक शब्दों के अनुवाद तथा अनूदित पारिभाषिक शब्दों के अबोधगम्य होने अथवा असहज प्रतीत होने की समस्या के कारणों में एक कारण यह भी है। इसे नजरअन्दाज नहीं किया जा सकता।

एक ऐसे समाज में जहाँ सदियों तक राजनीतिक गुलामी रही हो, जहाँ जनता का निर्बाध शोषण किया गया हो, जहाँ जन आकांक्षा का क्रूर दमन हुआ हो, जहाँ औपनिवेशिक शासन की ओर से शिक्षा और विकास की कोई वास्तविक पहल न की गई हो, जनमानस का कुन्द और जड़मति हो जाना

स्वाभाविक है। फिर ऐसे समाज की प्रतिगामिता मन में चिढ़ नहीं पैदा करती, बल्कि दयाभाव उपजाती है। भारत के सपूतों, देशभक्तों और स्वप्नदर्शी बुद्धिजीवियों ने गुलामी के दिनों में भी देश को जहालत से उबारने के हरसम्भव प्रयास किए। राजनीतिक और सामाजिक क्षेत्र में ही नहीं, शिक्षा एवं ज्ञान के क्षेत्र में भी ऐसे काफी प्रयास किए गए। देश में आधुनिक उच्च शिक्षा, शोध तथा वैज्ञानिक एवं प्रौद्योगिकीय विकास की नींव उन्हीं दिनों रखी गई। शान्ति निकेतन, बनारस एवं अलीगढ़ विश्वविद्यालयों के साथ-साथ स्टील, वैमानिकी, बैंकिंग आदि क्षेत्रों में महत्त्वपूर्ण प्रतिष्ठानों की स्थापना उन्हीं दिनों हुई। तकनीकी शब्दावली के निर्माण और विज्ञान की पुस्तकों के लेखन के कार्य भी पराधीन भारत में ही शुरू हुए। बंगाल के राजा राजेंद्र लाल मित्र ने सन् 1877 में भारतीय भाषाओं में वैज्ञानिक शब्दावली निर्माण की एक योजना बनाई थी। इस योजना का नाम था–'यूरोपीय वैज्ञानिक शब्दों के भारतीय भाषाओं में रूपान्तरण की योजना।' सन् 1888-1893 के बीच प्रो. टी.के. गज्जर ने गुजरात के कलाभवन नामक पॉलिटेक्निक द्वारा बहुभाषिक वैज्ञानिक शब्दावली निर्मित कराई। सन् 1893 से 1906 के बीच नागरी प्रचारिणी सभा, काशी ने 'हिन्दी साइंटिफिक ग्रॉसरी' नामक पारिभाषिक कोश तैयार कराई। तत्पश्चात् सन् 1940 में सुखसम्पतिराय भंडारी, अजमेर तथा 1948 में दांत व कर्वे के क्रमशः इंग्लिश-हिन्दी कोश और शास्त्रीय परिभाषा कोश भी प्रकाश में आए। इस कड़ी में बंगीय साहित्य परिषद् गुरुकुल कांगड़ी, साइंटिफिक सोसाइटी ऑफ अलीगढ़ तथा उस्मानिया विश्वविद्यालय के प्रयास भी मौलिक और प्रशंसनीय रहे।

परन्तु सन् 1947 में जब देश आजाद हुआ और सन् 1950 में जब देश में संविधान का शासन लागू हुआ तो नई परिस्थितियों, नई आशा-आकांक्षाओं, नई समस्याओं एवं प्रगति और विकास की नई अपेक्षाओं ने आधुनिक ज्ञान और अनुसंधान की आवश्यकताओं को गम्भीरता से उपस्थित किया। संविधान में हिन्दी को संघ की राजभाषा का दर्जा मिला और प्रादेशिक भाषाओं को भी प्रदेश-स्तर की सम्प्रेषण व्यवस्था में नई भूमिकाएँ प्रदान की गईं। फिर हिन्दी को राजभाषा तथा आधुनिक ज्ञान-विज्ञान एवं प्रौद्योगिकी की नई भाषिक जरूरतों को पूरा करने के लिए सक्षम तथा सम्पन्न करने की आवश्यकता महसूस हुई। इन्हीं परिस्थितियों में भारतीय

भाषाओं, विशेषकर हिन्दी के आधुनिकीरण एवं मानकीकरण की प्रक्रिया आरम्भ हुई।

संविधान लागू होने के तत्काल बाद सितम्बर, 1950 में भारत सरकार ने एक वैज्ञानिक शब्दावली मंडल का गठन किया। इस मंडल का काम राष्ट्रीय स्तर पर व्यवहार होनेवाले वैज्ञानिक एवं तकनीकी शब्दों का सृजन करना था। इस मंडल ने शब्द-निर्माण की अन्तर्राष्ट्रीय पद्धति को अपनाया और 1960 तक लगभग तीन लाख वैज्ञानिक तथा तकनीकी शब्द बनाए। फिर राष्ट्रपति के 27 अप्रैल, 1960 के आदेश के अन्तर्गत शिक्षा मंत्रालय के अधीन अक्तूबर 1961 में वैज्ञानिक एवं तकनीकी शब्दावली हेतु एक स्थायी आयोग स्थापित हुआ। इस आयोग द्वारा अब तक विज्ञान की विभिन्न शाखाओं तथा मानविकी, कृषि, प्रशासन, वानिकी आदि के लगभग 8 लाख शब्द तैयार किए जा चुके हैं। प्रयोग एवं प्रसार के मद्देनजर अब ये सभी शब्द कम्प्यूटर आधारित राष्ट्रीय शब्दावली बैंक के डाटाबेस में संचित तथा संसाधित किए जा चुके हैं। कोश निर्माण की प्रक्रिया को तीव्र तथा सहज, सुलभ बनाने के उद्देश्य से इन शब्दों को निकनेट (NICNET) उपग्रह के जरिये देश के विभिन्न स्थानों में तुरन्त प्राप्त किया जा सकता है। इसी कड़ी में 1 मार्च, 1971 को केन्द्रीय अनुवाद ब्यूरो की स्थापना हुई, जिसका उद्देश्य भारत सरकार के कार्यालयों के कामकाज में अनुवाद एवं प्रशिक्षण के माध्यम से पारिभाषिक शब्दावली के प्रयोग की एकरूपता कायम करना है। साथ-ही-साथ हिन्दी में कामकाज का वातावरण तैयार करना है।

जैसा कि पूर्व में कहा जा चुका है, भारत में वैज्ञानिक एवं तकनीकी लेखन का कार्य आजादी से बहुत पहले उन्नीसवीं सदी में ही आरम्भ हो चुका था। यह कार्य मूलतः भारतीय जनमानस में वैज्ञानिक चेतना के प्रसार के निमित्त था। इसके अन्तर्गत हिन्दी तथा अन्य भारतीय भाषाओं में वैज्ञानिक साहित्य का सृजन हो रहा था। साथ-ही-साथ वैज्ञानिक विषयों से सम्बन्धित पारिभाषिक शब्दों का कोश निर्माण भी हो रहा था। यद्यपि यह कार्य अंग्रेजों और अंग्रेज़ी की दासता से मुक्ति तथा देशाभिमान की भावना से प्रेरित भारत में वैज्ञानिक लेखन के लिए नींव का निर्माण था, तथापि व्यक्तिगत और छोटी और क्षेत्रीय संस्थाओं के प्रयत्न होने के कारण असम्बद्ध, अस्फुट और एक तरह से अनुवाद आधारित था। ऐसे सभी प्रयत्नों की आधारभाषा अंग्रेज़ी थी

और यह स्थिति आज भी यथावत् है। क्योंकि हमारा वैज्ञानिक और तकनीकी ज्ञान यूरोप और अमरीका में विकसित ज्ञान का अनुसरण है। अतः हमारी वैज्ञानिक और तकनीकी शब्दावली भी मौलिक नहीं, अनुवाद आधारित है।

विकास की स्वाभाविक प्रक्रिया में ज्ञान और उसे अभिव्यक्त करनेवाले शब्दों का संधान एक साथ होता है। किन्तु मौलिक चिन्तन और अनुसंधान में पिछड़ा हुआ समाज जब अनुसरण के द्वारा विकास करना चाहता है तो उसे विकास की भाषा का भी अनुसरण करना पड़ता है। ऐसे समाज की मनोदशा जटिल और उथल-पुथल से भरी होती है। उसमें उधार लेने की आदत होती है तो स्वावलम्बी बनने की आकांक्षा भी। ऐसे समाज में आदत और आकांक्षा की रस्साकशी हर तरफ व्याप्त रहती है। अभिव्यक्ति और उसके औजारों में भी। ऐसे समाज में विभिन्न भाषाई तथा क्षेत्रीय अवधारणाओं का टकराव स्वाभाविक तथा अनिवार्य होता है। भारत में भी शब्दावली निर्माण के क्षेत्र में तीन परस्पर विरोधी विचारधाओं का मिलना इसी का परिणाम है। ये विचारधाराएँ हैं–शुद्धतावादी, हिन्दुस्तानी तथा आंग्लवादी। चौथी विचारधारा उन मध्यमार्गियों की भी मिलती है, जो शब्दावली निर्माण में सन्तुलित दृष्टि अपनाने के पक्षधर हैं। भारत में वैज्ञानिक एवं तकनीकी शब्दावली के सृजन और अनुसृजन (अनुवाद) की समस्या को समझने तथा उसका निराकरण करने के लिए यहाँ इन विचारधाराओं की थोड़ी चर्चा जरूरी है।

शुद्धतावादी : इस विचारधारा के प्रणेता डॉ. रघुवीर थे। उन्होंने संस्कृत के 500 धातुओं, 20 उपसर्गों तथा 80 प्रत्ययों की सहायता से लगभग डेढ़ लाख शब्दों का एक अंग्रेज़ी-हिन्दी तकनीकी कोष 1955 में तैयार किया। शब्द निर्माण में वे उद्भट थे और पूर्णतः भारतीयता के पक्षधर थे। अभियन्ता, यंत्र, भौतिकी, संयान, यान, वायुयान, पंजीकरण शब्द उन्हीं के सृजन हैं। उनके शब्द निर्माण के कतिपय सिद्धान्त आगे चलकर पाथेय बने। उनकी संक्षिप्त चर्चा यहाँ अप्रासंगिक न होगी। डॉ. रघुवीर का मानना था कि–

(1) पारिभाषिक शब्दों के मामले में जितने शब्द अंग्रेज़ी में हों, उतने ही हिन्दी में भी होने चाहिए। जैसे Power के लिए शक्ति, Force के लिए बल, Energy के लिए ऊर्जा।

(2) अंग्रेज़ी पारिभाषिक शब्दों का अनूदित या हिन्दी रूप सार्थक होना

चाहिए। जैसे–

Right	-	अधिकार
Authority	-	प्राधिकार
Prerogative	-	परमाधिकार
Previlege	-	विशेषाधिकार
Monopoly	-	एकाधिकार

(3) अंग्रेज़ी के असमस्त (एक) शब्द का अनुवाद हिन्दी में यथासम्भव असमस्त शब्द से ही किया जाना चाहिए, व्याख्यात्मक शब्द से नहीं। जैसे-Signal के लिए संकेतक न कि अग्निरथ गमनागमन सूचक लौहपट्टिका।

(4) यथासम्भव उपसर्गों का अनुवाद उपसर्गों से और प्रत्ययों का अनुवाद प्रत्ययों से करना चाहिए। जैसा ग्रीक मूल शब्द Phos-प्रकाश का पर्याय है। इसमें phorus-माने भर (वाहक) जब जुड़ता है तो बनता है-phosphorus अर्थात् भास्वर (संस्कृत)। इसमें प्रत्ययों अथवा उपसर्गों के जुड़ने से बने शब्दों के अनुवाद में भी यही नियम लागू होगा। जैसे–

प्रत्यय			**शब्द**		
ate	-	ईय	Phosphate	-	भास्वीय
ic	-	इक	Phosphatic	-	भास्वीयिक
ion	-	इयन	Phosphation	-	भास्वीयन
ed	-	इत	Phosphated	-	भास्वीयित
ide	-	एय	Phosphatide	-	भास्वीयेय
in	-	इन्	Phosphin	-	भास्विन्
ide	-	एय	Phosphide	-	भास्वेय
ic	-	इक	Phosphinics	-	भास्वीयिक
—			Phosphorus	-	भास्वर

उपसर्ग			**शब्द**		
Peri	-	परि	Perimeter	-	परिमाप
Sub	-	अनु	Sub genus	-	अनुप्रजाति
Con	-	सं.	Condence	-	संघनन

Ab - अप		Abrade	- अपघर्षण
Anti - प्रति		Antimere	- प्रतिखंड
Eu - सु		Eupepsia	- सुपचन
Dys - दुस्		Dyspnea	- दुःश्वसन

5. अंग्रेज़ी के एक शब्द से बने विभिन्न रूपों के लिए हिन्दी में भी एक ही शब्द से विभिन्न शब्द व्युत्पादित किए जाएँ। जैसे–

Register	-	पंजी
Registered	-	पंजीकृत
Registrar	-	पंजीकार
Registrator	-	पंजीयक
Registrant	-	पंजीयनार्थी
Registration	-	पंजीयन या पंजीकरण

6. पारिभाषिक शब्द भाषा का विशिष्ट और शास्त्रीय शब्द होता है। इसका निर्माण सोच-विचार कर ही करना होता है। सोचने का काम जब आ जाता है, तब स्वाभाविकता चली जाती है। शास्त्रीय शब्द सदैव जनसाधारण में धीरे-धीरे ही फैलते हैं, प्रयोग में आने के बाद वे दुरूह नही रहेंगे।...भारत की अधिकांश भाषाओं की आकर भाषा संस्कृत है।सभी भाषाओं के पारिभाषिक शब्द एक जैसे हों तो वह संस्कृत से ही हो सकते हैं। अंग्रेज़ी के 'इलेक्शन' का अनुवाद यदि 'चुनाव' करें तो यह अलग-अलग भाषाओं में अलग-अलग होगा लेकिन 'चुनाव' के स्थान पर 'निर्वाचन' कहें तो वह सभी भाषाओं में मिल जाएगा। '...चुनाव' शब्द का आगे विकास नहीं हो सकता, लेकिन 'निर्वाचन' शब्द से शब्द बन सकते हैं, जैसे–निर्वाचक, निर्वाचित आदि।

हिन्दुस्तानी–इस विचारधारा के प्रवर्तक हिन्दुस्तानी कल्चर सोसाइटी के प्रमुख पं. सुन्दरलाल थे। उस्मानिया विश्वविद्यालय भी इस विचारधारा का प्रबल समर्थक था। पं. सुन्दरलाल का कहना था कि हिन्दी में पारिभाषिक शब्दों का निर्माण हिन्दुस्तानी, उर्दू तथा बोलचाल के शब्दों के आधार पर करना चाहिए। संस्कृत को आधार बनाने से शब्दों की क्लिष्टता बढ़ेगी। इस पद्धति से 1953 में हैदराबाद उस्मानिया विश्वविद्यालय ने एक अंग्रेज़ी-

हिन्दी कोश निकाला, जिसमें अंग्रेज़ी शब्दों के हास्यास्पद अनुवाद थे। जैसे–

Integration	-	जोड़मेलन
Individual	-	एकजन
Individualise	-	एकजनियाना
Particular	-	खास
Particularise	-	खासियाना
Reactionary	-	पलटकारी
Chairman	-	मसनदी
Standardise	-	स्टेंडर्डियाना
Law	-	कानून

आंग्लवादी–डॉ. शान्तिस्वरूप भटनागर, डॉ. जे.सी. घोष, डॉ. बीरबल साहनी, डॉ. डी. लूथरा, राजाजी राजगोपालाचारी जैसे अंग्रेज़ी शिक्षा पाए वैज्ञानिकों, वकीलों तथा उच्च अधिकारियों का वर्ग अंग्रेज़ी शब्दों को हिन्दी में ज्यों का त्यों ग्रहण कर लेने का पक्षधर था। उनके अनुसार, ऐसा करने से हिन्दी अनुवाद में समय खराब नहीं होगा और पारिभाषिक शब्दों का अन्तर्राष्ट्रीय रूप यथावत् रहने से वैश्विक प्रगति और विकास के साथ हमारा तालमेल बना रहेगा। इस आधार पर Gray's Anatomy पुस्तक का हिन्दी में अनुवाद भी हुआ, जिसमें Blood को 'ब्लड', Mind को 'माइंड', Temperature को 'टेम्परेचर', Treatment को 'ट्रीटमेंट', Parallel को 'पैरेलल' लिखा गया था।

उल्लेखनीय है कि हिन्दी समाज ने पारिभाषिक शब्द निर्माण की दिशा में उपर्युक्त तीनों विचारधाराओं में से किसी को भी पूरी तरह स्वीकार नहीं किया। उसे न तो डॉ. रघुवीर का शुद्धतावादी नजरिया पसन्द आया, न ही पं. सुन्दरलाल का देसी नजरिया। अंग्रेज़ी का पिछलग्गू बनना भी उसे मंजूर नहीं हुआ। क्योंकि हर भाषा समाज अपने आन्तरिक और अव्यक्त नियमों से विकास की ओर अग्रसर होता है। बाह्य दबाव इसमें काम नहीं करता। इसमें समाज का व्यावहारिक नजरिया, भाषा का व्याकरण और भाषा का लिखित तथा मौखिक रूप-आदि की मिली-जुली भूमिका होती है। इसलिए हिन्दी में भौतिकी, विधान एवं वायुयान जैसे शब्द चले तो कानून और हवाईजहाज

जैसे शब्द भी। साथ-ही-साथ पुलिस, पेट्रोल और प्लेटफॉर्म जैसे शब्द भी अपना लिए गए।

मध्यममार्गी–भाषा विकास के उपर्युक्त मध्यममार्गी स्वभाव को समझते हुए भारत सरकार ने सन् 1961 में वैज्ञानिक एवं तकनीकी शब्दावली आयोग की स्थापना की। इसका उद्देश्य भाषा विकास की दिशा में सन्तुलित दृष्टि अपनाना, पारिभाषिक शब्दावली के मानक पर्यायों का विकास करना तथा राष्ट्रीय स्तर पर सभी भारतीय भाषाओं के लिए शब्दावली निर्माण के सिद्धान्त सुनिश्चित करना था। आयोग ने उपर्युक्त तीनों विचारधाराओं के मूल तत्त्वों का समाहार करते हुए तथा भारत की बहुभाषिक वास्तविकता को ध्यान में रखकर शब्दावली विकास के लिए मध्यममार्ग अपनाया। आयोग ने इस हेतु कुल 14 सिद्धान्तों का निरूपण किया, जिनके सार निम्नवत् हैं:

क. अन्तर्राष्ट्रीय तकनीकी शब्दों को यथासम्भव उनके प्रचलित अंग्रेज़ी रूपों में ही देवनागरी में लिप्यंतरित कर अपना लेना चाहिए। जैसे विटामिन, कैलोरी, मीटर, रेडियो, टॉर्च, राडार, लाइन, लॉग आदि।

ख. संकल्पनात्मक शब्दों का सामान्यतः सार्थक पर्यायों के द्वारा अनुवाद किया जाना चाहिए। जैसे–संघनन, मुद्रास्फीति, सापेक्षता, वेग, घर्षण, विलय,आवधिक चक्र आदि।

ग. हिन्दी शब्दों का निर्धारण करते समय मध्यममार्गी दृष्टिकोण अपनाना चाहिए और सामान्य प्रयोग के पारिभाषिक शब्दों के लिए हमारी भाषाओं में प्रचलित शब्दों का ही व्यवहार करना चाहिए। जैसे–परमाणु, प्रमेय, महाद्वीप, तार, दस्तावेज, शिनाख्त, विषुवत रेखा, आकाशवाणी, संसद, सदन आदि।

घ. अन्य भारतीय भाषाओं में उपलब्ध पारम्परिक तकनीकी शब्दों को जरूरत के मुताबिक अपना लेना चाहिए। जैसे–Green room के लिए बांग्ला का 'साजगृह', Hypothecation के लिए तमिल का 'आडमान', Compensation के लिए उर्दू का 'मुआवजा', Graduate के लिए संस्कृत का 'स्नातक', Acting के लिए संस्कृत का 'अभिनय', Slum के लिए मराठी का झोंपड़पट्टी आदि।

ङ. नए शब्दों के निर्माण में संस्कृत धातुओं को आधार बनाना चाहिए और सरल, सुबोध तथा शुद्ध शब्द बनाने चाहिए। जैसे अन्तरिक्ष, पर्यावरण, संसाधक, कुंजीपटल, संकाय, अभियन्ता आदि।

शब्द निर्माण के सम्बन्ध में उपर्युक्त चारों विचारधाराओं के बारे में आग्रह तथा दुराग्रह से हटकर और तटस्थ नजरिये से विचार करने पर मध्यममार्गी तरीका व्यावहारिक, सही और प्रयोक्ता हितैषी लगता है। इसके साथ ही वैज्ञानिक तथा तकनीकी शब्दावली आयोग के सिद्धान्त सन्तुलित, प्रगतिशील एवं परिणामोन्मुख हैं।

आयोग द्वारा ज्ञान-विज्ञान की विभिन्न शाखाओं और प्रशाखाओं के लिए अब तक आठ लाख के करीब शब्दों तथा पर्यायों का निर्माण तथा निर्धारण इसी का नतीजा है। इसमें परम्परागत, नवागत, नवनिर्मित और अनुवाद–चारों प्रकार के शब्द हैं। इन्हीं शाब्दिक प्रकारों का सहारा लेकर कोई भाषा सम्पन्न और आधुनिक भावबोध को व्यक्त करने में सक्षम तथा समर्थ बनती है।

शब्दों के उक्त प्रकार वास्तव में शब्द निर्माण के क्रम में अपनाई जानेवाली चार प्रक्रियाओं के परिणाम हैं। शब्द निर्माण की चार प्रक्रियाएँ होती हैं–ग्रहण (Adoptation), अनुकूलन (Adaptation), सृजन (Creation) और अनुवाद (Translation)। अंग्रेज़ भाषाविद् स्टीफन अल्मन (Stephan Ullaman) ने भी शब्दावली की कमी को दूर करने के लिए चार तरीकों का उल्लेख किया है। वे कहते हैं–

"Four methods are at the speaker's disposal when a gap in the vocabulary has to be filled. He can either create a word from a scratch or resort to one of the usual processes of word formation or borrow a term from same other language or change the weaving same existing word".[9]

अर्थात्–''शब्दावली की रिक्तता (कमी) को भरने के लिए चार तरीके वक्ता के पास होते हैं। वह या तो शब्द निर्माण की सामान्य प्रक्रिया का आश्रय ले अथवा किसी अन्य भाषा से पारिभाषिक शब्द उधार ले। या तो कामचलाऊ शब्दों में से किसी नए शब्द का निर्माण करे अथवा उपलब्ध शब्द का अर्थ परिवर्तन करे।''

पारिभाषिक शब्दावली के अनुवाद की समस्या पर विचार के इस

सिलसिले को आगे बढ़ाते हुए यहाँ हम शब्द निर्माण की विभिन्न चार प्रक्रियाओं को स्पष्ट करने का प्रयास करेंगे।

ग्रहण : पारिभाषिक शब्दावली निर्मित करते समय हर विकासशील भाषा विदेशी और विकसित भाषा के प्रचलित पारिभाषिक शब्दावली को ज्यों का त्यों ग्रहण कर लेती है। इससे नए शब्द निर्मित करने का श्रम, समय और संसाधन व्यय होने से बच जाता है। साथ ही, मूल पारिभाषिक शब्दों को अपनाने से वैज्ञानिक, औद्योगिक तथा तकनीकी क्षेत्रों में पूरी दुनिया के साथ संवाद एवं संपर्क सहज हो जाता है। हिन्दी में इस प्रक्रिया के तहत ढेर सारी नामवाची वैज्ञानिक एवं तकनीकी अभिव्यक्तियाँ अपनाई गई हैं। साथ ही पेट्रोल, डीजल, इंजन, मोटर, टिकट, टॉर्च, प्लेटफॉर्म, स्टेशन, बिस्कुट आदि भारतीय भाषाओं में रचे-पचे शब्दों को भी ज्यों का त्यों गृहीत कर लिया गया है। हिन्दी पारिभाषिक शब्दावली के लगभग 25 प्रतिशत शब्द ऐसे ही गृहीत विदेशी शब्द हैं। ये शब्द निर्विवाद रूप से अखिल भारतीय स्तर पर प्रचलित हैं।

अनुकूलन : इसके अन्तर्गत विदेशी शब्दों को हिन्दी भाषा के स्वभाव (ध्वनिगत तथा व्याकरणगत) के अनुकूल ढालकर अपनाया जाता है। यह प्रक्रिया दो तरह से सम्पन्न होती है-ध्वन्यानुकूलन तथा शब्दानुकूलन के द्वारा। जैसे–एंजिन-इंजन, इंटरिम-अन्तरिम, ट्रिगॉन-त्रिकोण, टेकनीक-तकनीक, एपीलेट-अपीलीय, स्विचिंग-स्विचन, फैंटेसी-फंतासी, आयोनाइज़ेशन-आयनीकरण, वोल्टेज-वोल्टता, सोपनीफायर-साबुनीकरण, बस स्टैंड-बस अड्डा, रेपोर्टेज-रिपोर्ताज आदि। अनुकूलन में दो भाषाओं का मिश्रण होता है, अतः ऐसे शब्द को संकर शब्द भी कहा जाता है। अनुकूलन की यह प्रक्रिया हर भाषा में देखने को मिलती है। अंग्रेज़ी की सम्पन्नता के पीछे इस प्रक्रिया की बहुत बड़ी भूमिका है।

सृजन : वैज्ञानिक एवं तकनीकी शब्द बहुलांश में ऐसे हैं, जिनके समुचित पर्याय हिन्दी या इतर भारतीय भाषाओं में नहीं मिलते। ऐसे शब्दों को लिप्यंतरित कर हिन्दी में समाहित करना भी हिन्दी भाषा की स्वाभाविकता के विरुद्ध है। फिर ये शब्द किसी न किसी संकल्पना से भी जुड़े हैं। ऐसे शब्द प्रायः दो तरह के होते हैं–पारिभाषिक कार्य के संकेत और पारिभाषिक क्रिया के प्रतीक। अर्थात् कार्यबोधक और क्रिया बोधक।

इसलिए ऐसे शब्दों को लेकर मुश्किल यह आती है कि इन्हें ज्यों का त्यों ग्रहण भी नहीं किया जा सकता और न इनका उचित पर्याय ही सुलभ होता है। अन्ततः ऐसे शब्दों के लिए समानान्तर शब्द सृजन करना पड़ता है। विकसित से विकसित भाषा तक में ऐसा होता है। हिन्दी में भी ऐसा होता है।

शब्द सृजन में भाषा के मूल धातु पाथेय बनते हैं, क्योंकि धातु में अर्थ का बीज निहित होता है। हिन्दी शब्द सृजन में संस्कृत के धातु काम आते हैं। संस्कृत धातु में यथावश्यकता उपसर्ग और प्रत्यय लगाकर नए शब्द निर्मित किए जाते हैं। शब्द सृजन मौलिक चिन्तन, सतत अभ्यास और विषय-विशेषज्ञों के विमर्श का परिणाम होता है। सृजित शब्द शुरू-शुरू में दुरूह लगते हैं, किन्तु आगे चलकर व्यवहार और अभ्यास से बोधगम्य और प्रचलित हो जाते हैं। जैसे–क्रिया से प्रक्रिया, संक्रिया, अनुक्रिया, प्रतिक्रिया आदि।

हिन्दी में सृजन किए गए पारिभाषिक शब्दों को लेकर प्रायः यह इल्जाम लगाया जाता है कि वे सरल नहीं, बल्कि दुरूह हैं और समझ में नहीं आते। इस सम्बन्ध में वास्तविकता कुछ और है। असल में संकल्पना से जुड़े शब्द दो तरह के होते हैं–पारदर्शी और अपारदर्शी। पारदर्शी शब्द वे होते हैं, जिनका अर्थ आसानी से समझ में आ जाए। जिन शब्दों का अर्थबोध सीधे तौर पर नहीं, बल्कि परिभाषा के द्वारा हो, उन्हें अपारदर्शी शब्द कहा जाता है। अंग्रेज़ी के बहुत सारे पारिभाषिक शब्द ग्रीक तथा लैटिन मूल से बने होने के कारण सामान्यतया समझ में नहीं आते। फिर भी विषय-विशेषज्ञ उन्हीं शब्दों का व्यवहार करते हैं, जबकि ऐसे शब्दों के लिए हिन्दी में जो पर्याय सृजित और निर्धारित किए गए हैं वे अपेक्षाकृत सरल और पारदर्शी हैं। जैसे–

Opthalmology	-	नेत्र विज्ञान
Seismology	-	भूकम्प विज्ञान
Pomology	-	फल विज्ञान
Petrology	-	शैल विज्ञान
Orology	-	पर्वत विज्ञान
Pedology	-	मृदा विज्ञान

Radiology - विकिरण विज्ञान
Mycology - कवक विज्ञान
Cytology - कोशिका विज्ञान

अंग्रेज़ी के कतिपय संकल्पनात्मक शब्द अपनी प्रकृति और संरचना में काफी जटिल हैं। उन्हें समझने के लिए उनकी परिभाषा का ज्ञान जरूरी होता है। परन्तु वैसे शब्दों के जो हिन्दी पर्याय बनाए गए हैं, वे काफी सरल तथा प्रचलित शब्दों से बने हैं। जैसे–

Hard water - कठोर जल
Soft water - मृदु जल
Salt water - खारा जल
Heavy water - भारी जल
Fertiliser - उर्वरक
Chemical Fertiliser - रासायनिक उर्वरक
Bio Fertiliser - जैव उर्वरक

आज का युग विज्ञान का है। विज्ञान की भाषा में संकल्पनाओं की भरमार होती है। वैज्ञानिक संकल्पनाओं के भीतर भी संकल्पनाएँ निहित होती हैं यानी संकल्पना के अंदर संकल्पना। जो वैज्ञानिक इन संकल्पनओं की खोज करता है, वह अपनी भाषा में इनके लिए शब्द देता है। वे शब्द चाहे सुबोध हों या दुर्बोध, विशेषज्ञ उन्हें समझ लेते हैं। जैसे–अणु, परमाणु, इलेक्ट्रॉन, प्रोट्रॉन, न्यूट्रॉन। विज्ञान में ऐसे संकल्यनाबोधी शब्द भी ढेर सारे होते हैं, जिनके बीच सूक्ष्म अर्थ भेद होता है। किसी भी भाषा को विकसित बनाने के लिए यह जरूरी होता है कि उसमें ऐसे संकल्पनात्मक शब्दों के लिए पर्याय निश्चित और निर्धारित हों। ऐसे हालात में प्रत्येक संकल्पना के लिए सरल शब्द का चयन अथवा सृजन सम्भव नहीं होता। फिर भी हिन्दी में ऐसे वैज्ञानिक तथा तकनीकी शब्द निर्मित किए गए हैं जो अपेक्षाकृत बोधगम्य और सरल हैं। जैसे–

(i) Protection - रक्षण
Reservation - आरक्षण
Conservation - संरक्षण
Preservation - परिरक्षण

	Immunity	-	प्रतिरक्षा
	Immuninization	-	प्रतिरक्षण
	Maintenance	-	अनुरक्षण
(ii)	Poison	-	विष
	Toxic	-	आविष
	Venom	-	जीविष (जीवविष)
(iii)	Growth	-	वृद्धि, वर्धन
	Boost	-	अभिवर्धन
	Amplification	-	प्रवर्धन
	Enlargement	-	विवर्धन
	Enhancement	-	संवृद्धि, संवर्धन
	Magnification	-	आवर्धन

अनुवाद : भूमंडलीकरण और सूचना क्रांति के बाद की दुनिया में टेक्नोलॉजी और बाज़ार दो बड़ी वास्तविकताएँ बनकर उभरे हैं। वैज्ञानिक प्रगति और राजनीतिक सक्रियता इन वास्तविकताओं के मूल में हैं। फलतः पिछले कुछ वर्षों में नूतन वैज्ञानिक संकल्पनाओं के साथ-साथ राजनीतिक तथा आर्थिक सक्रियता को ध्वनित करने वाली आधुनातन संकल्पनाओं की भी भरमार हुई है। इन आधुनिक संकल्पनाओं की अभिव्यक्ति जिस शैली और शब्दावली में हो रही है, उसके मद्देनज़र अनुवाद की भूमिका महत्त्वपूर्ण हो गई है। और इस बीच अनुवाद भी काफी डायनेमिक हुआ है। अनुवाद अब पहले जैसा शब्द, भाव और शैली की सीमा में बँधा भाषान्तरण मात्र नहीं है। नए विश्वग्राम में वह भाषा से भाषा का और सम्पूर्ण प्रोक्ति (Discourse) का मुक्कमल संवाद बन रहा है। विभिन्न ज्ञानानुशासन के बीच संवाद का पुख्ता सेतु बन रहा है। इस क्रम में अनुवाद के रचाव, कसाव और तौर-तरीके भी बदल रहे हैं। कहीं अनुवाद संकल्पनाओं का, कहीं शब्दों का, कहीं भावों का और कहीं-कहीं शब्द समूहों का रूपान्तरण बन रहा है तो कभी-कभी शब्द और पर्याय का मिश्रण और लिप्यंतरण बन चरितार्थ हो रहा है। जैसे–

Cold war	-	शीत युद्ध
Acid Rain	-	अम्ल वर्षा

Iron Curtain	-	लौहपट
Out Put	-	परिणाम, फल, नतीजा
White Paper	-	श्वेत पत्र
Global Village	-	विश्वग्राम
Time Management	-	समय-प्रबन्धन
Nuclear Prolifiration	-	परमाणु अप्रसार
State-of-Art	-	नवीनतम, अधुनातन
Cutting age level	-	अत्याधुनिक
Share Market	-	शेयर बाजार
Woman Empowerment	-	महिला सशक्तीकरण
Canteen Manager	-	कैंटीन प्रबन्धक
Stock Holder	-	स्टॉक धारक
Censor Board	-	सेंसर बोर्ड
Block Devlopment Committee	-	प्रखंड विकास समिति
National Development Council	-	राष्ट्रीय विकास परिषद
Rural Employment Guarantee Scheme	-	ग्रामीण रोजगार गारंटी योजना
Universal condemnation of War	-	युद्ध की सर्वव्यापी भर्त्सना

पारिभाषिक शब्द वस्तुतः प्रयोजनमूलक होते हैं और इनके प्रयोजन सुनिश्चित होते हैं। मसलन, वैज्ञानिक और तकनीकी संकल्पनाओं को भाषिक अभिव्यक्ति देने का प्रयोजन। साथ ही, विचार और भाषा में एकरूपता का प्रयोजन ताकि संकल्पना को समझने और उसे सम्प्रेषित करने में कोई खाई न रहे और प्रगति और विकास में भाषा मात्र बाधक न बने। साथ-ही-साथ सूचना और ज्ञान के प्रसार का प्रयोजन ताकि भाषा विशेष में सभी स्तरों में एकरूपता बनी रहे। इस प्रकार से हर समृद्ध भाषा में पारिभाषिक शब्दों का विपुल भंडार होता है। इनमें काफी शब्द बेहद सरल होते हैं तो काफी दुरूह भी। पारिभाषिक शब्दों की दुरूहता उनके सृजन अथवा अनुवाद के कारण नहीं वरन् उनसे अपरिचय के कारण होती है। असल में शब्द परिचित अथवा अपरिचित होते हैं, न कि सरल या कठिन। प्रचलन में आने के बाद कठिन शब्द भी सरल लगने लगते हैं। जैसे–

पर्यावरण (Environment)

प्रदूषण	(Pollution)
पारिस्थितिकी	(Ecology)
कुटीर उद्योग	(Cottage Industry)
स्वत्वाधिकार	(Copy right)
महामारी	(Epidemic)
विश्वमारी	(Pandemic)
लघुमारी	(Endemic)
महान्यायवादी	(Attorney General)
जीवाश्म	(Fossils)
तनु	(Dilute)
सांद्र	(Concentrate)

यद्यपि हमारी परम्परा में शब्द को ब्रह्म कहा गया है और प्रसंग के साथ-साथ प्रयोक्ता के कौशल तथा मेधा के अनुसार शब्द के अर्थ बदलते रहते हैं, तथापि शब्द अर्थ और अभिप्राय के संकेत मात्र ही होते हैं। उनसे सभी संकल्पनाओं के अर्थ एवं अभिप्राय की अभिव्यक्ति की उम्मीद करना ज्यादती है। अर्थ तो परिभाषा से स्पष्ट होता है। पारिभाषिक शब्दों के मामले में तो खासतौर पर। अतः पारिभाषिक शब्दों के अनुवाद की समस्या पारिभाषिक शब्दों की प्रकृति तथा संकल्पना को नजर अन्दाज करने और उनके बलात् अनुवाद के लिए आग्रहशील होने की समस्या भी है। इससे अनुवाद का कार्य कठिन तो होता ही है, जटिल और दुरूह होने से भी बच नहीं पाता। वैसे भी अंग्रेज़ों के जाने के 60 वर्षों बाद भी जो समाज मानसिक तौर पर अंग्रेजियत से पूरी तरह मुक्त नहीं हो पाया हो, और भूमंडलीकरण के बाद जहाँ उल्टे अंग्रेज़ी को मुक्ति का माध्यम समझा जाने लगा हो, फलतः नगर, कस्बों, गाँवों तक में पब्लिक स्कूलों की बाढ़ आ गई हो और ''अंग्रेज़ी स्कूलों में दाखिले की होड़ लगी हुई हो''[10], वहाँ वैज्ञानिक और तकनीकी शब्दावली के अनुवाद का समस्याग्रस्त होना आश्चर्यजनक नहीं है। ऐसे समाज में विज्ञान को लोक जीवन से जोड़ने की बड़ी जरूरत है। भारत के सच्चे वैज्ञानिक विकास के लिए और हमारे वैज्ञानिकों के सही सम्मान के लिए भी यह बेहद जरूरी है। तभी जय जवान, जय किसान के साथ जय विज्ञान चरितार्थ हो पाएगा। तब तक चरैवेति, चरैवेति।

सन्दर्भ-संकेत

1. संस्कृत-हिन्दी कोश, वामन विशवराम आप्टे, मोतीलाल बनारसीदास पब्लिशर्स प्रा. लि., दिल्ली, 1997 संस्करण, पृष्ठ-587
2. वही, पृष्ठ-608
3. New, Compact Oxford Dictionary Thesaurus & word power Guide, India Edition, Page-933.
4. रैंडम हाउस : दी रैंडम हाउस डिक्शनरी ऑफ दी इंग्लिश लैंग्वेज, पृ. 1505
5. डॉ. रघुवीर, कंप्रेहेंसिव डिक्शनरी ऑफ इंग्लिश-हिन्दी की भूमिका तथा डॉ. गार्गी गुप्त द्वारा सम्पादित पुस्तक 'पारिभाषिक शब्दावली की विकासयात्रा' में संकलित डॉ. रघुवीर का पारिभाषिक शब्द शीर्षक लेख, प्रकाशकः भारतीय अनुवाद परिषद, नई दिल्ली, पृष्ठ-19
6. चैम्बर्स टेक्निकल डिक्शनरी, एलाएड पब्लिशर्स प्रा.लि.,नई दिल्लो पृ. 1334
7. प्रो. सूरजभान सिंह, तकनीकी शब्दावली की विकास-यात्रा शीर्षक लेख, अनुवाद का सामयिक परिप्रेक्ष्य नामक स्मारिका, दक्षिण भारत हिन्दी प्रचार सभा, हैदराबाद, पृष्ठ-36
8. आचार्य देवेंद्रनाथ शर्मा, पारिभाषिक शब्दावली की समस्या शीर्षक लेख, पुस्तक : राष्ट्रभाषा हिन्दी : समस्याएँ और समाधान, लोकभारती प्रकाशन, इलाहाबाद, चतुर्थ संस्करण : 1987, पृष्ठ-63
9. स्टीफन अलमन, वर्ड्स एंड इट्स यूसेज, पृष्ठ-57
10. द टाइम्स ऑफ इंडिया, बेंगलूर संस्करण, 19 मई, 2008 के अखबार में प्रथम पृष्ठ पर छपी दूसरी खबर, शीर्षक : English School enrolment up 74% in 3 yrs. ...More Indians are opting to educate their children in English medium schools. What may come as a surprise is the pace at which this is happening. Nationwide enrolment in the upper Primary Section (class I to VIII) of English medium schools rose 74% between 2003 and 2006. In actual Figures, that is a rise from 54.7 Lakh in 2003 to 95.1 Lakh students in 2006.

वैज्ञानिक-तकनीकी साहित्य के अनुवाद की समस्या

वैज्ञानिक और तकनीकी लेखन वस्तुतः संकल्पनात्मक लेखन है। इसमें संकल्पनाओं, प्रयोगों और उनके परिणामों की भाषा के आवरण में अभिव्यक्ति होती है।

विज्ञान मनुष्य के अनुभव एवं आकर्षण से प्राप्त तथा प्रयोग से सिद्ध विश्व का विशिष्ट तथा क्रमबद्ध ज्ञान होता है और तकनीक विज्ञान की प्रविधि होती है। प्रविधि अर्थात् प्रोन्नत (उन्नत) विधि। विज्ञान प्रयोग का परिणाम आधारित ज्ञान है और प्रत्येक प्रयोग की एक निश्चित प्रविधि होती है। किन्तु प्रविधि प्राथमिक नहीं होती। प्राथमिक प्रयोग होता है। हर प्रयोग पहले-पहल 'अन्धे का तीर' होता है, जिसके निशाने पर लगने की गारंटी नहीं होती। परन्तु वही तीर जब निशाना बेध देता है, उदाहरण बन जाता है। विज्ञान की प्रत्येक उपलब्धि प्रयोग का परिणाम होती है और परिणाम प्राप्त हो जाने के बाद ही प्रयोग की प्रविधि और परिणाम की महत्ता लिपिबद्ध की जाती है। इस तरह से कहा जा सकता है कि विज्ञान प्रयोग में अन्तर्भुक्त होता है और प्रयोग विज्ञान की अन्तर्शक्ति है।

किसी भी प्रयोग के लिए उपकरणों (apparatus) की नितान्त आवश्यकता होती है और प्रत्येक प्रयोग के कुछ निश्चित कारक होते हैं। कारक एवं उपकरण के अभाव में किसी वैज्ञानिक प्रयोग की कल्पना नहीं की जा सकती। इसी तरह से विज्ञान में प्रयोग की विधि सुनिश्चित होती है तथा उसके निष्कर्ष स्थिर और अकाट्य होते हैं। इसीलिए मानवीकी तथा दूसरे ज्ञानानुशासन में जहाँ बोध तथा बोध की प्रक्रिया महत्त्वपूर्ण होती है, वहाँ विज्ञान में प्रयोग और परिणाम की महत्ता होती है। इसीलिए मानवीकी विशेषकर साहित्य भावगत होता है, जबकि विज्ञान वस्तुगत।

जैसा कि पहले कहा जा चुका है, प्रत्येक प्रयोग के कुछ निश्चित कारक और उपकरण होते हैं और जिस प्रयोग के परिणाम में समाज को अपना हित दिखलाई देता है, उसकी माँग समाज में उठने लगती है। किसी भी चीज के उत्पादन में माँग और पूर्ति का यही नियम काम करता है।

जाहिर है कि वस्तु की माँग को पूरा करने के लिए उसका उत्पादन जरूरी होता है और उत्पादन के लिए प्रौद्योगिकी (Technology) की जरूरत पड़ती है। प्रौद्योगिकी के सहारे उत्पादन जब बड़े पैमाने पर होने लगता है तो उसकी खपत के लिए बाज़ार जरूरी हो जाता है। यही से क्रय-विक्रय का अर्थशास्त्र आरम्भ होता है और दुनिया में यही अर्थशास्त्र काम करता है।

आधुनिक समय वैज्ञानिक और तकनीक प्रगति का समय है। भूमंडलीकरण तथा उदारीकरण के इस दौर में प्रौद्योगिकी तथा बाजार नई वास्तविकताएँ बन कर उभरे हैं। कम्पनियाँ बहुराष्ट्रीय बन रही हैं और इंटरनेट से सूचना का अहर्निश विस्फोट हो रहा है। उपभोक्ता इस दौर का शहंशाह है। आवश्यकताएँ अनन्त हो रही हैं और कोई किसी से पीछे नहीं रहना चाहता है। ऐसे में विज्ञान और तकनीक की पहुँच दुनिया के कोने-कोने तक में हो गई है। लेकिन यह पहुँच खालिस विज्ञान और तकनीक की ही नहीं है। साथ में तत्सम्बन्धी साहित्य (वैज्ञानिक और तकनीकी साहित्य) की माँग भी वैश्विक हुई है। क्योंकि भूमंडलीकरण और प्रौद्योगिकी के इस नए दौर में अब गोपनीय कुछ भी नहीं है। खुली प्रतिस्पर्धा है और उससे उत्पन्न चुनौतियाँ हैं। इस दौर में जो भी व्यापारिक और बहुराष्ट्रीय करार हो रहे हैं, उनमें तकनीक के हस्तान्तरण का पहलू भी अनिवार्य रूप से जुड़ रहा है। तकनीक के हस्तान्तरण का मतलब तत्सम्बन्धी साहित्य के हस्तान्तरण से है। यहाँ स्मरण रखना होगा कि साहित्य हमेशा भाषा में लिखा जाता है और भाषाओं का अस्तित्व सिर्फ मानव समाज में पाया जाता है। प्रत्येक मानव समाज अपने आन्तरिक कारणों से दूसरे मानव समाज से भिन्न होता है। इसलिए भाषाओं में भी पर्याप्त भिन्नता पाई जाती है।

लेकिन आधुनिक विज्ञान ने आधुनिक मनुष्य को इतना अन्योन्याश्रित बना दिया है कि वह अब परस्पर अविच्छिन्न नहीं रह सकता। और यह सम्भव हो रहा है अनुवाद से। आज अनुवाद की सार्थकता यह है कि

विभिन्न ज्ञानानुशासनों में संवाद स्थापित करने तथा वृहत स्तर पर मनुष्य की अविच्छिन्नता को साकार करने का वह सबसे कारगर साधन बन गया है। वैज्ञानिक और प्रौद्योगिकीय विकास के इस आधुनिक दौर में अनुवाद प्रगति और विकास की सिद्धि का भी साधन बन गया है।

फलतः वैज्ञानिक और तकनीकी साहित्य का अनुवाद आज के दौर की बड़ी जरूरत है। किन्तु वैज्ञानिक तथा तकनीकी साहित्य का अनुवाद आज की जितनी बड़ी जरूरत है, उतनी ही बड़ी हैं इसकी समस्याएँ। इसके कई कारण हैं। यहाँ हम उन्हीं कारणों पर विचार करेंगे।

वैज्ञानिक और तकनीकी साहित्य वस्तुतः उस तरह का साहित्य नहीं होता, जैसा आम साहित्य होता है। आम साहित्य की भाषा लक्षणा और व्यंजना प्रधान होती है, जबकि वैज्ञानिक तथा तकनीकी साहित्य की भाषा विशुद्ध एकार्थी और अभिधात्मक। चूँकि वैज्ञानिक तथा तकनीकी शब्द पारिभाषिक होते हैं, अतः वे संरचना के स्तर पर पारदर्शी होते हैं और उनके अर्थ स्पष्ट एवं द्वन्द्वरहित होते हैं। स्वभावतया ऐसे शब्दों से निर्मित वैज्ञानिक-तकनीकी साहित्य अपने लक्ष्य तथा उद्देश्य में स्पष्ट और एकायामी होता है। इस सम्बन्ध में कौटिल्य की भाषा सम्बन्धी उक्ति का याद आना स्वाभाविक है। कौटिल्य कहते हैं–

''श्रुताद्धि प्रज्ञोपजायते प्रज्ञयायोगः योगात् आत्माता इति वियासामर्थ्यम।।''[1]

अर्थात् ''भाषा से ज्ञान मिले, ज्ञान से क्षमता पैदा हो, क्षमता से कौशल उपजे और कौशल से आत्मवत्ता–यही भाषा की शक्ति-सामर्थ्य है।''

कौटिल्य की उपर्युक्त उक्ति में जिस श्रुति अर्थात् उक्ति अर्थात् संवाद या भाषा को परिभाषित किया गया है, वह आधुनिक सन्दर्भ में वैज्ञानिक-तकनीकी साहित्य की भाषा के लिए पूरी तरह समीचीन है। कारण कि वैज्ञानिक-तकनीकी साहित्य मूलतः पारिभाषिक शब्दों से रचित सूचनापरक तथा परिणामोन्मुख साहित्य होता है। कार्य के निष्पादन तथा परिणाम की प्राप्ति के लिए जरूरी होता है कि सूचना सही हो और वह ज्ञान बढ़ाए, न कि किसी तरह का भ्रम पैदा करे। वैज्ञानिक और तकनीकी साहित्य के अनुवाद से भी यही अपेक्षा होती है। अतः वैज्ञानिक और तकनीकी साहित्य के अनुवाद का निर्भ्रान्त और सम्प्रेष्य होना बहुत जरूरी होता है। इस हेतु अनुवादक का योग्य एवं दक्ष होना अपरिहार्य होता है।

असल में वैज्ञानिक और तकनीकी साहित्य की भाषा पारिभाषिक और एकार्थी शब्दों का संयोजन होती है। प्रसंग या वाक्य-विन्यास की इसमें कोई भूमिका नहीं होती। प्रसंग सर्वदा विषय-सापेक्ष होता है और वाक्य-विन्यास अति सामान्य तथा विचार केन्द्रित। इसमें पारिभाषिक शब्दों की मामूली वाक्य संरचना से अपेक्षित अर्थ उद्‌घाटित करने का प्रयत्न होता है। इस भाषा का अर्थ और अभिप्राय व्यक्ति, समाज और सार्वभौम के लिए एक ही होता है। साथ ही, यह सीमित व्यवहार की भाषा होती है। इसलिए यह नितान्त आवश्यक होता है कि वैज्ञानिक और तकनीकी साहित्य के अनुवादक विषय के जानकार हों तथा अनुवाद कार्य में कुशल, समर्थ और दक्ष हों।

निस्सन्देह वे अनुवाद के औजार होते हैं जो अनुवादक को अनुवाद के कार्य में कुशल, समर्थ और दक्ष बनाते हैं। और अनुवाद के औजार भाषा के शब्द होते हैं। स्रोतभाषा के शब्दों को व्यंजित करनेवाले लक्ष्यभाषा के शब्द। शब्दों से संयोजित वाक्य और वाक्य समूह से गठित अनुच्छेद। फिर पाठ और पाठांतरण। संक्षेप में, यही है अनुवाद। तो अनुवाद के इस ढांचे से भी स्पष्ट होता है कि इसमें शब्द प्राथमिक होता है और अच्छे अनुवाद के लिए अनुवादक से कुशल, सक्षम और दक्ष होने की अपेक्षा होती है। साथ ही अच्छे अनुवाद के वास्ते अनुवादक से यह अपेक्षा भी होती है कि उसे स्रोतभाषा तथा लक्ष्यभाषा–दोनों पर अच्छी पकड़ हो। इस हेतु शब्दों का प्रामाणिक ज्ञान अपरिहार्य होता है, क्योंकि शब्द ही भाषा की प्राथमिक एवं महत्त्वपूर्ण इकाई होते हैं।

वैसे यह भी कम दिलचस्प नहीं है कि वैज्ञानिक तथा तकनीकी साहित्य के अनुवाद में शब्दों का प्रामाणिक ज्ञान ही मुख्य समस्या बन जाता है। कारण कि वैज्ञानिक तथा तकनीकी साहित्य के बीज शब्द पारिभाषिक होते हैं। अतः वे संकल्पनात्मक होते हैं। जैसा कि 'पारिभाषिक शब्दों के अनुवाद की समस्या' पर विचार करते हुए कहा जा चुका है, वैज्ञानिक खोजों को शब्दों और भाषा में व्यक्त करने का काम भी वही करता है, जो उनका खोजकर्ता होता है। इसलिए खोजकर्ता की जो भाषा होती है, वही खोज की भाषा बन जाती है। फलतः वैज्ञानिक तथा तकनीकी साहित्य की जो मूल अथवा स्रोतभाषा होती है, उसमें प्रयुक्त पारिभाषिक शब्दों के लिए लक्ष्यभाषा में उपर्युक्त शब्द अक्सर नहीं मिलते। जो शब्द मिलते भी हैं, वे या तो पर्याय

होते हैं अथवा अर्थ और अभिप्राय की दृष्टि से गढ़े हुए अतः कृत्रिम होते हैं। और पर्यायों अथवा गढ़े हुए शब्दों से अनूदित वैज्ञानिक-तकनीकी साहित्य मूल जैसा सम्प्रेष्य तथा प्रभावी हर्गिज नहीं होता। अस्तु वैज्ञानिक-तकनीकी साहित्य का अनुवाद करते समय अनुवादक को पारिभाषिक शब्दों से सम्बन्धित इस बुनियादी समस्या को सदैव दृष्टि पथ में रखना चाहिए। क्योंकि तकनीकी और सामान्य शब्दों के बीच अर्थगत अन्तर ही वास्तविक अन्तर होता है। सामान्य और साहित्यिक शब्दों का प्रयोग प्रयोजन एवं अभिप्राय के मुताबिक अभिधा, लक्षणा और व्यंजना–तीनों ही अर्थों में किया जाता है। किन्तु वैज्ञानिक तथा तकनीकी साहित्य के सन्दर्भ में ऐसा नहीं होता। वैज्ञानिक और तकनीकी साहित्य में अर्थ सर्वदा शाब्दिक होता है। सामान्य तथा साहित्यिक भाषा में व्यंजना बोध के लिए शब्दों का अर्थ विस्तार आम होता है। किन्तु वैज्ञानिक-तकनीकी सन्दर्भों में ऐसा कदापि नहीं किया जाता, बल्कि शब्दों को उनके मूल अर्थ में स्थिर किया जाता है।

परिणामस्वरूप, वैज्ञानिक और तकनीकी साहित्य के परिप्रेक्ष्य में शब्दों की वस्तुनिष्ठता ही उसकी कसौटी बन जाती है। फलतः पर्यायों और गढ़े हुए शब्दों के सहारे अनुवाद करने में वैज्ञानिक और तकनीकी साहित्य की शाब्दिक वस्तुनिष्ठता ही समस्या बनती है। इसलिए वैज्ञानिक-तकनीकी साहित्य का सटीक अनुवाद मुश्किल होता है। इस मुश्किल को आसान बनाने के लिए अनुवादक को शब्दों का प्रामाणिक ज्ञान अर्जित करना पड़ता है ताकि अनुवाद की सम्प्रेषणीयता और सहजता में पारिभाषिक शब्द बाधा न बनें। इस परिप्रेक्ष्य में लेखक द्वय डॉ. मनोहर सर्राफ तथा डॉ. शिवाकान्त गोस्वामी ने ठीक ही कहा है–

''वैज्ञानिक तथा तकनीकी विषयों के अनुवाद की अपनी कुछ विशिष्टताएँ हैं, इन विषयों के अनुवाद में अनुवादक का ध्यान भाषा की रचना एवं रूप पर न होकर विषयवस्तु पर होता है क्योंकि इसमें व्यावहारिकता तथा तथ्यात्मकता महत्त्वपूर्ण होती है। अतः अनुवादक को वैज्ञानिक एवं तकनीकी विषयों की शब्दावली का ज्ञान होना अत्यन्त आवश्यक है। हिन्दी में इस प्रकार के अनुवाद की समस्या इसलिए है कि हिन्दी में वैज्ञानिक तथा तकनीकी शब्दाकोशों, सन्दर्भ ग्रंथों का अभाव है। वैज्ञानिक तथा तकनीकी विषयों के शब्द का विज्ञान की प्रत्येक शाखा में अलग अर्थ हो सकता है।

अतः अनुवादक को इस समस्या को दृष्टि में रखते हुए सही अर्थ के शब्द का चयन करना चाहिये।''[2]

वैज्ञानिक तथा तकनीकी साहित्य के अनुवाद के सिलसिले में दूसरी समस्या भाषा की होती है। वैज्ञानिक साहित्य के सर्जक वैज्ञानिक होते हैं। स्वाभाविक है कि वैज्ञानिक भाषा विशेषज्ञ नहीं होते। वैज्ञानिक साहित्य लिखते समय उनका ध्यान मुख्य रूप से विषय केन्द्रित होता है। उनका एकमात्र उद्देश्य विषयवस्तु को शब्दबद्ध कर देना होता है। ऐसे में वैज्ञानिक साहित्य के शब्द संयोजन, वाक्य-विन्यास, अभिव्यक्ति आदि में किंचित शिथिलता, अस्पष्टता अथवा कमी का पाया जाना अस्वाभाविक नहीं होता। चूँकि ऐसे साहित्य के पढ़नेवाले भी वैज्ञानिक अथवा विषय-विशेषज्ञ ही होते हैं, इसलिए उनके बीच अभिव्यक्ति के शब्द-संयोजन और वाक्य-विन्यास जैसे घटक कोई समस्या नहीं बनते। परन्तु जब कभी ऐसे साहित्य का अनुवाद करना पड़ता है, तो उपर्युक्त कमियाँ समस्या बन जाती हैं। अनुवादक के लिए ऐसे साहित्य का अनुवाद करते समय स्रोतभाषा के पाठ में अन्तर्निहित अर्थ और अभीष्ट को समझना जरूरी होता है। तभी अनुवाद सम्भव हो पाता है। हालाँकि इसके लिए अनुवादक को कुछ दूसरे जुगत भी बैठाने पड़ते हैं, क्योंकि अच्छे से अच्छे अनुवादक को भी वैज्ञानिक संकल्पनाओं का ज्ञान नहीं होता। स्रोतभाषा के सभी पारिभाषिक शब्दों के लिए लक्ष्यभाषा में उचित पर्याय अथवा उपयुक्त अनुवाद उपलब्ध नहीं होते। कभी-कभी विषय-विशेष से सम्बन्धित संकल्पनात्मक शब्दों का अच्छा कोश भी लक्ष्यभाषा में सुलभ नहीं होता है; जबकि अनुवाद का सुसंगत, सुस्पष्ट तथा सुबोध होना परम आवश्यक होता है। तब अनुवादक के लिए जरूरी हो जाता है कि वह ज्ञानार्जन के इतर साधन ढूँढ़े। इसके अन्तर्गत प्रवीण अनुवादक किसी विषय विशेषज्ञ अथवा वैज्ञानिक से संपर्क और संवाद कायम करता है। विषय की संकल्पनाओं को समझता है। फिर अनुवाद शुरू करता है। संगत, स्पष्ट और परिपूर्ण अनुवाद के लिए ऐसा करना जरूरी होता है, अन्यथा वैज्ञानिक संकल्पनाओं की स्पष्ट जानकारी के अभाव में वैज्ञानिक-तकनीकी साहित्य के अनुवाद का असंगत, अस्पष्ट, शिथिल, तथा बोझिल होना अवश्यम्भावी होता है।

वैसे किसी सामान्य पाठ अथवा सृजनात्मक साहित्य के अनुवाद के लिए अनुवादक का स्रोत तथा लक्ष्यभाषाओं में पारंगत होना ही पर्याप्त होता है। परन्तु वैज्ञानिक और तकनीकी साहित्य के अनुवाद के लिए अनुवादक की उक्त पारंगतता ही पर्याप्त नहीं होती। उसे सम्बद्ध विषय का ज्ञाता होना भी जरूरी होता है। नहीं तो अनुवाद में तथ्यात्मक भूल होने और संकल्पनाओं के सम्प्रेषण में चूक या अस्पष्टता अथवा असंगति रह जाने की सम्भावना बनी रहती है, खासतौर पर पारिभाषिक शब्दों, सूत्रों, समीकरणों, संकेतों आदि के अनुवाद में तो इस भूल और चूक की सम्भावना प्रबल रहती है।

किसी भी भाषा में ऐसे बहुतेरे शब्द होते हैं, जिनके सामान्य बोलचाल या दैनंदिन प्रयोग में जो अर्थ होते हैं, वही अर्थ विशिष्ट कार्यक्षेत्र या विषयक्षेत्र में नहीं होते। वैसे भी शब्द के अर्थ सर्वदा निश्चित और सुस्थिर नहीं होते हैं। शब्द के अर्थ परिवर्तनशील होते हैं। शब्द के अर्थ स्थान, काल और विषय सापेक्ष होते हैं। उनके साथ 'अर्थ संकोच' और 'अर्थ विस्तार' का विधान चलता रहता है। इस प्रसंग में 'पर्याय निर्धारण की समस्या' के अन्तर्गत किंचित चर्चा की जा चुकी है। आगे 'अनुवाद में अर्थ निर्धारण' के अन्तर्गत भी पर्याप्त चर्चा की जाएगी। यहाँ प्रसंगानुरूप यह कहना अप्रासंगिक न होगा कि एक ही शब्द के भिन्न-भिन्न ज्ञानानुशासनों में भिन्न-भिन्न अर्थ होते हैं। जैसे–Section शब्द के अर्थ। चिकित्सा विज्ञान में इस शब्द का अर्थ होता है–विभाजन या काटना तो सामान्य प्रशासन में खंड या अनुभाग। गणित में यही शब्द भाग कहा जाता है तो पुस्तकालय जगत में शाखा, प्रशाखा। विधि क्षेत्र में इस शब्द का अर्थ धारा होता है, जबकि पुस्तक के प्रसंग में अनुच्छेद या परिच्छेद। इसी तरह से सेना में section टुकड़ी के अर्थ में व्यवहृत होता है तो समाजशास्त्र में वर्ग या जाति का बोधक बन जाता है।

स्पष्ट है कि अनुवादक को वैज्ञानिक एवं तकनीकी साहित्य का अनुवाद करते समय शब्दों के विषय सापेक्ष अर्थों के प्रति अतिरिक्त रूप से सावधान रहना चाहिए। साथ ही, स्रोतभाषा के शब्दों का सही और सटीक पर्याय यदि लक्ष्यभाषा में न मिले तो मूल शब्दों को अपनाने और उनका लक्ष्यभाषा में लिप्यंतरण कर लेने में भी नहीं हिचकना चाहिए। विश्व की सभी भाषाओं में यह व्यवहार चलता है और इससे भाषा समृद्ध होती है। उदाहरण के

लिए, 'ग्लासनोस्त' और 'पेरोस्त्रोइका' शब्द रूसी भाषा के होकर भी आज दुनिया की सभी विकसित भाषाओं में अपना लिए गए हैं। ठीक वैसे ही जैसे हिन्दी के पंडित, गुरु, योग, घेराव,जंगल, नो, नीयर जैसे सैकड़ों शब्द अंग्रेज़ी ने अपना लिए हैं।

वैज्ञानिक तथा तकनीकी साहित्य की महत्ता उसमें निहित जानकारियों, संकल्पनाओं, तथ्यों एवं स्थापनाओं को लेकर होती है। स्वाभाविक तौर पर ऐसे साहित्य के अनुवाद की समस्या भी उन्हीं जानकारियों, संकल्पनाओं, तथ्यों एवं स्थापनाओं को लेकर होती है। कहना न होगा कि ऐसे साहित्य के अनुवाद की समस्या उन्हीं जानकारियों, संकल्पनाओं, तथ्यों एवं स्थापनाओं के सही, सटीक एवं पारदर्शी भाषान्तरण में अन्तर्निहित होती है। कारण कि वैज्ञानिक तथा तकनीकी साहित्य में विषय महत्त्वपूर्ण होता है। विषय के पल्लवन, प्रतिपादन में प्रयुक्त शब्द महत्त्वपूर्ण होते हैं। शब्दों के अर्थ निश्चित होते हैं और उनमें कोई-न-कोई संकल्पना निहित होती है। उद्देश्य ज्ञान का प्रसार करना होता है। अतः वैज्ञानिक तथा तकनीकी साहित्य का अनुवाद भी विषय और संकल्पना की पुनर्प्रस्तुति और पुनराभिव्यक्ति बन जाता है।

किन्तु हिन्दी में वैज्ञानिक तथा तकनीकी साहित्य लेखन और अनुवाद की स्थिति उत्साहवर्धक नहीं है। उच्च कोटि के वैज्ञानिक एवं तकनीकी ग्रंथों का तो हिन्दी में नितान्त अभाव है। जो ग्रंथ मिलते भी हैं, उनमें बहुत कम ऐसे हैं, जिन्हें अपेक्षित स्तर का माना जा सके। इसके कई कारण हैं। कुछ कारणों की चर्चा पूर्व में की जा चुकी है। यहाँ हम कुछ इतर कारणों को चिह्नित करने का प्रयास करेंगे। जैसे–

(1) हिन्दी में विज्ञान एवं तकनीक से सम्बन्धित अच्छी संकल्पनात्मक कोशमालाएँ नहीं हैं।

(2) हिन्दी में पारिभाषिक शब्दों के कई-कई रूप मिलते हैं, जो अलग-अलग व्यक्तियों, संस्थाओं, अभिकरणों तथा प्रांतीय संस्थानों द्वारा निर्मित किए गए हैं। इससे भ्रम की स्थिति बनती है।

(3) वैज्ञानिकों, विज्ञानवेत्ताओं तथा अनुवादकों के बीच संवादहीनता रहती है, जिससे मूल लेखन और अनुवाद में समुचित समस्तरीयता नहीं मिलती। और

(4) अनुवाद को दोयम दर्जे का कर्म माननेवाली मानसिकता भी एक बड़ा कारण है। इसके चलते भाषा के सर्जक और अधिकारी विद्वान प्रायः अनुवाद कार्य में प्रवृत्त नहीं होते। फलतः अनुवाद का स्तर उच्च कोटि का नहीं हो पाता। इससे अनूदित वैज्ञानिक (तथा तकनीकी) साहित्य की पठनीयता प्रभावित होती है, क्योंकि वह विषय का सुस्पष्ट, सुसंगत तथा पारदर्शक बोध नहीं करा पाता।

इस सन्दर्भ में विचार करते हुए केन्द्रीय अनुवाद ब्यूरो के तत्कालीन निदेशक श्री राजकुमार सैनी ने अपने एक लेख में बड़ी मार्के की बात कही है। वे कहते हैं–

''वैज्ञानिक विषयों...का अनूदित साहित्य उस कोटि का नहीं है, जिसकी कि अपेक्षा की जाती है। वैज्ञानिक विषयों का कार्यकारी ज्ञान रखनेवाले लोग अक्सर वैज्ञानिक साहित्य के हिन्दी अनुवाद में प्रवृत्त होते हैं। उच्च कोटि का वैज्ञानिक ज्ञान रखने वालों के पास प्रायः इतना अवकाश नहीं होता कि वे हिन्दी में अनुवाद करने की जहमत उठाएँ। दूसरी ओर, अच्छे से अच्छे अनुवादक को वैज्ञानिक संकल्पनाओं के बारे में सुस्पष्ट जानकारी नहीं होती, जिसके कारण उनके अनुवाद प्रायः अस्पष्ट और पारभासी होते हैं, स्पष्ट और पारदर्शी नहीं हो पाते।''[3]

जाहिर है कि हिन्दी में वैज्ञानिक तथा तकनीकी साहित्य के अनुवाद की समस्याएँ विकट और गम्भीर हैं। किन्तु ये इतनी विकट और इतनी गम्भीर भी नहीं हैं कि इनका निराकरण नहीं हो सकता। संकल्प के साथ यदि सार्थक प्रयास किए जाएँ तो थोड़े ही समय में स्थिति बदल सकती है। संकल्प की जरूरत इसलिए है कि इसके बिना मानसिकता नहीं बदलती। और जब तक मानसिकता नहीं बदलेगी, अंग्रेज़ी का वर्चस्व कायम रहेगा। संकल्प निश्चय ही स्वभाषा अभियान का होगा। इस संकल्प से हिन्दी और अन्य भारतीय भाषाओं के प्रति प्रेम तथा लगाव की भावना पैदा की जा सकती है। इसके अभाव में हिन्दी और अन्य भारतीय भाषाओं को समृद्ध बनाने का कोई भी प्रयास सार्थक और अविराम नहीं बन सकता। सार्थक प्रयास यदि सही दिशा में अविराम जारी रहे तो कुछ भी हो सकता है। फिजा बदल जाती है। वैसे भी मानसिकता वातावरण से असम्बद्ध नहीं होती। उसे बदलने में बहुत देर नहीं लगती। आखिर अंग्रेज़ी भी कभी जर्मन

और फ्रेंच के मुकाबले दीन, हीन और गँवारों की भाषा मानी जाती थी।

सार्थक प्रयास के अन्तर्गत वैज्ञानिक एवं तकनीकी क्षेत्र में मूल लेखन को प्रोत्साहन देने की जरूरत है। हिन्दी में वैज्ञानिक लेखन के लिए हिन्दी भाषा पर अधिकार होना जरूरी है। किन्तु वस्तुस्थिति ऐसी नहीं है। हमारे देश में विज्ञान और प्रौद्योगिकी की भाषा अंग्रेज़ी है। उच्च शिक्षा का माध्यम भी अंग्रेज़ी है। फलस्वरूप हमारे वैज्ञानिक, विज्ञानवेत्ता, विशेषज्ञ, प्राध्यापक आदि अंग्रेज़ी भाषा पर तो किंचित अधिकार रखते हैं, किन्तु हिन्दी भाषा में उनकी कोई गति नहीं होती। वैसे गुणाकर मुले, जयंत नर्लिकर, दयानन्द पंत, रमेशदत्त शर्मा आदि इसके अपवाद हैं, जिनकी लेखनी अंग्रेज़ी और हिन्दी–दोनों भाषाओं में समान गति से चलती है। लेकिन अधिकांश वैज्ञानिकों और विज्ञानवेत्ताओं को हिन्दी इतनी नहीं आती कि वे हिन्दी में मौलिक लेखन कर सकें। जैसा कि ऊपर कहा जा चुका है, इसकी वजह यह है कि अपने यहाँ वैज्ञानिक शिक्षा का माध्यम अभी भी अंग्रेज़ी है। वैज्ञानिक शोध और लेखन की भाषा तो अंग्रेज़ी है ही। और जब तक यह स्थिति बनी रहेगी, हिन्दी में वैज्ञानिक और तकनीकी साहित्य की स्थिति यथावत् बनी रहेगी।

कहना न होगा कि भारत में वैज्ञानिक तथा तकनीकी साहित्य के लेखन में उन्नयन तथा संवर्द्धन के लिए इस यथास्थिति को बदलना होगा। विज्ञान को जन-जन से जोड़ना होगा। वैज्ञानिक साहित्य को भी मौलिक और उद्भावना से परिपूर्ण होना होगा। और इन सबके लिए सबसे पहले उच्च शिक्षा और विज्ञान की शिक्षा हिन्दी में तथा भारतीय भाषाओं में शुरू करनी होगी। तभी हिन्दी में तथा भारतीय भाषाओं में उच्च स्तर का वैज्ञानिक तथा तकनीकी साहित्य-सृजन सम्भव हो सकेगा। क्योंकि विचारों की मौलिक उद्भावना सदैव अपनी भाषा में होती है, जबकि भारत में स्थिति उलटी है। यहाँ वैज्ञानिक तथा तकनीकी साहित्य-लेखन की भाषा विदेशी है। इसलिए उसमें मौलिकता तथा उद्भावना का अभाव मिलता है।

अतः पहली और बड़ी जरूरत इस बात की है कि हमारे देश में शिक्षा का माध्यम बदला जाए। अंग्रेज़ी के बदले हिन्दी में तथा अन्य भारतीय भाषाओं में पढ़ाई की व्यवस्था की जाए। वैज्ञानिक और विज्ञानवेत्ता जब हिन्दी माध्यम से पढ़-लिखकर आगे बढ़ेंगे तो उन्हें हिन्दी में अपने विचार, शोध के निष्कर्ष अथवा वैज्ञानिक साहित्य लिखने में कठिनाई नहीं होगी।

तभी हिन्दी में अपेक्षित और उच्च कोटि का वैज्ञानिक और तकनीकी लेखन सहज रूप में सम्भव हो सकेगा।

चूँकि भारत संघ राज्य में शिक्षा का मामला समवर्ती सूची में होकर भी मुख्यतः राज्यों के क्षेत्राधिकार में आता है। साथ-ही-साथ निजी संस्थाओं को भी इस मामले में महत्त्वपूर्ण भूमिका निबाहने का संवैधानिक प्रावधान है। अतः शिक्षा के माध्यम का सवाल एक व्यापक सवाल बन जाता है। हालाँकि इस दिशा में थोड़े प्रयास अवश्य हुए हैं। परन्तु भारतीय मानस के स्वप्न और आकांक्षा में संगति न होने के कारण वे प्रयास नक्कारखाने में तूती साबित हुए हैं। उदाहरण के लिए, संविधान के अनुच्छेद 343(3) के तहत 1963 में राजभाषा अधिनियम बना, जिसकी धारा 4(1) के अधीन 1976 में संसदीय राजभाषा समिति गठित हुई। इस समिति ने 1989 में अपनी रिपोर्ट का तीसरा खंड राष्ट्रपति को सौंपा, जिस पर भारतीय संसद के दोनों सदनों में विचार-विमर्श तथा सभी राज्य सरकारों से परामर्श करने के उपरान्त 4 नवम्बर, 1991 को राष्ट्रपति की ओर से आदेश जारी हुआ। इसके अन्तर्गत देशभर के केन्द्रीय शिक्षा संस्थानों में हिन्दी माध्यम से भी पढ़ाई शुरू करने की व्यवस्था करने का आदेश केन्द्र सरकार को दिया गया था। साथ-ही-साथ कृषि, इंजीनियरिंग तथा आयुर्विज्ञान (Medical Science) की भर्ती एवं प्रवेश परीक्षाओं में भी हिन्दी माध्यम का विकल्प प्रदान किया गया। यह आदेश भी था कि ऐसी व्यवस्था की जाए कि भविष्य में जो छात्र आयुर्विज्ञान हिन्दी माध्यम से पढ़ना चाहें तो उन्हें असुविधा न हो। इसके लिए प्राध्यापकों को हिन्दी माध्यम से पढ़ाने के लिए प्रशिक्षित किया जाए और पाठ्य-सामग्री तथा सन्दर्भ-साहित्य भी हिन्दी में तैयार किए जाएँ।

आशय स्पष्ट था कि हिन्दी में वैज्ञानिक विषयों के अध्ययन-अध्यापन का माहौल बने। विज्ञान की पढ़ाई यदि हिन्दी में होगी, पढ़ानेवाले यदि हिन्दी में बोलेंगे-सोचेंगे तो चिन्तन का सिलसिला भी हिन्दी में शुरू होगा। फिर आगे चलकर वैज्ञानिक और तकनीकी विषयों पर हिन्दी में मौलिक साहित्य सृजन भी होने लगेगा।

किन्तु अफसोस की बात है कि उपर्युक्त आदेश की सारी बातें सदिच्छा (Wishfull thinking) मात्र ही साबित हुई हैं और विज्ञान एवं तकनीक के

मामले में उच्च स्तर पर, और उच्च शिक्षा में कोई फर्क नहीं पड़ा है। निश्चय ही यह दुखद स्थिति है। परन्तु वैज्ञानिक प्रगति और संचार क्रांति के मौजूदा दौर में इसे यूँ ही नहीं छोड़ा जा सकता। भारत को विकास की दौड़ में बनाए रखने तथा भविष्य में एक विकसित राष्ट्र बनाने के लिए जरूरी है कि विज्ञान और तकनीक भारत के जन-जन से जुड़े। इसके लिए विज्ञान को जनता के समीप आना होगा। जनता में वैज्ञानिक चेतना का विकास करना होगा। यह एक बड़ा काम है और यह तब तक सम्भव नहीं हो सकता, जब तक कि विज्ञान और तकनीक की भाषा एवं आम आदमी की भाषा का फर्क न मिटे। इस फर्क को मिटाने में विज्ञान और प्रौद्योगिकी के पारिभाषिक शब्दों का हिन्दी रूप और उसका लोक व्यवहार क्रांतिकारी भूमिका निभा सकते हैं। क्योंकि पारिभाषिक शब्दावली ही वह नींव होती है, जिसपर वैज्ञानिक तथा तकनीकी साहित्य की इमारत खड़ी होती है। हिन्दी जन-जीवन में वैज्ञानिक चेतना के निर्माण और प्रसार के लिए जरूरी है कि वैज्ञानिक तथा तकनीकी साहित्य प्रचुरता में हिन्दी में उपलब्ध हों। इसके लिए हिन्दी में मौलिक विज्ञान लेखन को प्रोत्साहित किए जाने की जरूरत है। साथ-ही-साथ, वैज्ञानिक तथा तकनीकी साहित्य का हिन्दी में व्यापक स्तर पर अनुवाद किया जाना भी जरूरी है।

किन्तु विज्ञान की दुनिया आज इतनी विकसित हो गई है, और इसकी इतनी शाखाएँ एवं प्रशाखाएँ बन गई हैं तथा इनमें इतनी तेजी से नए-नए अनुसंधान हो रहे हैं और संकल्पनावाची शब्दों की दिन-पर-दिन भरमार हो रही है कि इन सबके लिए हिन्दी में शब्द मिलने मुश्किल हैं। वैज्ञानिक तथा तकनीकी साहित्य के अनुवाद की यह एक बड़ी और केन्द्रीय समस्या है।

विज्ञान और प्रौद्योगिकी के पारिभाषिक शब्दों का केवल अनुवाद करने अथवा हिन्दी में शब्द निर्माण करने से इस समस्या का हल अब नहीं हो सकता। हमें चौतरफा प्रयास करने होंगे। इसके तहत पारिभाषिक शब्दों के यथासाध्य अनुवाद भी करने होंगे, यथासम्भव शब्द निर्माण भी करने होंगे और शब्दों के यथापेक्षा अनुकूलन भी करने होंगे। साथ-ही-साथ, शब्दों के यथावश्यकता लिप्यंतरण के लिए भी तत्पर रहना होगा। क्योंकि इस विकसित दुनिया में वैज्ञानिक तथा तकनीकी साहित्य का अनुवाद महज अनुवाद का मसला नहीं है। यह एक व्यापक, विराट और लोक-कल्याणकारी

कार्यभार है, जिसके लिए हर मोर्चे पर तैनात तथा हर तरीके से तैयार और तत्पर रहना होगा। याद रखना होगा कि यह सूचनाक्रांति का दौर है। इस दौर की गति इतनी तीव्र है कि कोई कहीं, किसी के लिए ठहर नहीं सकता। ठहरने का मतलब पिछड़ना है। ऐसे में हिन्दी को यदि जमाने के साथ कदमताल करना है तो उसे विकसित होना होगा। इसके लिए हिन्दी भाषाविदों, विज्ञानवेत्ताओं, विद्वानों, रचनाकारों, अनुवादकों आदि सभी को एकजुट होकर समवेत् भाव से प्रयास करने होंगे और हिन्दी भाषा को अभिनव से अभिनव पारिभाषिक शब्दों से आपूरित करना होगा। क्योंकि पारिभाषिक शब्दों की समस्या ही वह बुनियादी समस्या है, जिसके कारण वैज्ञानिक तथा तकनीकी साहित्य का हिन्दी में सरल, सहज तथा सटीक रूपान्तरण करना कठिन होता है। इस परिप्रेक्ष्य में आचार्य देवेंद्रनाथ शर्मा ने भी कुछ ऐसा ही मन्तव्य व्यक्त किया है। उन्होंने हिन्दी की समस्याओं पर विचार करते हुए लिखा है–

''हिन्दी की वास्तविक और एकमात्र समस्या पारिभाषिक शब्दावली की है। शेष जितनी भी समस्याएँ हैं वे या तो उसके स्वाभाविक परिणाम हैं या उसी की शाखा-प्रतिशाखाएँ हैं। भारतीय भाषाओं का प्रयोग जो नहीं हो रहा है, वह उपयुक्त शब्दों के अभाव की दुहाई देकर। हिन्दी को कार्यान्वित करने की बात आती है तो सहज-भाव से कह दिया जाता है–''हिन्दी में शब्द हैं कहाँ कि उसे काम में लाया जाए?'' इसलिए कार्य में बाधा पड़ती है और प्रगति नहीं हो पाती। पारिभाषिक शब्दावली ही वह कच्चा माल है जिससे कुछ भी बनाया जा सकता है। शिक्षा में, शासन में, विधि में–चाहे कहीं भी हिन्दी का प्रयोग करना है, तो उपयुक्त शब्दावली होनी चाहिए। उसके अभाव में न तो कार्यालयों में कार्य हो सकता है, न विश्वविद्यालयों में शिक्षा दी जा सकती है और न न्यायालयों में न्याय की व्यवस्था सम्भव है। किसी भी कार्य के लिए समुचित रूप से योग्य व्यक्ति अपेक्षित होते हैं, किन्तु उनकी योग्यता का आधार साहित्य है। साहित्य का प्रयोग मैं व्यापक अर्थ में कर रहा हूँ। इसलिए क्या अभियंत्रण, क्या आयुर्विज्ञान,क्या अर्थशास्त्र, क्या इतिहास, क्या दर्शन, क्या मनोविज्ञान, क्या विधि, क्या शासन–सबके लिए उपयुक्त साहित्य सुलभ होना चाहिए। यह साहित्य दो प्रकार से सुलभ कराया जा सकता है–एक तो मौलिक रचना के द्वारा और दूसरा

अनुवाद के द्वारा। दोनों के लिए पारिभाषिक शब्दावली का रहना अनिवार्य है। उसके अभाव में न तो मौलिक रचना सम्भव है, न अनुवाद।"[4]

प्रायः कहा जाता है कि वैज्ञानिक तथा तकनीकी साहित्य का अनुवाद साहित्यिक अनुवाद के मुकाबले सरल और आसान होता है। साहित्यिक अनुवाद में जहाँ कथ्य के साथ-साथ भाषा, भाव-भंगिमा आदि का समुचित खयाल रखना पड़ता है, वहीं वैज्ञानिक और तकनीकी अनुवाद में धारणा, अवधारणा, संकल्पना आदि महत्त्वपूर्ण हो जाती हैं। फलतः वैज्ञानिक और तकनीकी अनुवाद तथ्यपरक एवं मूल पाठ का सच्चा प्रतिनिधि होता है। उसमें न तो कुछ छूटता है और न कुछ जुड़ता है। इसलिए अपेक्षाकृत सरल और आसान होता है। वैसे यह कहना सही है कि भाषा की सरलता और अभिधात्मकता द्वारा ही विज्ञान के अभिनव और उन्मेषी तथ्यों को हू-ब-हू प्रस्तुत और पुनर्प्रस्तुत किया जा सकता है। तथापि यह भी सही है कि विज्ञान चूँकि संकल्पनाओं पर आधारित होता है, जिसकी अभिव्यक्ति पारिभाषिक शब्दों के द्वारा ही सम्भव होती है, और पारिभाषिक शब्दों के अनुवाद नहीं होते, पर्याय होते हैं, इसलिए वैज्ञानिक अनुवाद उतना सहज, सरल और आसान नहीं होता, जितना कि प्रतीत होता है। इसमें सबसे मुश्किल पारिभाषिक शब्दों के सटीक और बोधगम्य रूपान्तरण में आती है।

सूक्ष्म संकल्पनाओं को व्यक्त करनेवाले पारिभाषिक शब्दों के लिए लक्ष्यभाषा में सटीक पर्याय प्रायः नहीं मिलते हैं। हर भाषा के पास विज्ञान की सभी संकल्पनाओं के लिए संकल्पनावाची शब्द नहीं होते हैं। ऐसे में दक्ष से दक्ष अनुवादक निरुपाय हो जाता है। तब उसके पास बड़े सीमित विकल्प होते हैं–(क) या तो वह व्याख्यात्मक अनुवाद करे अथवा (ख) स्रोतभाषा के शब्दों को लक्ष्यभाषा में अंगीकार करते हुए अनुवाद करे। जैसे कैंसर, मैलिगनैंसी, कार्सिनोमा, मेलानोमा आदि। पुनः वैज्ञानिक तथा तकनीकी साहित्य में बहुत-सी बातें, सूत्रों और प्रतीक-चिह्नों (Formulas and signs&symbols) में अन्तर्निहित होती हैं। अनुवादक के पास उन्हें ज्यों-का-त्यों अपना लेने के सिवा कोई चारा नहीं होता जैसे-H_2O, H_2So_4, $CaCo_2$, अल्फा, गामा, थिटा, फॉरेनहाइट, डिग्री, सेल्सियस, वॉट, मीटर, लिटर, मिलीग्राम, किलोग्राम, क्विंटल, टन आदि। पुनः यह भी कि वैज्ञानिक

साहित्य में प्रयुक्त अन्तर्राष्ट्रीय शब्दावली में किसी भी प्रकार का भाषान्तरण काम्य नहीं होता। जैसे–मलेरिया, चेचक, प्लेग, सूनामी, हैरिकेन, कार्बन, ऑक्सीजन, हाइड्रोजन आदि। साथ-ही-साथ विज्ञान और तकनीक के संक्षिप्त शब्दरूपों (Abriviations) का भाषान्तरण नहीं किया जाता है और उन्हें भी ज्यों-का-त्यों लिप्यंतरित कर लिया जाता है।

ऐसे में वैज्ञानिक तथा तकनीकी साहित्य के अनुवाद की समस्या प्रतीति (आभास) से भिन्न, कठिन नहीं भी तो चुनौतीपूर्ण अवश्य है। विषय के सांगोपांग अध्ययन और सम्यक् ज्ञान के बल पर ही इस चुनौती का सामना किया जा सकता है। इसमें स्रोतभाषा की अच्छी जानकारी के साथ-साथ लक्ष्यभाषा पर अधिकार भी महत्त्वपूर्ण होता है। विषय की स्पष्ट समझ के लिए कभी-कभी किसी वैज्ञानिक अथवा विज्ञानवेत्ता से संवाद भी अभीष्ट होता है। अस्तु वैज्ञानिक तथा तकनीकी साहित्य का अनुवाद करते समय अनुवादक को इन सभी तरीकों को अपनाने और आजमाने में संकोच नहीं करना चाहिए।

वैज्ञानिक तथा तकनीकी साहित्य के अनुवाद की समस्या सम्बन्धी इस विमर्श में उद्घाटित सैद्धान्तिक आयामों की व्यावहारिक परख अध्ययन को पूर्ण और संगोपांग बनाएगी। अस्तु नीचे वैज्ञानिक साहित्य का एक अंग्रेज़ी पाठ तथा उसका हिन्दी अनुवाद प्रस्तुत है। यह पाठ परमाणु ऊर्जा विज्ञान से सम्बन्धित है। मूल पाठ के पारिभाषिक शब्दों तथा उसके अनूदित रूप पर विचार करने से वैज्ञानिक तथा तकनीकी साहित्य के अनुवाद की सरलता, जटिलता तथा समस्या को समझने में निश्चय ही सहायता मिलेगी कि यह अनुवाद कैसा है और इसके कई पारिभाषिक शब्दों को अनूदित पाठ में लिप्यंतरित कर देना ही क्यों ठीक समझा गया है। पुनः यदि ऐसे शब्द भी अनूदित कर दिए जाएँ तो अनुवाद कितना बोधगम्य रह जाएगा?

"Centre For Advanced Technology(CAT)-Indore is constructing Synchrotron Radiation Source(SRS) comprising Indus-1&2, which will be a national facility for basic and applied research". Bhabha Atomic Research Centre(BARC),Trombay has recently commissioned a Folded Tandem Ion Accelerator (FOTIA). The BARC-TIFR Pelletron Accelerator Facility at Mumbai has made an impact internationally in the filed of nuclear research.

Lasers: The Department of Atomic Energy (DAE) units engaged in the laser research and development programme are CAT and BARC.

Under its Laser Programme, CAT has developed laser technologies for applications in medicine, industry and research and development. Carbon dioxide lasers for surgery and power cutting of thick steel plates, laser based instruments for medical applications, surgery, endoscopic surgery and treatment of tuberculosis have been developed successfully. CAT has been working on the development of biomedical laser applications. The efforts have resulted into the development of nitrogen lasers for diagnosis of certain cancer treatment of burn wounds. A number of lasers/instruments have been developed at CAT and supplied to users. The research facilities which have come up recently include a Pulsed Laser Deposition Facility for growing thin films of wide band gap semiconductors and the Facility for making ferroelectric oxide thin films.

उन्नत प्रौद्योगिकी केन्द्र (सी. ए. टी.) इंदौर में इंड्स-1 और 2 वाले सिंक्रोटोन रेडिएशन सोर्सीज का निर्माण कर रहा है, जो कि मूल तथा व्यावहारिक अनुसंधान के क्षेत्र में राष्ट्रीय सुविधा केन्द्र होंगे। भाभा परमाणु अनुसंधान केन्द्र (बी. ए. आर. सी.), ट्रॉम्बे ने हाल ही में फोल्डेड टेंडम आयन एक्सीलरेटर चालू किया है। बी. ए. आर. सी.-टी. आई. एफ. आर. के मुम्बई स्थित पेलट्रॉन सक्सीलरेटर सुविधा केन्द्र ने परमाणु अनुसंधान के क्षेत्र में अन्तर्राष्ट्रीय स्तर पर अपना प्रभाव जमाया है।

लेसर : लेसर अनुसंधान और विकास से जुड़ी परमाणु ऊर्जा विभाग (डी. ए. ई.) की इकाइयाँ सी. ए. टी. तथा बी. ए. आर. सी. हैं।

अपने लेसर कार्यक्रम के तहत सी.ए.टी. ने स्वास्थ्य, उद्योग तथा अनुसंधान के लिए लेसर प्रौद्योगिकी विकसित की है। शल्य-चिकित्सा और इस्पात की मोटी चादरों को काटने के लिए कार्बन डाइऑक्साइड लेसर, स्वास्थ्य उपयोग, शल्य-चिकित्सा, एंडोस्कोपिक शल्य-चिकित्सा और तपेदिक के इलाज के लिए लेसर-आधारित उपकरणों का सफलतापूर्वक उपयोग के लिए सी. ए. टी. कार्यरत है। इन प्रयासों के फलस्वरूप कई प्रकार के

कैंसरों के निदान और जलन वाले घावों के इलाज के लिए नाइट्रोजन लेसरों का विकास हो पाया। अनेक लेसरों/यंत्रों का सी. ए. टी. में विकास किया गया है और उपभोक्ताओं को दे दिया गया। हाल ही में जिन अनुसंधान सुविधाओं का निर्माण हुआ है, उनमें प्लस्ड लेसर डिपोजीशन सुविधा शामिल है। यहाँ वाइड बैंड गैप वाले अर्द्ध-चालकों पर महीन झिल्ली चढ़ाने की सुविधा है। फैरोइलेक्ट्रिक ऑक्साइड महीन झिल्ली बनाने की सुविधा भी स्थापित की जा रही है।

आशा है, इस प्रकार का व्यावहारिक अध्ययन वैज्ञानिक तथा तकनीकी साहित्य के अनुवाद को एक समस्या के रूप में नहीं, बल्कि विचारणीय, महत्त्वपूर्ण और अपरिहार्य मानने की समझ विकसित करेगा। तथापि इतना तो मानना ही होगा कि वैज्ञानिक-तकनीकी साहित्य के अनुवाद में बार-बार पुनरीक्षण और परिमार्जन करने की गुंजाइश बनी रहती है, क्योंकि ज्ञान और भाषा का विकास स्थावर नहीं, गतिमान होता है। इसे अनुवाद विधा की सीमा नहीं, वरन् शक्ति समझना चाहिए।

सन्दर्भ-संकेत

1. कौटिल्य, अर्थशास्त्र, विनयाधिकरण, मोतीलाल बनारसी दास, दिल्ली, पृष्ठ–19।
2. डॉ.मनोहर सर्राफ, डॉ. शिवाकान्त गोस्वामी, अनुवाद सिद्धान्त एवं स्वरूप, विद्या प्रकाशन, कानपुर-6, प्रथम संस्करण, 1989, पृष्ठ-33।
3. राजकुमार सैनी, हिन्दी में वैज्ञानिक लेखन की समस्याएँ, अनुशीलन, वर्ष 6, फरवरी-2000, पृष्ठ–37।
4. आचार्य देवेंद्रनाथ शर्मा, राष्ट्रभाषा हिन्दी : समस्याएँ और समाधान, लोकभारती प्रकाशन, इलाहाबाद-1, चतुर्थ संस्करण, 1987, पृष्ठ 51।

मुहावरे-लोकोक्ति के अनुवाद की समस्या

मुहावरे और लोकोक्ति तद्भव जीवन की विलक्षण अभिव्यक्ति होते हैं। इनमें लोकजीवन का खांटी अनुभव बेधड़क बोलता है। भाषा में ये वाक्यांश और सहवाक्य होते हैं; फिर भी कमाल के अर्थ और अभिप्राय व्यंजित करते हैं। शायद इसीलिए मुहावरे एवं लोकोक्ति को सामाजिक अनुभव की सारगर्भित तथा विशिष्ट अभिव्यक्ति कहा जाता है। इनमें मनुष्य समाज के जीवनानुभव का निचोड़ अन्तर्निहित होता है। लोक जीवन में युगयुगान्त से प्रचलित पूर्वजों के अनुभव एवं उक्तियाँ मुहावरे तथा लोकोक्ति के माध्यम से पीढ़ी-दर-पीढ़ी अभिव्यंजित होते रहते हैं। इनके प्रयोग से भाषा में चुस्ती, स्फूर्ति, प्रवाह और चुटीलापन आता है। अभिव्यक्ति सरस, चित्रमय, प्रभावशाली और अभिव्यंजना से परिपूर्ण हो जीवन्त हो उठती है। भाषा में इनका महत्त्व वैसा ही होता है, जैसा दाल में नमक। अंग्रेज कवि टेनिसन ने इनके बारे में कहीं ठीक ही कहा है–''मुहावरे और लोकोक्ति भाषा के वे रत्न हैं, जो काल की खुली तर्जनी पर सदा चमकते रहते हैं।''

मुहावरे और लोकोक्ति सर्वदा अपने सरलार्थ से भिन्न किसी व्यंग्यार्थ का बोध कराते हैं। इनका वही अर्थ नहीं होता जो शब्दशः प्रतीत होता है। इन्हें व्याकरण अथवा तर्क की कसौटी पर कसना भी गलत होता है। ये एक तरह से भाषा का करिश्मा होते हैं, जिनके प्रयोग से अभिव्यक्ति सशक्त, विदग्ध और व्यंजनापूर्ण हो उठती है। हालाँकि मुहावरे और लोकोक्ति की अर्थ-व्यंजना को भी विवेक और तर्क से जानना-समझना मुश्किल है। इन्हें सीखना तथा साधना पड़ता है। क्योंकि इनके माध्यम से जो भाव अथवा विचार व्यक्त किए जाते हैं, वे मनुष्य समाज का सम्पूर्ण जीवन, जीवन का सम्पूर्ण अनुभव और परम्परा की पूरी ृंखला का सार तथा संश्लिष्ट रूप होते हैं। इसलिए मुहावरे और लोकोक्ति को किसी

अन्य भाषा में अनूदित करना कठिन होता है। अनुवाद की समस्या के अध्ययन-क्रम में यहाँ हम मुहावरे और लोकोक्ति के अनुवाद की समस्या पर विचार करने का प्रयास करेंगे।

मुहावरा : हिन्दी का 'मुहावरा' शब्द मूलतः अरबी भाषा का शब्द है। अरबी में इसे 'मुहावरः' कहते हैं।यही हिन्दी में 'मुहावरा' हो गया है। उर्दू में इसे 'महाविरा' बोला जाता है।इसी तरह संस्कृत में 'वाग्धारा' कहा जाता है। 'मुहावरा' को पहले कुछ क्षेत्रों में 'रोजमर्रा' भी कहा जाता था। किन्तु आजकल 'रोजमर्रा' शब्द का 'मुहावरा' के अर्थ में प्रयोग प्रायः नहीं होता है। अरबी भाषा में 'मुहावरा' का शाब्दिक अर्थ 'अभ्यास' अथवा 'बातचीत' होता है। जैसे–

क. चोर को डाके का मुहावरा नहीं था, इसलिए पकड़ा गया। इस वाक्य में मुहावरा का अर्थ है 'अभ्यास'।

ख. इस टेप में मेरा मुहावरा नहीं है। यहाँ मुहावरा 'बातचीत' का अर्थ बोधक है।

आधुनिक सन्दर्भ में 'मुहावरा' का अर्थ 'रूढ़ प्रयोग' भी होता है। जैसे–

क- यह मदन कश्यप का काव्य-मुहावरा है।

ख- हिन्दी का अंग्रेज़ी से भिन्न अपना मुहावरा होता है।

ऊपर के दोनों वाक्यों में मुहावरा का अर्थ 'रूढ़ प्रयोग' है।

बहरहाल, 'मुहावरा' आजकल एक पारिभाषिक शब्द बन गया है और सभी भाषाओं में इसका प्रयोग होता है। यह वाक्यांश होता है और इसके प्रयोग से वाक्य में सुन्दरता और प्रभावमयता आती है। अभिव्यक्ति को सशक्त, सारगर्भित और प्रवाहपूर्ण बनाने के लिए वाक्य में मुहावरे का प्रयोग किया जाता है। जैसे-आँखें खुलना। सामान्य तौर पर 'आँखें खुलना' का कोई विशिष्ट अर्थ नहीं होता। आँखों के खुलने अर्थात् सोते हुए से जागने का सामान्य अर्थ ही होता है। परन्तु जब यह कहा जाए कि 'सूचना का अधिकार कानून के आने से भ्रष्टाचारियों की आँखें खुलने लगी हैं ' तो वाक्य में प्रभाव तथा औत्सुक्य पैदा होता है। साथ ही, वाक्य के अर्थ में लाक्षणिकता और व्यंजकता आती है, जिससे पूरी अभिव्यक्ति सारगर्भित, सुन्दर तथा सशक्त हो उठती है। इसीलिए साहित्य में मुहावरेदार भाषा का विशेष और

चिरस्थायी महत्त्व होता है।

'मुहावरा' को अंग्रेज़ी में Idiom कहा जाता है। अंग्रेज़ी का Idiom ग्रीक शब्द 'Idioma' का संक्षिप्त रूप है। 'ऑक्सफोर्ड डिक्शनरी' में Idiom की परिभाषा है :

"A group of words whose meaning is different from the meaning of the individual words (e.g.over the moon)."[1]

अर्थात् मुहावरा एक पदबन्ध है, जिसका शब्दगत अर्थ से भिन्न अर्थ होता है।

प्रो. वासुदेव नन्दन प्रसाद के अनुसार–''ऐसा वाक्यांश, जो सामान्य अर्थ का बोध न कराकर किसी विलक्षण अर्थ की प्रतीति कराए, 'मुहावरा' कहलाता है।''[2]

'मुहावरा' को कई अन्य विद्वानों ने भी परिभाषित करने का प्रयास किया है। इनमें डॉ. भोलानाथ तिवारी, प्रो. रीतारानी पालीवाल, डॉ. कुसुम अग्रवाल आदि के नाम प्रमुख हैं। सभी परिभाषाओं में मुहावरे को वाक्यांश कहा गया है और उसके अर्थगत वैशिष्ट्य को चिह्नित किया गया है।

वैसे मुहावरे में व्यंजकता, उक्ति-वैचित्र्य, लाक्षणिकता तथा अन्योक्ति आदि के जो आलंकारिक गुण मिलते हैं, वे अकारण नहीं हैं। इसका कारण मनुष्य समाज के जीवनानुभव की भाषा में व्यंजक प्रयोग की बारम्बारता है। अर्थात् किसी वाक्यांश की किसी निश्चित अर्थ एवं व्यंजना में बार-बार के प्रयोग से ऐसी रूढ़ि बनाई गई कि वाक्यांश और अर्थ अभिन्न हो गए और दोनों एक-दूसरे के पूरक बन गए। जैसे 'आँखों का तारा होना' मतलब अत्यन्त प्यारा होना। प्रत्येक पुत्र अपनी माँ की आँखों का तारा होता है।

इस प्रकार से स्पष्ट है कि मुहावरा वाक्य नहीं, वाक्यांश होता है और उसका वही अर्थ नहीं होता जो प्रतीत होता है।

अतः **वह पदबन्ध, जो सरलार्थ से भिन्न किसी विशिष्ट और विलक्षण अर्थ का बोध कराए, 'मुहावरा' होता है।**

साहित्य में मुहावरेदार भाषा का विशेष और चिरस्थायी महत्त्व होता है। मुहावरे भाषा की सम्पन्नता तथा सभ्यता के विकास के प्रतीक होते हैं। ये भाषा-व्यवहार के मापक भी होते हैं। कोई समाज कितना श्रमशील,

सहिष्णु, सुसंस्कृत और गतिशील (डाइनेमिक) है, इसका पता उस समाज के भाषा-व्यवहार में प्रचलित मुहावरों से लग जाता है। वैसे सभ्यता और समाज की तरह मुहावरे भी बनते और विकसित होते रहते हैं। नया समाज अपना मुहावरा खुद विकसित करता है। जैसे वैज्ञानिक समाज का मुहावरा, चिकित्सा-जगत का मुहावरा, आई टी समाज का मुहावरा, शेयर बाजार का मुहावरा आदि।

लोकोक्ति : 'लोकोक्ति' 'लोक+उक्ति से बनी है। लोक अर्थात् जनजीवन में प्रचलित उक्ति यानी कथन या बात लोकोक्ति होती है। प्रत्येक लोकोक्ति के पीछे कोई घटना या कहानी होती है। उस घटना या कहानी का सार या सन्देश या कथन अथवा अभिव्यक्ति बाद में बार-बार दुहराए जाने के कारण जब लोगों की जुबान पर चढ़ जाती है और उसका प्रसंगानुसार प्रयोग लोग करने लगते हैं, तो लोकोक्ति बन जाती है। इस प्रकार से **लोकोक्ति लोक जीवन में प्रचलित वह विशिष्ट उक्ति होती है, जिसमें लोक का जीवनानुभव सार रूप में ध्वनित होता है।** दूसरे शब्दों में कहें तो लोकोक्ति लोक की किसी घटना अथवा प्रसंग का सारसंग्रह होती है।

चूँकि लोक की कोई उक्ति जीवन के किसी प्रसंग अथवा घटना के साम्य की सटीक और चुटीली अभिव्यक्ति होती है, इसलिए लोकोक्ति जीवन की लय और निरन्तरता का पुनर्स्मरण और बयान होती है। लोक के बेलौस जीवन का बेलाग बयान। और यह बयान लयात्मक होता है। लोक का निश्छल, निरभिमानी और अकुंठ जीवन भी कम लयात्मक नहीं होता। आत्मा का संगीत लोकजीवन का प्राण होता है। लोकाचरण के निष्कपट एवं निर्विकार होने का कारण यही है। अस्तु लोकोक्ति में पाया जानेवाला छन्द असल में लोक के जीवन में व्याप्त लय और छन्द की ही अभिव्यक्ति होता है। इसलिए लोकोक्ति जीवन का परुष कथन नहीं होती, वरन् जीवन की लयात्मक अभिव्यक्ति होती है। इसलिए वह व्यंजात्मक होती है। लोकोक्ति में व्यंजित भाव वस्तुतः लोक के चिरकालिक भावों के वाहक होते हैं। अतः लोकोक्ति एक तरह से जीवन के बारे में जीवन की टिप्पणी होती है। वह जीवनानुभव का प्रसंग के अनुरूप पूंजीभूत निष्कर्ष होती है। जैसे–'नाच न जाने आंगन टेढ़ा', 'घर का भेदी लंका ढाए',

'ढाक के तीन पात' आदि।

लोकोक्ति को अंग्रेज़ी में Proverb कहा जाता है। Proverb लैटिन के Proverbium से बना है। ऑक्सफोर्ड डिक्शनरी में Proverb की परिभाषा इस प्रकार से है–

"A short saying stating a general truth or piece of advice."[3]

अर्थात् लोकोक्ति एक संक्षिप्त कहावत है, जिसमें एक लोक सत्य अथवा सुझाव होता है।

चूँकि लोकोक्ति सामाजिक अनुभूति की लाक्षणिक अभिव्यक्ति होती है, इसलिए यह सभी समाजों में और भाषाओं में पाई जाती है। सभी भाषा-भाषियों ने इसे अपने-अपने ढंग से परिभाषित करने का प्रयास भी किया है। यहाँ लोकोक्ति की परिभाषाओं में उलझना अप्रासंगिक होगा। किन्तु प्रायः सभी भाषाओं की परिभाषा में लोकोक्ति में निहित अनुभव सत्य की व्यंजात्मक अभिव्यक्ति को रेखांकित किया गया है। यह लोकोक्ति का सबसे बड़ा गुण है और इसी वजह से लोकोक्ति कभी व्यंग्य नहीं बनती। लोकोक्ति वस्तुतः जीवन की चेतावनी होती है। जीवन-व्यापार में सदैव सकारात्मक भूमिका निबाहने वाली चेतावनी। लोकोक्ति की लोकप्रियता, प्रासंगिकता और उपयोगिता का यही राज है।

कहना न होगा कि जीवनानुभव की पूंजीभूत और लाक्षणिक अभिव्यक्ति मुहावरे तथा लोकोक्ति–दोनों में होती है। पूर्वजों की अनुभव-सिद्ध वाणी तथा जन सामान्य की प्रसंग-सापेक्ष उक्ति मुहावरे अथवा लोकोक्ति के जरिए समाज में पीढ़ी-दर-पीढ़ी प्रवाहित रहती है। तथापि मुहावरे और लोकोक्ति में कतिपय समानता के बावजूद काफी अन्तर होता है। इस अन्तर को जान लेना अनुवादक के लिए जरूरी होता है। इससे अनुवाद में सुविधा होती है। मसलन, मुहावरे एवं लोकोक्ति–दोनों में लोक जीवन का अनुभूत सत्य व्यंजित होता है। दोनों अभिव्यक्ति को सशक्त तथा प्रभावपूर्ण बनाते हैं। दोनों के अर्थ सामान्य नहीं, विशिष्ट होते हैं और दोनों से भाषा लाक्षणिक, विदग्ध और प्रवाहपूर्ण बनती है। परन्तु मुहावरे और लोकोक्ति में कुछ बुनियादी फर्क भी होते हैं। जैसे–

क. मुहावरा वाक्यांश होता है, जबकि लोकोक्ति स्वतंत्र वाक्य। जैसे–
'कान काटना' (मुहावरा) और 'आये थे हरिभजन को ओटन लगे

कपास' (लोकोक्ति)।

ख. मुहावरा प्रयोग होने पर वाक्य का अंग बन जाता है, जबकि लोकोक्ति का प्रयोग किसी कथन, भाव या विचार की पुष्टि के लिए किया जाता है और प्रयोग के बाद भी इसका स्वतंत्र अस्तित्व बना रहता है। जैसे–

मुहावरा : मीन-मेख निकालना–बात-बात में मीन-मेख निकालना अच्छा नहीं है।

लोकोक्ति : कहाँ राजा भोज, कहाँ गंगू तेली–तुम सेठ पन्नालाल के बेटे हो। मैं ठहरा साधारण किसान का बेटा! तुम्हारा हमारा मेल कैसा? कहाँ राजा भोज, कहाँ गंगू तेली।

ग. मुहावरा क्रियान्त होता है और अन्त 'ना' युक्त होता है। किन्तु स्वतंत्र वाक्य होने के कारण लोकोक्ति के साथ ऐसा कुछ नहीं होता। जैसे–

मुहावरा : घी के दीये जलाना, चेहरे पर हवाइयाँ उड़ना, टाँग अड़ाना आदि।

लोकोक्ति : अधजल गगरी छलकत जाय, होनहार बिरवान के होत चीकने पात आदि।

घ. मुहावरा वाक्य में सामान्य शब्दों का लाक्षणिक और चुटीला स्थानापन्न होता है, जबकि लोकोक्ति कथन के खंडन-मंडन हेतु प्रयुक्त स्वतंत्र वाक्य। जैसे–

मुहावरा : नमक-मिर्च लगाना–नमक-मिर्च लगाकर दूसरों के कान भरना बुरी आदत है।

लोकोक्ति : अकेला चना भाड़ नहीं फोड़ता–देश की तरक्की के लिए सभी का सहयोग जरूरी है, क्योंकि अकेला चना भाड़ नहीं फोड़ता।

ङ मुहावरा लक्षणगत होता है, जबकि लोकोक्ति व्यंजना प्रधान। जैसे–

मुहावरा : नाक काटना, बात बढ़ाना, आँखें मूदना।

लोकोक्ति : एक पंथ दो काज, नाच न जाने आंगन टेढ़ा, उलटा चोर कोतवाल को डाँटे।

मुहावरे : लोकोक्ति का अनुवाद

अनुवाद के सिलसिले में जिन समस्याओं से अनुवादक को दो-चार होना पड़ता है, उनमें मुहावरे-लोकोक्ति के अनुवाद की समस्या प्रमुख है। मुहावरे-लोकोक्ति के शब्द सामान्य होते हुए भी लाक्षणिक और अभिव्यंजक होते हैं। फलतः इनके माध्यम से की गई अभिव्यक्ति भी विशिष्ट और व्यंजात्मक होती है। यह विशिष्टता और व्यंजना भाषा की होती है। भाषा में यह गुण उसे बोलनेवाले समाज के परिवेश, जीवन-संघर्ष, सौन्दर्य-चेतना, कल्पनाशीलता, अभिव्यक्ति-कौशल आदि से आता है। चूँकि कोई भी दो समाज परिवेशगत रूप से एक समान नहीं होते, इसलिए दो भाषाएँ भी अभिव्यक्ति के मामले में एक जैसी नहीं होतीं। व्यंजनापूर्ण अभिव्यक्ति के मामले में तो बिल्कुल ही नहीं। इसलिए मुहावरे तथा लोकोक्ति का अनुवाद उतना सहज नहीं होता, जितना कि प्रतीत होता है। इसके कई कारण हैं। जैसे–

1. मुहावरे-लोकोक्ति भाषा के शब्द और वाक्य मात्र नहीं होते, बल्कि पूर्ण, संश्लिष्ट और विशिष्ट अभिव्यक्ति होते हैं। इसलिए इनका अनुवाद कठिन होता है जैसे–

   मुहावरा : अंग-अंग मुस्कराना–To be very happy.
   टेढ़ी खीर होना–Complicated and difficult task.
   आग में घी डालना–To add fuel flame.
   कोई कसर बाकी न रखना–आकाश-पाताल एक करना–To leave no stone unturned.

   लोकोक्ति : नाच न जाने आंगन टेढ़ा
   A bad workman quarrels with his tools.
   कोई भी अपनी दही को खट्टा नहीं कहता
   Every potter praises his own pot.
   होनी थी सो हो चुकी, सीख को अब क्या?
   When a thing is done advice comes too late.
   एक तंदुरुस्ती हज़ार नियामत–Health is Wealth.

2. मुहावरे-लोकोक्ति में शब्द और वाक्य नहीं, बल्कि भाषा-परिवेश मुखर होता है। और एक भाषा-परिवेश की अभिव्यक्ति का अनुवाद

भिन्न परिवेश वाली भाषा में करना कठिन होता है, क्योंकि प्रत्येक भाषा की प्रवृत्ति, प्रयोग-शक्ति और अभिव्यक्ति-कौशल तथा शैली निजी, भिन्न एवं विशिष्ट होती है। इसलिए एक भाषा के मुहावरे तथा लोकोक्ति का दूसरी भाषा में अनुवाद कठिन होता है। जैसे–

मुहावरा : ईद का चाँद होना–To be seen very rarely.
जैसे को तैसा देना–To pay back in the same coin.
पलक-पांवड़े बिछाना–To give very cordial welcome.

लोकोक्ति : एक पंथ दो काज–To kill two birds with one stone.
थोथा चना बाजे घना–Empty vessel sounds much.
तेते पांव पसारिए जेती लांबी सौर–Cut your coat according to your cloth.

3. मुहावरे-लोकोक्ति में समाज का जीवनानुभव, सामुदायिक चेतना तथा परम्परा से चली आ रही पूर्वजों की सीख चुटीले और ठेठ रूप में बोलती है। फलतः ये समाज सापेक्ष और सभ्यता-मूलक होते हैं। इसलिए एक भाषा-समाज के मुहावरे अथवा लोकोक्ति का दूसरे भाषा-समाज के मुहावरे-लोकोक्ति में अन्तरण मुश्किल होता है। जैसे–

मुहावरा : भगीरथ प्रयास–Herculean task
अपने मुँह मियाँ मिट्ठू बनना–To blow one's own trumpet.
मूसलाधार बरसना–To rain cats and dogs.

लोकोक्ति : अब पछताए होत क्या, जब चिड़िया चुग गई खेत–
It is no use crying over split milk.
कहीं बूढ़े तोते भी पढ़ते हैं–
Can you teach an old woman to dance?
नौ नकद न तेरह उधार–
One bird in hand is better than three in the bush.

4. भारतीय मुहावरे तथा लोकोक्तियाँ मुख्यतः आंगिक भाव-भंगिमाओं से युक्त तथा सम्बन्धवाची हैं। कहावतें तो प्रायः नैतिकता, मर्यादा,

भला-बुरा और लोक-परलोक के विचार से प्रेरित मिलती हैं। अतः भारतीय भाषाओं के मुहावरे-लोकोक्तियों में भावों की समानता मिलती है, जिस कारण इनका हिन्दी में अथवा हिन्दी से इतर भारतीय भाषाओं में अनुवाद उतना कठिन नहीं होता। कठिनाई विदेशी भाषाओं के मुहावरे-लोकोक्ति का हिन्दी में अथवा दूसरी भारतीय भाषाओं में अनुवाद करने में आती है। इसी तरह, हिन्दी की अभिव्यक्तियों, भारतीय जीवन पद्धति के प्रतीकों, भावों आदि को अंग्रेज़ी में अनूदित करना मुश्किल होता है यथा–

मुहावरा : ऊल-जलूल बातें करना–हिन्दी
अधक-पधक बोकणे–मराठी
कंते पुराण हेळु–कन्नड़
To beat about the bush–अंग्रेज़ी
आकाश-पाताल एक करना–हिन्दी
आकाश-पाताल एक करणें–मराठी
आकाश-पाताळ बन्दु माडु–कन्नड़
जमीन-ओ आसमान यक कर्दन-फारसी
To leave no stone unturned–अंग्रेज़ी

लोकोक्ति : उँगली पकड़कर पहुँचा पकड़ना–हिन्दी
आंगळी आपतां पोचों पकड़वो–गुजराती
बेरळु तोरिसिद्रे हस्त नुंगोदु–कन्नड़
Give him an inch and he will take all–अंग्रेज़ी
बन्दर क्या जाने अदरक का स्वाद–हिन्दी
कषुदैक्कु तेरियुमा कर्पूर वासनै–तमिल
कषुदेक्कु अरियुमो कर्पूरत्तिन्टे मणम् अथवा
कुरंगिन्टे कैयिल पूमाला–मलयालम
खर क्याह जानि जाएफरानुक स्वाद–कश्मीरी
कत्तेगेनु गोत्तु कस्तूरिय वासने अथवा
मंगन कैयल्लि माणिक्य कोट्टंते–कन्नड़
A fool can't appreciate virtues–अंग्रेज़ी

कहने की आवश्यकता नहीं कि ऊपर उद्धृत मुहावरों और लोकोक्तियों तथा उनके अंग्रेज़ी अनुवाद में पारस्परिक साम्य नदारद है और वैषम्य इतना

ज्यादा है कि सरसरी तौर से देखने पर भी समझ में आ जाता है। कारण कि मूल और अनुवाद में शब्दान्तरण नहीं हुआ है। इनके बीच भावांतरण का सम्बन्ध है। भावांतरण से ही ये एक-दूसरे के पूरक हैं और अनूदित रूप में मान्य हैं।

आजकल ज्ञानानुशासन के इतने अधिक सोपान हो गए हैं और मानव समाज में इतनी अधिक भाषाएँ प्रचलित हैं और इन भाषाओं में विविध विषयों की इतनी अधिक खोजें हो रही हैं तथा उनका इतना प्रचुर साहित्य लिखा जा रहा है कि उन्हें जानने के लिए अनुवाद के बिना काम नहीं चल सकता। पुनः अनुवाद में कई बार भाषाओं की प्रकृति और सीमाएँ इतनी अधिक उलझन पैदा करती हैं कि हर पहलू का अन्तरण सम्भव नहीं होता। वैसे भी अनुवाद में भावांतरण ही बेहतर होता है। इसलिए मुहावरे-लोकोक्ति के अनुवाद में भावांतरण का होना आम है। और इसीलिए मुहावरे-लोकोक्ति के अनुवाद की मुश्किलों से पार पाने में अनुवादक भावानुवाद का सहारा लेता है।

इस सन्दर्भ में विचार करते हुए प्रो. रीतारानी पालीवाल ने भी माना है कि मुहावरों तथा लोकोक्तियों का 'अनुवाद करना असम्भव तो नहीं, किन्तु बड़ा ही जटिल कार्य होता है।' वे कहती हैं–

''कहावतें और मुहावरे प्रायः किसी अनुभवसिद्ध कहानी का सार होते हैं। इनके माध्यम से की गई अभिव्यक्ति लोक-जीवन और लोक-चेतना की ज्यादा गहरी पकड़ से युक्त होती है। इसलिए उनकी लाक्षणिकता और व्यंजकता अपने में अर्थ गर्भत्व की एक पूरी परम्परा को व्यंजित करती है। लोकानुभव की कसौटी पर पूरी तरह खरा उतरने के बाद ही कोई कथन लोकोक्ति बनता है। ऐसी स्थिति में इसका अनुवाद एक बड़ी चुनौती होता है।''[4]

लेकिन चुनौती से टकराना ही आदमी की फितरत है। अनुवाद का इतिहास गवाह है कि आदमी ने इस चुनौती का भी डटकर मुकाबला किया है और रास्ते बनाए हैं। मुहावरों और लोकोक्तियों के विविधवर्णी अनुवाद सबूत हैं कि इस सिलसिले में अनुवादकर्ताओं ने बड़े धैर्य, कौशल, ज्ञान और चतुराई से काम लिया है। मिथकीय और ऐतिहासिक उक्तियों का अनुवाद समानान्तर उक्तियों से हुआ मिलता है। विशिष्ट, लाक्षणिक और अर्थव्यंजक

मुहावरों-लोकोक्तियों का अनुवाद भावानुवाद के द्वारा प्रभावकारी कथन के रूप में देखने को मिलता है। इसी तरह किसी भाषा की निजता, प्रकृति और शैली में व्यक्त मुहावरे-लोकोक्ति को लक्ष्यभाषा की निजता, प्रकृति और शैली में अनूदित किया गया है। किन्तु जहाँ कहीं यह तरकीब काम नहीं आई है, वहाँ शब्दानुवाद कर लेने के उदाहरण भी देखने को मिलते हैं। यथा–

मुहावरा : भगीरथ प्रयास–Herculean task.

चाँद पर थूकना–to blame an honest person.

टेढ़ी खीर होना–Complicated and difficult task.

पैदा होते ही गला घोंट देना–to nip in the bud.

डेढ़ चावल की खिचड़ी अलग पकाना–to have one's own's way.

दिन दूनी रात चौगुनी उन्नति करना–to make progress in leaps and bounds.

बहार पर होना–to be in full swing.

लहू का घूंट पीकर रह जाना–to eat an humble pie.

पीछा छूटना–to get rid of.

अलादीन का चिराग–Aladin's lamp.

आँखों में रात काटना–not to sleep the whole night.

आवाज उठाना–to raise voice.

दो नावों पर सवार होना–to stand on two boats.

लालफीताशाही–Red tapism.

घड़ियाली आँसू–Crocodile tears.

हवाई किला बनाना–to make a castle in the air.

लोकोक्ति : घर का भेदी लंका ढाए–Traitors are the worst enemies.

न नौ मन तेल होगा, न राधा नाचेगी–If the sky falls, we shall gather larks.

दान की बछिया के दांत नहीं गिने जाते–Beggars can not be choosers.

चार दिन की चाँदनी फिर अँधेरी रात–Prosperity is short lived

बनी के सब चार हैं, बिगड़ी का कोई नहीं–Success has many fathers but failure is an orphan.

बीता वक्त फिर हाथ नहीं आता–Time and tide wait for none.

जैसी करनी वैसी भरनी–As you sow so shall you reap

दूर के ढोल सुहावने–Blue are the hills that are far away.

कुत्ते की दुम टेढ़ी की टेढ़ी–A leopard never changes its colour

ताजमहल एक दिन में नहीं बनता–Rome was not built in a day.

आम के आम गुठलियों के दाम–To get double benefit.

दीवार के भी कान होते हैं–Even the walls have ears.

चोरी का माल मोरी में–Ill got ill spent.

मुहावरे एवं लोकोक्ति के प्रसंग में जो ध्यान देनेवाली बात होती है, वह यह कि इनका सत्व (इंटिटी) समग्रता में निहित होता है, एक-दो शब्दों अथवा भाषिक इकाइयों में नहीं। इसलिए इनका पदगत अर्थ नहीं होता। फलतः प्रभाव भी शब्दों में बँधा नहीं होता। अर्थबोध और प्रभाव की छटा समग्रता में भावबोध के माध्यम से प्राप्त होती है। स्वभावतया मुहावरे और लोकोक्ति का अनुवाद भाषिक इकाइयों का अन्तरण नहीं होता, बल्कि समग्र अर्थ का, या कहना चाहिए समग्र भाव का अन्तरण होता है। कारण कि ये (मुहावरे और लोकोक्ति) अपने खास शब्द-विधान से जो सर्वथा नया अर्थबिम्ब खड़ा करते हैं, उनका सम्यक् अनुवाद शब्दान्तरण के द्वारा नहीं हो सकता। इसके लिए अनुवादक का कल्पनाशील होना जरूरी होता है। अनुवादक की अध्ययनशीलता भी इसमें काफी सहायक होती है।

जैसा कि ऊपर कहा जा चुका है, हर भाषा अपने विशिष्ट परिवेश की उपज होती है। मुहावरे और लोकोक्ति भी उसी परिवेश और परम्परा की उपज होते हैं। किसी भी भाषा के मुहावरे तथा लोकोक्ति में कुछ ऐसे तत्त्व होते हैं, जो पारम्परिक और नैसर्गिक रूप से अनुवाद की भाषा सहित अन्य भाषाओं में भी विद्यमान होते हैं, भले ही वे मूल अभिव्यक्ति से पूर्णतः नहीं, अंशतः ही मिलते-जुलते हों। कल्पनाशील और अध्ययनशील अनुवादक भाषा के इन समान तत्त्वों की खोज कर लेता है, जिससे मुहावरे-लोकोक्ति का अनुवाद अपेक्षाकृत सहज हो जाता है। अलबत्ता यह अनुवाद कम, भाषान्तरण अधिक होता है। तथापि इससे अनुवाद का उद्देश्य पूरा हो जाता है। जैसे–

मुहावरा : गर्म लोहे पर वार करना–To strike the iron while it is hot.

तुरुप चाल चलना–To throw trump card.

हज़ारों में एक–A man in thousands.

राई का पहाड़ बनाना–To make mountain of a mole hill.

झगड़े की जड़–An apple of discord.

लोकोक्ति : टके की बुढिया, नौ टका सिर मुड़ाई–A quarter worth verry and three quarters to carry.

जिसकी लाठी उसकी भैंस–Might is right.

जैसा देश वैसा भेष–While in Rome, do as the Romans do.

नीम हकीम खतरे जान–Little knowledge is a dangerous thing.

चोर-चोर मौसेरे भाई–Birds in the same feather flock together.

वैसे, अनुवाद करते समय मुहावरे-लोकोक्ति का शब्दार्थ नहीं बल्कि भावार्थ ध्यान में रखा जाता है और उसे ही अनूदित किया जाता है। इसमें भी मूल जैसी प्रभाव-व्यंजना उत्पन्न करने की कोशिश करनी पड़ती है। तभी वह सटीक तथा ग्राह्य हो पाता है। इसके लिए अनुवादक को कई युक्तियाँ

अपनानी पड़ती हैं। शब्दकोश इसमें ज्यादा सहायक नहीं होता, क्योंकि शब्दकोश में शब्दों के पर्याय होते हैं, जबकि मुहावरे-लोकोक्ति शब्दों में नहीं, अभिप्रायों में व्यक्त और व्यंजित होते हैं। अलबत्ता, मुहावरा कोश इसमें सहायक होता है। फिर भी, अनुवादक के ज्ञान, अनुभव और विवेक की भूमिका अत्यन्त महत्त्वपूर्ण होती है। कारण कि कोई भी दो भाषाएँ ऐसी नहीं होतीं, जिनमें सारे के सारे मुहावरे और सभी लोकोक्तियाँ प्रचलित हों। ऐसी स्थिति में दक्ष अनुवादक मुहावरे-लोकोक्ति के अभिप्राय को अनुवाद की भाषा में अन्तरित करता है। ऐसा करते समय अनुवादक को इस बात के प्रति सचेत भी रहना पड़ता है कि मुहावरे-लोकोक्ति में निहित सांस्कृतिक वैशिष्ट्य, स्थानीय रंगत, बारीक अर्थछवियों आदि की अनदेखी न हो। इसलिए मुहावरे-लोकोक्ति का अनुवाद सामान्य अनुवाद की तुलना में कठिन तथा चुनौतीपूर्ण होता है और इसीलिए इस कार्य में अनुवादक से अतिरिक्त दक्षता की अपेक्षा होती है। यथा–Red carpet welcome, White elephant, Broken heart, Spit at the sky आदि।

उक्त अंग्रेज़ी मुहावरे सामान्य, बहुप्रचलित और पूरी तरह से बोधगम्य होते हुए भी अनुवाद के लिए सरल नहीं हैं। इन्हें शब्दान्तरण के जरिये अनूदित नहीं किया जा सकता, क्योंकि इन मुहावरों में इंग्लिश जीवन और शैली जिस ढब और सलीके से व्यक्त होती है, हिन्दी शब्दान्तरण में वह अनुभूति नहीं मिलती। वैसे भी–Red carpet welcome–लाल गलीचा स्वागत नहीं होता। White elephant भी सफेद हाथी नहीं है। इसी तरह Broken heart-भग्न हृदय नहीं है और spit at the sky भी आकाश पर थूकना नहीं है। पर ऐसा भी नहीं है कि इन अंग्रेज़ी मुहावरों का हिन्दी अनुवाद नहीं हो सकता। कुशल और प्रवीण अनुवादक यदि कल्पनाशीलता से काम ले तो इनका भावानुवाद क्रमशः : 'भावभीना स्वागत', 'महँगा सौदा', 'मन का हारा' या 'शोकाकुल' और 'आसमान पर थूके मुँह पर पड़े' जैसे हिन्दी पदबन्धों से कर सकता है और यही इनका सही अनुवाद होगा। यही बात लोकोक्ति के अनुवाद के सन्दर्भ में भी लागू होती है। उदाहरण के लिए निम्न लोकोक्तियाँ देखें–

(1) The eye that sees all things sees not itself.

(2) The noisiest drum has nothing in it but air.

(3) The nearer the church, the farther from God.

(4) Speaking without thinking is like shooting without taking aim.

(5) Only the wearer knows where the shoe pinches.

(6) No one knows the Weight of another's burden.

अंग्रेज़ी भाषा की उपर्युक्त लोकोक्तियों का हिन्दी अनुवाद क्रमशः निम्नलिखित हो सकता हैः-

(1) आँखें अपने सिवा सब देखती हैं।

(2) जितना बड़ा ढ़ोल, उतना ही ज्यादा शोर।

(3) मन्दिर के जितना करीब, भगवान से उतना ही दूर।

(4) बिना सोचे बोलना जैसे बिना निशाने की तीरंदाजी।

(5) पहनने वाला ही जानता है जूते का काटना।

(6) ढोनेवाला ही जानता है बोझ का भार।

निश्चय ही उपर्युक्त अनुवाद अच्छा है और हिन्दी की प्रकृति के अनुरूप है। इनका अभिप्राय भी स्पष्ट है। इन वाक्यों को किन्हीं प्रसंग में यदि प्रयुक्त किया जाए तो कुछ भी अस्वाभाविक नहीं लगेगा। परन्तु अगर यह मालूम हो जाए कि उपर्युक्त कथन 'अंग्रेज़ी प्रोवर्ब' के हिन्दी अनुवाद हैं, तो नहीं पचेगा। ऐसे अनुवाद को कोई नहीं मानेगा। कारण कि अंग्रेज़ी के उक्त कथनों के भाव वाले हिन्दी कथन हमारी परम्परा में काफी पहले से मौजूद हैं और लोकजीवन की अच्छी उक्तियों के रूप में काफी प्रचलित तथा समादृत हैं।

अस्तु इस सन्दर्भ में अनुवादक के लिए यही वरेण्य होगा कि वह अंग्रेज़ी की उपर्युक्त लोकोक्तियों का अन्तरण हिन्दी की निम्नलिखित लोकोक्तियों से ही करे–

(1) दीया (चिराग) तले अँधेरा।

(2) थोथा चना बाजे घना।

(3) चिराग तले अँधेरा।

(4) बिना विचारे जो कहे सो पीछे पछताय।

(5) जाके पांव न फटे बिवाई, सो क्या जाने पीर पराई।

(6) बांझ क्या जाने प्रसव की पीड़ा अथवा
जानेली चीलम जिनका पर चढ़ेला अंगोरा–भोजपुरी।

मुहावरे तथा लोकोक्ति के अनुवाद में कभी-कभी उन्हें न पहचान पाने की समस्या बड़ी समस्या बन जाती है। सृजनात्मक साहित्य के अनुवाद में विशेष रूप से। कारण कि उसमें कौन-सा शब्द, वाक्य-खंड अथवा वाक्य मुहावरे या अभिव्यंजक कथन के रूप में प्रयुक्त हुआ है, पहचानना कठिन होता है। जैसे–कल को सटोरिए दगा कर बैठें तो इस कम्पनी में हमारे निवेश का क्या होगा? इस वाक्य में 'कल को' तथा 'दगा कर बैठे' वाक्यांश मुहावरा रूप में प्रयुक्त हुए हैं। इन वाक्यांशों का सरलार्थ लेना बड़ी भूल होगी। अनुवाद गलत हो जाएगा। यहाँ 'कल को' भविष्यवाची अर्थ में प्रयुक्त हुआ है और 'दगा कर बैठे' कम्पनी विशेष की शेयर गतिविधियों से हाथ खींच लेने अर्थात् उसमें रुचि नहीं लेने से है। इसी तरह Please say nothing about your blue blood. वाक्य में 'blue blood' मुहावरा है। इसका अनुवाद नीला रक्त हर्गिज नहीं होगा। वैसे भी 'आप अपने नीले रक्त या नीले खून के विषय में कुछ न कहें' जैसा वाक्य हिन्दी में नहीं चलेगा। किन्तु अनुवाद करते समय यदि अनुवादक 'blue blood' मुहावरे के निहितार्थ को समझ ले तो अनुवाद की खूबसूरती देखते बनेगी। अंग्रेज़ी के इस वाक्य का हिन्दी में अनुवाद होगा–कृपया अपनी कुलीनता के विषय में कुछ न कहें।

आशय स्पष्ट है कि अनुवाद करते समय अनुवादक को मुहावरे तथा लोकोक्ति की पहचान के प्रति विशेष रूप से सजग रहना चाहिए। हालाँकि लोकोक्ति स्वतंत्र वाक्य होती है और उसकी भूमिका पाठ में कथन का व्यंजात्मक समर्थन करने की होती है। इसलिए उसे पहचानने में भूल होने की गुंजाइश कम रहती है। किन्तु वाक्यांश होने के कारण मुहावरे को पहचानना अक्सर कठिन होता है, विदेशी भाषा के पाठ के मुहावरे के सिलसिले में तो खासतौर पर। वैसे सारी की सारी विदेशी लोकोक्तियों को पहचानना भी आसान नहीं होता। अंग्रेज़ी की अपेक्षाकृत कम प्रचलित लोकोक्तियों की पहचान में भी भूल होने की सम्भावना प्रबल रहती है। अतः अनुवाद में मुहावरे-लोकोक्ति के मामले में अनुवादक को सजग रहना चाहिए। उसे यह ध्यान जरूर रखना चाहिए कि स्रोतभाषा से लक्ष्यभाषा में अन्तरित होते हुए कोई अंश या प्रसंग किंचित भिन्न या बेमेल तो नहीं हो रहा है। मुहावरे या लोकोक्तियाँ लक्षणा या व्यंजना प्रधान होती हैं। अतः

इनका सरलार्थ लेने पर ये भाषा का असहज और बेमेल प्रयोग बन जाते हैं। अनुवादक इसे (बेमेल प्रयोग को) पहचान का 'चेक प्वाइंट' बनाकर भूल करने से बच सकता है।

मुहावरे-लोकोक्ति के अनुवाद में एक बड़ी समस्या अर्थ और भाव की समानता, किन्तु प्रभाव की विषमता से सम्बन्धित होती है। कभी-कभी ऐसी नौबत आती है कि स्रोत तथा लक्ष्यभाषाओं के मुहावरे या लोकोक्तियों में अर्थ तथा भाव एक समान होते हैं, परन्तु प्रभाव या असर के मामले में वे एक जैसे नहीं होते। ऐसे में अनुवादक के सामने एक नए किस्म का धर्म संकट पैदा होता है कि वह क्या करे? अर्थ और भाव के साथ जाए अथवा प्रभाव की रक्षा के लिए सर्वथा नया अनुवाद गढ़े? जाहिर है कि मुहावरे या लोकोक्ति सामान्य कथन नहीं होते। इसलिए इनका सामान्य अनुवाद करना भी श्रेयस्कर नहीं होता। ऐसी स्थिति में अनुवादक के पास समझौता करने के सिवा कोई चारा नहीं बचता। वह अनुवाद में प्रभाव की चिंता किए बगैर अर्थ और भाव के साथ हो लेता है, क्योंकि लाक्षणिक और व्यंजात्मक अभिव्यक्तियों के अनुवाद से मूल जैसा ही लाक्षणिक और व्यंजात्मक होने की अपेक्षा करना ज्यादती है। भाषाओं की भिन्न प्रकृति और वक्ता समाज की पृथक जीवन शैली तथा संस्कृति के चलते ऐसा होता है। जैसे–

मुहावरा : गंगा नहाना–To achieve success.
हाथ तंग होना–To be out of pocket.

लोकोक्ति : सीधी उँगलियों से घी नहीं निकलता–Gentlemanliness never helps.
दूध का दूध, पानी का पानी–Oil and truth must come out.

कहने की आवश्यकता नहीं कि उपर्युक्त मुहावरों एवं लोकोक्तियों के मूल एवं अनूदित रूप अर्थ तथा भाव के स्तर पर समान तथा समतुल्य हैं, परन्तु प्रभाव के स्तर पर दोनों एक समान नहीं हैं। भारतीय जीवन धारा में 'गंगा नहाना' किसी काम में सफल होना मात्र नहीं होता। गंगा नहाने में पुण्य कमाने का भी भाव निहित है जो कि 'to achieve success' में कदापि नहीं। इसी तरह से 'हाथ तंग होना' का भाव out of pocket में पूरी तरह

से ध्वनित नहीं होता। Out of pocket में एक तरह से आर्थिक तंगहाली की तात्कालिकता की प्रतीति होती है, जबकि हाथ तंग होने में जेब के खाली होने का भाव है ही नहीं। यहाँ तो आवश्यकताओं को पूरा करने में अँट न पाने की दीर्घकालिक विवशता का भाव है, जो कहीं ज्यादा मारक और असरदार है। यही बात लोकोक्तियों के प्रसंग में भी महसूस होती है। 'सीधी उँगलियों...' तथा 'दूध का दूध...' वाली उक्तियों में भारतीय जीवन की जैसी ठेठ झलक मिलती है, किसान जीवनानुभूति की जैसी बेलाग अभिव्यक्ति मिलती है, उसे अंग्रेज़ी में कहना मुश्किल ही नहीं असम्भव है। कारण कि अंग्रेज़ी हिन्दी से स्वभाव और शैली में बिल्कुल भिन्न भाषा है। अंग्रेज़ी का बोध और अभिव्यक्ति कौशल रोटी-घी तथा दूध-पानी का नहीं, वरन् ब्रेड-बटर और ऑयल-वॉटर का है। वैसे इस मामले में हर भाषा की अपनी विशिष्टता होती है। अंग्रेज़ी की भी अपनी विशिष्टता है। अंग्रेज़ी में भी ऐसे मुहावरे-लोकोक्ति हैं, जिनका अनुवाद मुश्किल है। यथा–

मुहावरा : to show crocodile's tears–बनावटी/घड़ियाली आँसू बहाना।

to make a mountain out of a mole hill–बात का बतंगड़ बनाना।

to run bag and baggage–बोरिया-बिस्तर के साथ भागना।

लोकोक्ति : Rome was not built in a day–ताजमहल एक दिन में नहीं बनता।

A wolf in Lamb's skin–मुँह में राम बगल में छुरी।

Diamond cuts diamond–लोहा लोहे को काटता है।

Morning shows the day–लिफाफा से चल जाता है मजमून का पता या होनहार बिरवान के होत चीकने पात।

ऊपर के मुहावरों-लोकोक्तियों में, अंग्रेज़ी तथा हिन्दी रूपों में कितनी समानता तथा कितनी भिन्नता है, बताने की जरूरत नहीं। यहाँ यह विश्लेषण भी फिजूल है कि ये परस्पर कितने स्वाभाविक और कृत्रिम हैं? इनमें अर्थ संकोच तथा अर्थ-विस्तार कैसा है? साथ ही, ये कितने सही और सटीक हैं? अंग्रेज़ी और हिन्दी रूपों में ये सारे पहलू साफ और स्पष्ट हैं। फिर भी,

भाषान्तरण की दृष्टि से ये ही एक-दूसरे के पूरक हैं और इन्हें एक-दूसरे का अनुवाद मानने में किसी को आपत्ति नहीं होती।

मुहावरे और लोकोक्ति के अनुवाद प्रसंग में प्रायः सुनने को मिलता है कि स्रोतभाषा के मुहावरे-लोकोक्ति का अनुवाद लक्ष्यभाषा के समानार्थी मुहावरे-लोकोक्ति से ही करना चाहिए। किन्तु कभी-कभी ऐसे मुहावरे-लोकोक्ति लक्ष्यभाषा में होते ही नहीं। फिर अन्य अनेक कारणों से उनका शाब्दिक अनुवाद किया जाना भी ठीक नहीं होता। जैसे–

अंग्रेज़ी के मुहावरे :
1. to fell in love
2. to beat black and blue
3. to go to dogs
4. to face the music
5. to be in a soup
6. to miss the bus

अंग्रेजी की लोकोक्ति :
7. Blood is thicker than water.
8. Time and tide wait for none
9. Beggars can't be choosers.

इसी प्रकार हिन्दी मुहावरे :
10. अन्त बिगाड़ना
11. निन्यानवे के फेरे में पड़ना
12. पत्थर पर दूब जमाना

हिन्दी की लोकोक्ति :
13. बगल में छोरा, नगर में ढिंढोरा
14. समरथ को नहीं दोष गुसाईं
15. सांप मरे ना लाठी टूटे
16. पराधीन सपनेहु सुख नाहीं

निश्चय ही ऐसे मुहावरे-लोकोक्तियों का सीधा-सरल भावानुवाद ही हो सकता है। इसलिए अनुवादक को ऐसा करने में कभी दुविधाग्रस्त नहीं होना चाहिए। जानकारी के लिए उक्त मुहावरों-लोकोक्तियों का अनुवाद क्रमशः इस प्रकार से किया जा सकता हैः

मुहावरा :
1. प्रेम करना।
2. पीट-पीटकर अधमरा कर देना।
3. बर्बाद हो जाना।

4. नतीजा भुगतना।
5. मुश्किल में पड़ना।
6. अवसर गवां देना।

लोकोक्ति : 7. अपने-अपने होते हैं और पराए-पराए।
8. बीता वक्त फिर हाथ नहीं आता।
9. दान की बछिया के दांत नहीं गिने जाते।

इसी प्रकार उपर्युक्त हिन्दी मुहावरों-लोकोक्तियों (संख्या 10 से 16) का अंग्रेज़ी में अनुवाद होगा :

10. to spoil the future world.
11. to be very greedy.
12. an impossible phenomenon to occur.

लोकोक्ति : 13. to search for a thing which is near at hand.
14. you can't find faults with the authoritative persons.
15. to eradicate the enemy without incurring any loss.
16. persons dominated by others have no relief even in sleep.

निस्सन्देह अनुवाद अपनी पूरी अर्थवत्ता में सृजनात्मक होता है। तब जबकि मुहावरे और लोकोक्तियाँ भाषा की विशिष्ट अभिव्यक्ति होते हैं, इन्हें (मुहावरे-लोकोक्ति को) सीधे-सादे शब्दों में अनूदित करना भाषा की सृजनात्मकता को क्षतिग्रस्त करना है। कोई भी अनुवादकर्ता अपने अनुवाद में मूल कथन को क्षतिग्रस्त करना हर्गिज नहीं चाहता। तथापि कभी-कभी नौबत ऐसी भी आती है कि कोई कथन अपने मूल रूप में अर्थ तथा भाव की दृष्टि से इतना संश्लिष्ट और संगुम्फित होता है कि उसे उसी तरह से अनूदित करना सम्भव नहीं होता। ऐसी स्थिति में कथन को सीधे-सादे शब्दों में अन्तरित करना एक विवशता होती है। 'ना मामा से काना मामा ही सही'। परन्तु कुशल अनुवादक ऐसी जटिल स्थिति में भी अपने कौशल का कमाल दिखला देता है। वह अनूदित पाठ को भी मूल जैसा ही सृजनात्मक और अर्थ-भाव-व्यंजक बनाने के लिए किंचित कल्पनाशीलता का सहारा लेता है।

वह लकीर का फकीर बनने के बजाय अनुवाद की शर्तों का अतिक्रमण करता है तथा लक्ष्यभाषा में मूल पाठ के भावों की रक्षा करते हुए एक समानान्तर पाठ का सृजन करना श्रेयस्कर समझता है।

निश्चय ही इस तरह के अनुवाद में मुहावरे-लोकोक्ति का शब्दानुवाद नहीं होता। मूल के भावों से मिलते-जुलते भाव वाले मुहावरे-लोकोक्ति के सहारे अनुवाद किए जाते हैं। ऐसा सम्भव नहीं होने की स्थिति में लक्ष्यभाषा में मूल जैसे ही अर्थ व्यंजक, सटीक और चुटीले मुहावरे गढ़ लिए जाते हैं। लोकोक्तियों के मामले में भी यही सृजनात्मक तरीका अपनाया जाता है। हालाँकि ऐसे अनुवाद में अनुवादक का कल्पनाशील होना और मूल पाठ के सदृश्य समानान्तर पाठ का सृजन करना बड़ी बात होती है। तथापि ऐसे अनुवाद के अप्रासंगिक होने के खतरे भी बड़े होते हैं। इसलिए मुहावरों-लोकोक्तियों का अच्छा अनुवाद जितना चुनौतीपूर्ण होता है, उतना ही समस्या प्रधान भी।

ऊपर मुहावरे और लोकोक्ति के अनुवाद में आनेवाले कुछेक समस्याओं को समझने तथा उन्हें सोदाहरण विश्लेषित करने का प्रयास किया गया है। परन्तु याद रखना होगा कि ऊपर वर्णित समस्याएँ वे सामान्य और मोटी समस्याएँ हैं, जिनसे प्रत्येक अनुवादकर्ता को जूझना पड़ता है। इनके अलावा भी मुहावरों तथा लोकोक्तियों के अनुवाद की कतिपय इतर समस्याएँ हो सकती हैं। वैसी समस्याओं का सामना व्यावहारिक धरातल पर होता है, और अनुवादक को उनका तत्क्षण निदान ढूँढ़ना पड़ता है। अतः इस मामले में उन अननुभूत व्यावहारिक पहलुओं को सैद्धान्तिक जामा पहनाना यहाँ उचित नहीं है।

तथापि सामाजिक स्थितियों और सांस्कृतिक मूल्यों की यत्किंचित समानता के कारण हर भाषा में ऐसे काफी मुहावरे तथा लोकोक्तियाँ प्रचलन में होते हैं, जिनके भाव एक समान होते हैं। इनसे परिचित होकर तत्सम्बन्धी समस्याओं का एक हद तक निराकरण किया जा सकता है। इसी उद्देश्य से यहाँ हम हिन्दी के कतिपय ऐसे मुहावरों तथा लोकोक्तियों और उनके अंग्रेज़ी पर्याय को प्रस्तुत कर रहे हैं, जो प्राय : सर्वसुलभ नहीं हैं।

मुहावरा : हिन्दी अंग्रेज़ी

1.	अंग-अंग मुस्कराना	to be very happy.
2.	अंगार उगलना	to utter harsh words in anger.
3.	अंगार पर पैर रखना	to do harmful work unknowingly.
4.	अँगूठा दिखाना	to refuse to help.
5.	अपना-सा मुँह लेकर रह जाना	to be ashamed.
6.	आँख दिखाना	to pretend to be angry.
7.	आदमी बनना	to learn manners.
8.	ईंट का जवाब पत्थर से देना	to retaliate strongly.
9.	ऊँचा सुनना	to be hard of hearing.
10.	ओखली में सिर देना	to invite troubles deliberately.
11.	कच्चा चिट्ठा खोलना	to disclose one's opponent's heinous designs.
12.	कान काटना	to be very clever.
13.	कान खड़े होना	to be alert.
14.	कान पर जूं न रेंगना	to be highly careless.
15.	खून का प्यासा होना	to become bitter enemy.
16.	नमक हलाल होना	to be true to one's salt.
17.	किसी के टुकड़ों पर पलना	to live on other's charity.
18.	कुल को बट्टा लगाना	to defame the family.
19.	खबर लेना	to take to task.
20.	खरी-खोटी सुनाना	to scold.
21.	खाक छानना	to loiler without success.
22.	गरम होना	to be angry.
23.	गागर में सागर भरना	to be very brief and concise.
24.	गिरगिट की तरह रंग बदलना	not to stick to principles.
25.	घर काटने को दौड़ना	not to feel at home in one's own house.
26.	घोड़े बेचकर सोना	to be free from worries.
27.	चिराग लेकर ढूँढ़ना	to search minutely.
28.	चींटी की चाल चलना	to go very slow.
29.	चेहरे पर हवाइयाँ उड़ना	to be perturbed.
30.	चैन की बंसी बजाना	to have mental peace.

31. छींटे कसना	to taunt.
32. छोटे-मुँह बड़ी बात कहना	to say something more than one can do.
33. जबान पर ताला लगाना	not to utter even a single word.
34. जमाना देखना	to gain experience.
35. जहर का घूँट पीकर रह जाना	to bear the insult silently.
36. जान खपाना	to work hard.
37. टका-सा जवाब देना	to refuse point blank.
38. डंके की चोट कहना	to declare in clear words.
39. तिल धरने को जगह न होना	to be very crowdy.
40. तिल में तेल न होना	to be no hope
41. तू-तू मैं-मैं करना	to raise quarrel.
42. तूती बोलना	to be highly important.
43. दूध की मक्खी होना	to be an undesired thing.
44. दूध के दांत न टूटना	to have no experience.
45. नाक कटना	to be highly insulted.
46. फूटी आँख न सुहाना	not to like at all.
47. बाजी मार ले जाना	to leave others behind.
48. शेर-बकरी एक घाट पानी पीना	to live peacefully.
49. शैतान के कान काटना	to surpass even the satan in cleverness.
50. सब्जबाग दिखलाना	to induce false expectations.
51. सिर धुनना	to repent.
52. सिर पर कफन बाँधना	to be ready to lay one's life.
53. हाथ पर हाथ धरकर बैठ जाना	to sit idle
54. हाथ-पाँव फूल जाना	to be in a fix what to do.
55. हाथ बँटाना	to help.

लोकोक्ति : हिन्दी अंग्रेज़ी

1. अन्धा क्या चाहे दो आँखें	to achieve the most desired end.
2. जैसी करनी वैसी भरनी	As you sow, so shall you reap.
3. आप मरे बिना स्वर्ग नहीं मिलता	Great things are not achieved without self-effort.

4. ईश्वर की माया, कहीं धूप कहीं छाया	Curious are the ways of God.
5. उतर गई लोई तो क्या करेगा कोई	Once a person losses his respect, he does not care for it in future.
6. ओछे की प्रीति बालू की भीति	The friendship of a low person does not last long.
7. काला अक्षर भैंस बराबर	to be quite illiterate.
8. आप काज महाकाज	Better do a thing than wish it to be done.
9. का बरखा जब कृषि सुखाने	Only the efforts made at a proper time can bring success.
10. चाँद को भी ग्रहण लगता है	Sometimes even a good person is defamed.
11. जस दूल्हा तस बनी बरात	The junior follow the evils of the senior.
12. धोबी का कुत्ता न घर का न घाट का	A worthless person is not respected anywhere.
13. पानी पीकर जाति पूछना	to make enquiries after the matter is over.
14. मुल्ला की दौड़ मस्जिद तक	A person can make efforts within his limits.
15. लातों के भूत बातों से नहीं मानते	A wicked person can't be brought to point without using physical force.
16. सिर मुँड़ाते ही ओले पड़े	Occurence of hindrances in the very beginning.
17. कहना सहज है करना नहीं	It is easier said than done.
18. काम प्यारा होता है चाम नहीं	Handsome is that handsome does.
19. गेहूँ के साथ घुन भी पिस जाता है	When the buffaloes fight crops suffer.
20. जैसा देश वैसा भेष	While in Rome,do as the Romans do.
21. नीम हकीम खतरे जान	A little knowledge is a dangerous thing.
22. साँच को आँच नहीं	Innocent has nothing to fear.

23. सावन के अन्धे को हरा ही हरा सूझता है	Everything looks yellow to a jaundice-eyed.
24. हाथी चले बाजार कुत्ते भौंके हज़ार	Dogs bark, but the elephant goes on.
25. अन्त भला तो सब भला	Alls well that ends well.
26. दस की लाठी एक का बोझ	united we stand divided we fall.
27. मांस की मोटरी का गिद्ध रखवाला	A wise man does not make a goat his gardener.
28. नया नौ दिन,पुराना सौ दिन	A wonder lasts but nine days.
29. जल में रहकर मगर से बैर	Live in Rome and fight with Pope.
30. जोश था तब होश नहीं, होश हुआ तब जोश नहीं	Life is half spent before one's know what it is.
31. मूर्ख दोस्त से चतुर शत्रु भला	Better an open enemy than a false friend.
32. बोया पेड़ बबूल का आम कहाँ से होय	If you sow grass, you won't reap rice or choose not for anyone what you do not choose for yourself.
33. बूँद-बूँद से तालाब भरता है	Drop by drop fills the tank or Little by little fills the purse or Many a pickle makes a mickle.
34. जाको राखे साइयाँ मार सके न कोय	Man proposes God disposes.
35. जो डर गया सो मर गया	He who fears death enjoys not life.
36. थोथी बातों से पेट नहीं भरता	Talk does not cook rice.
37. भूखे भजन न होहीं गोपाला	The belly rules the mind.
38. लालच बुरी बला है	Avarice is the root of all evils.
39. खग जाने खग ही की भाषा	One fool praises another.
40. जिन डूबा तिन पाइयाँ	One can not learn to swim in a field.
41. अन्धे के आगे रोना अपना दीदा खोना	Of what use is a lamp to a blind man?
42. खोदा पहाड़ निकली चुहिया	Loud thunder, little rain.
43. जहाँ चाह वहाँ राह	Where there is a will, there is a way.
44. जहाँ है बसेरा, वहीं है सवेरा	East or west home is the best.
45. बगल में छोरा शहर में ढिंढोरा	to search for a thing which is near at hand.

46. बनी के बनैया लाखों हैं, बिगड़ी के बनैया कोई नहीं	Success has many fathers but failure is an orphan.
47. दूध का जला छांछ भी फूंककर पीता है	Once bitten twice shy or A scalded cat fears cold water.
48. कहीं गधा भी घोड़ा बनता है	A bath won't turn the crow into a crane.
49. अपनी गली में कुत्ता भी शेर होता है	Every dog is a lion in its own den.
50. बर्दाश्त की भी हद होती है	Every why has a wherefore.

सन्दर्भ-संकेत

1. Compact Oxford Dictionary : Thesaurus&Word power guide, Indian edition, Oxford University Press, New Delhi, page-443
2. डॉ. वासुदेव नन्दन प्रसाद,आधुनिक हिन्दी व्याकरण और रचना,भारती भवन, पटना, 17 वां संस्करण, पृष्ठ-218.
3. Compact Oxford Dictionary Thesaurus&Word power guide Indian edition, Oxford University Press, New Delhi, page-714
4. प्रो. रीतारानी पालीवाल, अनुवाद प्रक्रिया एवं परिदृश्य, वाणी प्रकाशन, नई दिल्ली, संस्करण : 2004, पृष्ठ-94.

काव्यानुवाद की समस्या

अनुवाद के सम्बन्ध में विद्वानों के मत-मतान्तर असल में अनुवाद की प्रक्रिया और प्रकृति में पाई जानेवाली विविधता तथा जटिलता के नतीजे हैं। इसका मतलब है कि अनुवाद हमेशा सहज और आसान नहीं होता, जैसा कि आमतौर पर प्रतीत होता है। अनुवाद कभी-कभी कठिन और जटिल भी होता है। कहना न होगा कि अनुवाद तब कठिन और जटिल होता है, जब खालिस साहित्य, उसमें भी कोई काव्य उसका (अनुवाद का) पाठ बनता है। क्योंकि काव्य का अनुवाद करते समय अनुवादक पाठ से बँधा हुआ भाषान्तरकार मात्र नहीं होता, न ही पाठ से जुड़े इतर प्रसंगों के प्रति तटस्थ और आग्रहमुक्त टीकाकार होता है। काव्य का अनुवाद करते समय अनुवादक को काव्य के शब्द, अर्थ, लय, भाव, प्रभाव आदि सभी तत्त्वों का ध्यान रखना होता है और अनुवाद में उन्हें पुनर्सृजित करना होता है। अतः काव्य का अनुवाद एक प्रकार से सृजन होता है। अनुसृजन या कि पुनर्सृजन। इसलिए अनुवाद, जो आमतौर पर भाषा का भाषा में रूपान्तरण होता है, काव्य के प्रसंग में सृजन का पुनर्सृजन होता है।

अनुवाद सामान्यतः जितना सरल होता है, काव्य के निकष पर उतना ही जटिल होता है। क्योंकि काव्य का अनुवाद पाठबद्ध भी होता है और भावबद्ध भी। क्योंकि काव्यानुवाद एकायामी नहीं, बहुआयामी होता है। क्योंकि काव्य का अनुवाद करते हुए अनुवादक को सर्जक की भूमिका में होना होता है और काव्य के अनुवाद में सर्जक होना आसान नहीं होता। क्योंकि काव्य कवि की विशिष्ट भावानुभूति की संश्लिष्ट अभिव्यक्ति होता है। क्योंकि काव्य कल्पना, सौन्दर्य, भाव और लय का ऐसा भाषिक सृजन होता है, जो ऊपर से जितना मुखर होता है, अंदर से उतना ही मौन,

अव्यक्त और व्यंजक। काव्य के मुखर पक्ष का अनुवाद करना कठिन नहीं होता, किन्तु उसके अन्तर के अव्यक्त, मौन और व्यंजक पक्ष का दूसरी भाषा में उद्घाटन प्रायः मुश्किल होता है। उदाहरण के लिए, महाकवि कालिदास के महाकाव्य 'मेघदूतम्' का एक छन्द और उसका आचार्य केशव प्रसाद मिश्र द्वारा किया गया हिन्दी पद्यानुवाद नीचे देखा जा सकता है–

तां कस्यांचिद्भवनवलभौ सुप्तपारावतायां
नीत्वा रात्रिं चिरविलसनात्खिन्नविद्युत्कलत्रः।

पूर्वमेघ–39

अनुवाद–ऐसी छत पर जहाँ कबूतर करते हों निधड़क आराम,
अतिविलास से थकी चंचला प्यारी को देना विश्राम।[1]

उल्लेखनीय है कि ऊपर उद्धृत श्लोक का पद्यानुवाद स्वयं आचार्य केशव प्रसाद मिश्र जैसे उद्भट विद्वान ने किया है। अनुवाद शब्द, छन्द, लय, कथ्य आदि सभी प्रकार से स्पष्ट और समतुल्य है। किन्तु मूल की व्यंजना? कालिदास के उक्त श्लोक की व्यंजना क्या अनुवाद में अवतरित हो पाई है?

प्रस्तुत अनुवाद को लेकर यह सवाल तो उठता ही है। जरा मूल की व्यंजना देखें : यक्ष कहता है–भाई मेघ! देख, तू अपनी प्रिया सौदामनी का खयाल रखना। वह बड़ी ही सुकुमार है। क्षणमात्र में उसकी प्रभा, उसकी चमक उतर जाती है। तू ठहरा अति विलासी! भर राह छेड़छाड़ से तू बाज नहीं आनेवाला। यह सोच मुझे उस बेचारी पर तरस आता है। अतः सुन मैं कहता हूँ–रात को किसी अटारी पर, जहाँ अति विलास से थके परेवे (कबूतर) भी निधड़क सो रहे हों, तू उसे विश्राम देना। छेड़ना मत। हाँ!

निश्चय ही मूल श्लोक में अन्तर्निहित इतनी दिव्य व्यंजना का कमाल कालिदास का ही कमाल हो सकता है।महान कवि ऐसे ही महान नहीं होते। ऐसे ही, महान कविता व्यक्त तथा अव्यक्त न जाने कितने अर्थ एवं भाव अपने में समेटे रहती है, जिसका संधान एक व्यक्ति और एक समय के वश में नहीं होता। काल और प्रसंग के अनुसार उसकी अर्थवत्ता बदलती रहती है। अकारण नहीं महान कविता युग-युग तक प्रासंगिक रहती है।

कविता का अनुवाद इसलिए भी मुश्किल होता है कि अनुवाद में मूल के अर्थ एवं भावों के अनेक स्तरों को व्यक्त करना कठिन होता है, क्योंकि अनुवाद एक व्यक्ति द्वारा एक निश्चित समय में सम्पन्न होनेवाला कार्य है। इसमें व्यक्ति, जो कि अनुवादक होता है, उसका ज्ञान और समझ अपने समय से बँधा होता है। वह यदि सहृदय और अतिशय कल्पनाशील न हुआ तो उसके लिए असम्भव होता है कि वह कविता के कवि की भावदशा का अनुमान लगाए। और अनुवादक जब तक कवि की भावदशा की अन्तर्यात्रा नहीं करता, कविता की व्यंजना नहीं समझ सकता। और व्यंजना समझे बिना किसी कविता का अनुवाद कैसे हो सकता है? कविता की शायद इसी विशिष्टता और अनुवाद की सीमा को ध्यान में रखकर रॉबर्ट फ्रॉस्ट ने कहा है–

"Poetry is what is lost in a translation".

अर्थात् ''अनुवाद की प्रक्रिया में जो 'तत्व' खो जाता है, वही कविता है।''[2]

किन्तु अच्छा अनुवाद भी दोयम दर्जे का काम नहीं, बल्कि सृजन सरीखा ही श्रमसाध्य और रचनात्मक होता है। काव्यानुवाद के प्रसंग में तो अनुवादक के समक्ष असम्भव को सम्भव बनाने की चुनौती होती है। अस्तु उसे अनुवाद के साथ-साथ कवि-कर्म के दायित्व का भी निर्वाह करना होता है। इसीलिए काव्यानुवाद को कठिन और जटिल माना जाता है। कदाचित् इसीलिए प्रसिद्ध अंग्रेज़ कवि एजरा पाउंड ने ''अनुवाद को सहित्यिक पुनर्जीवन (Literary resurrection) कहा है।''[3]

परन्तु दुनिया में ऐसे लोग भी हैं, जिनकी ज्ञान पिपासा इतनी प्रबल और तीव्र होती है कि वे हर इच्छित विषय, बोध और सृजन को जान लेना चाहते हैं और इसके लिए कोई कसर बाकी नहीं रखते। अनुवाद ऐसे ही ज्ञान-पिपासुओं द्वारा भाषा के साथ भाषा में किया गया रचनात्मक संवाद है। यह दो भाषाओं में घटित होता है। इसलिए यह जितना 'स्वांतः सुखाय' होता है, उतना ही; बल्कि उससे भी ज्यादा 'बहुजन हिताय' भी। भूमंडलीकरण और सूचनाक्रांति के वर्तमान समय में अनुवाद का 'बहुजन हिताय' पक्ष अपेक्षाकृत अधिक प्रखर हुआ है।

वैसे काव्यानुवाद कठिन और जटिल होते हुए भी स्वांतः सुखाय होता है। यही कारण है कि हर भाषा और देशकाल में दूसरी भाषा और देशकाल

के कालजयी काव्य का अनुवाद होता है। और यह सिलसिला अबाध रूप से जारी रहता है। काव्य के प्रसंग में दुहराव का खतरा उठाकर भी। क्योंकि कविता की संरचना और अन्तर्वस्तु की संवेदना इतनी संगुम्फित, अनुभूति-प्रवण, व्यापक तथा बहुआयामी होती है कि प्रत्येक भाषा और देशकाल का कवि, रचनाकार उसे अपने-अपने भावबोध, विचार और स्वानुभूति के अनुसार ग्रहण करता है और अनूदित करने का प्रयास करता है। गीता, रामायण और महाभारत के एक ही भाषा में कई-कई भाष्य और टीका मिलने का यही कारण है। फारसी कवि उमर खैयाम की रुबाइयों का एड्वर्ड फिट्जजेराल्ड द्वारा किया गया अंग्रेज़ी अनुवाद और फिर उस अंग्रेज़ी अनुवाद से हिन्दी में मैथिलीशरण गुप्त, सुमित्रानन्दन पंत, बच्चन, रघुवंशलाल गुप्त तथा केशव प्रसाद पाठक द्वारा अपने-अपने ढंग से पद्यानुवाद करने का कारण भी स्वानुभूति और स्वांतः सुखाय का भाव रहा है। इसी तरह संस्कृत के कवि-चिन्तक भर्तृहरि के श्लोकों का हिन्दी में ओंकारनाथ श्रीवास्तव, राजेश जोशी, सुधीर रंजन सिंह और पंकज चतुर्वेदी जैसे कवि, रचनाकारों द्वारा किए गए अनुवादों का निहितार्थ स्वानुभूति और स्वांतःसुखाय से इतर आखिर क्या हो सकता है?

प्रसंगवश यह सदैव स्मरण रखना होगा कि काव्यानुवाद में कविता और कवि के साथ अनुवादक की रुचि और पसन्द-नापसन्द भी महत्त्वपूर्ण होती है। यह काव्यानुवाद का एक इतर किन्तु प्रभावकारी पहलू है, जो इसमें साफतौर पर गोचर होता है। इस प्रसंग में 'कुछ न छोड़ने और कुछ न जोड़ने' की सैद्धान्तिकी बहुत मायने नहीं रखती। इसमें अनुवादक किंचित स्वच्छन्दता लेता ही लेता है, क्योंकि अनुवादक भी पहले पाठक होता है और पाठक की हैसियत से ही वह पहले कविता का अर्थ ग्रहण करता है। फिर तदनुरूप अपनी सर्जनाशक्ति के अनुसार अनुवाद करता है। शायद इसके बिना काव्यानुवाद सम्भव नहीं। शायद यही काव्यानुवाद की मूल समस्या है। कविता का अनुवाद करते समय प्रत्येक अनुवादक मूल का अतिक्रमण करता है। उमर खैयाम के अनुवाद में फिट्जजेराल्ड ने भी ऐसा किया है और डंके की चोट पर किया है। उन्होंने अपने मित्र प्रो. कॉवेल के नाम लिखे पत्रों में प्रसंगवश इसका स्पष्ट उल्लेख किया है। फिट्जजेराल्ड ने लिखा है–

''मैं यह मानता हूँ कि किसी कृति को जीवन्त बनाने के लिए अनुवादक को (भले ही वह मूल-लेखक से निम्न कोटि का हो) चाहिए कि वह मूलकृति को आत्मसात करके उसे यथासाध्य अपने ढंग से अनूदित करे। यों तो अनुवाद में मूल से अधिक स्वतंत्रता लेना अच्छा नहीं होता, फिर भी जीवित कुत्ता मरे शेर से कहीं अच्छा होता है।

''मैं निश्चित रूप में शब्दानुवाद के पक्ष में नहीं हूँ। अनुवादक को कुछ भी करना पड़े, रचना जीवन्त होनी चाहिए। यदि कोई मूल के सौन्दर्य को यथावत् न उतार सके तो उसे अपने दुखद जीवन का ही संक्रमण कर देना चाहिए। भूसा भरे गीध की अपेक्षा मैं जीवित गौरैया चाहूँगा।''[4]

और मजे की बात यह है कि फिट्जजेराल्ड का अनुवाद करते हुए मैथिलीशरण गुप्त, बच्चन, पंत, रघुवंशलाल गुप्त और केशवप्रसाद पाठक ने भी ऐसा किया है। इस प्रसंग पर खूब लिखा गया है। काव्यानुवाद की समस्या पर विचार करते हुए प्रायः सभी लेखकों ने इस प्रसंग की नोटिस ली है। डॉ. भोलानाथ तिवारी, राजेंद्र प्रसाद आदि लेखकों ने अपनी स्थापना के समर्थन में उदाहरण स्वरूप खैयाम की रुबाई तथा उसका फिट्जजेराल्ड द्वारा किया गया अंग्रेज़ी काव्यानुवाद एवं पुनः उसका मैथिली शरणगुप्त, पंत, बच्चन, रघुवंशलाल गुप्त और केशव प्रसाद पाठक द्वारा किए गए हिन्दी पद्यानुवाद की ही बानगी प्रस्तुत की है। अतः उन्हीं उदाहरणों को फिर से यहाँ प्रस्तुत करना आवृत्ति मात्र होगा। किन्तु इससे यह तथ्य तो उद्घाटित होता ही है कि काव्यानुवाद में अनुवादक मूल पाठ का यंत्रवत् अनुसरण नहीं करता, बल्कि उसका अतिक्रमण करते हुए अनुवाद में कविता सम्भव करता है। यही काव्यानुवाद की रीति है और यही इसकी शक्ति भी। मूल पाठ का कुछ छोड़े तथा अनूदित पाठ में कुछ जोड़े बिना काव्यानुवाद सम्भव नहीं होता। काव्यानुवाद की इस विशिष्ट स्थिति पर यहाँ आगे थोड़े विस्तार से चर्चा करने का प्रयास किया जाएगा।

कविता कवि के विचार, कल्पना, सौन्दर्यबोध और उद्दाम भावानुभूति की संश्लिष्ट अभिव्यक्ति होती है, जो भाषा के अप्रतिम विन्यास में साकार होती है। इस प्रकार कविता में भावानुभूति और भाषा विन्यास महत्त्वपूर्ण होते हैं। कविता के अनुवाद में इन्हीं महत्त्वपूर्ण तत्त्वों को अन्तरित और उद्घाटित करना होता है, जो कि बेहद मुश्किल होता है। इसके लिए

अनुवादक को अपनी कल्पना शक्ति से कवि के साथ तादात्म्य स्थापित करना पड़ता है। फिर भी समस्या पूरी तरह हल नहीं होती। क्योंकि तादात्म्य या साधारीकरण के द्वारा कविता में व्यक्त कवि के भावानुभव को ही समझा जा सकता है। इससे कविता के अर्थ एवं भाव का ही अन्तरण सम्भव होता है। कविता के भाषिक विन्यास, पदबन्ध, शब्द-संयोजन आदि के अन्तरण के लिए अनुवादक को अपने भाषिक ज्ञान के बल पर ही पहल करनी पड़ती है और यह पहल महत्त्वपूर्ण होती है। क्योंकि कविता का एक-एक शब्द अपने स्थान पर महत्त्वपूर्ण और अर्थ-गर्भित होता है। पर्यायवाची शब्दों से कविता नहीं बनती। स्थानापन्न शब्दों में काव्य-सौन्दर्य उद्‌घाटित नहीं होता। अस्तु काव्यानुवाद करते समय अनुवादक को एक-एक शब्द के अनुवाद के लिए गहन संधान, आत्ममंथन एवं साधना करनी पड़ती है। फिर भी काव्य के सही, सटीक एवं समतुल्य अनुवाद होने की गारंटी नहीं होती, क्योंकि कविता में शब्द से भी महत्त्वपूर्ण उसकी संवेदना होती है, जो कविता को कविता बनाती है। अनुवाद में कविता के इसी तत्त्व के खो जाने का खतरा सर्वाधिक रहता है। कुशल अनुवादक इसके प्रति अतिरिक्त रूप से सावधान रहता है। फलस्वरूप, वह अपने अनुवाद में कविता की संवेदना तथा सम्प्रेषणीयता का हर हाल में पुनर्सृजन करने का प्रयास करता है। निश्चय ही इस प्रयास में अनुवाद अनुवाद मात्र नहीं रहता, बल्कि समानान्तर सृजन बन जाता है। इसीलिए कविता और साहित्य के अनुवाद को अनुवाद नहीं, बल्कि पुनर्सृजन कहा जाता है। काव्यानुवाद के इस विरल लक्षण को इंगित करते हुए अनुवाद समीक्षक सुरेंद्र कुमार दीक्षित ने ठीक ही लिखा है :

''कविता का अनुवाद करना मात्र एक भाषा से दूसरी भाषा में कह देने जैसा सरल कार्य नहीं है; यह भी एक वास्तविक रचनात्मक कार्य है—आदर और सावधानी से करने योग्य।''[5]

जबकि यह सर्वमान्य है कि काव्यानुवाद महज अनुवाद नहीं होता, अपितु मूल काव्य का लक्ष्यभाषा में पुनर्सृजन होता है; तो सवाल उठता है कि ऐसा क्यों होता है? कविता की संरचना में आखिर क्या है कि उसका अनुवाद कठिन होता है? विज्ञान और टेक्नोलॉजी भी साधारण आदमी के

लिए अबूझ होते हैं। इनके पारिभाषिक शब्द भी अनुवाद में परेशानी पैदा करते हैं। फिर भी इनका (विज्ञान और टेक्नोलॉजी का) अनुवाद हो जाता है। परन्तु कविता में ऐसा क्या है कि इसका अनुवाद असम्भव-सा होता है? और अनुवाद होता भी है तो वह अनुवाद न होकर समानान्तर सृजन क्यों हो जाता है? निश्चय ही ये कुछ ऐसे सवाल हैं, जिन्हें नजरअन्दाज नहीं किया जा सकता। इन सवालों से गुजर कर ही काव्यानुवाद की कठिनाई को समझा जा सकता है।

दरअसल, काव्य-सृजन एक विशिष्ट रचना व्यवहार है। इसमें भाषा के कई स्तर होते हैं। कविता शब्द, पद और वाक्य के साथ-साथ छन्द, लय, बिम्ब, अलंकार और मुहावरों में रची जाती है। इसमें संवेदना और भावानुभूति अन्तः सलिला बनकर प्रवाहित रहती हैं। सभ्यता और संस्कृति का समग्र रिक्थ और चेतना की व्यापकता कविता में रची-बसी होती है। इनसे कविता में व्यंजकता आती है और इनके बल पर ही कोई कविता युगों-युगों तक प्रासंगिक रहती है और कालजयी कहलाने के योग्य बनती है।

कहना न होगा कि कवि की कल्पना, संवेदना, भावानुभूति तथा भाषा का सूक्ष्म एवं ललित संस्तर किसी रचना को कविता बनाती है। यह सब कवि का अपना तथा भाषा का निजी एवं गोपन होता है, जिसे दूसरे व्यक्ति द्वारा अथवा दूसरी भाषा में अन्तरित करना कठिन होता है। फिर भी, कविता का अनुवाद होता है और दुनिया-भर में तथा प्रायः सभी भाषाओं में होता है। कविता का अनुवादक यह काम कवि के साथ तादात्म्य बैठाकर और काव्य की संवेदना तथा अनुभूति के साथ अपनी संवेदना तथा अनुभूति को एकमेक कर करता है। पुनः कविता चूँकि शब्द, लय, छन्द, बिम्ब, अलंकार आदि से निर्मित भाषा की विशिष्ट रचना होती है और प्रत्येक भाषा के शब्द, लय, छन्द, बिम्ब, अलंकार-विधान अलग तथा विशिष्ट होते हैं। ऐसे में कविता का अनुवादक पहले कवि के भाव, संवेदना, अनुभूति आदि का साधारणीकरण करता है। फिर कविता की भाषा तथा लक्ष्यभाषा के बीच शब्द, लय, बिम्ब आदि की एकरूपता बिठाने का प्रयास करता है। इसके बाद जो भावांतरण तथा भाषान्तरण होता है, वही कविता का अनुवाद होता है। अन्यथा कविता

का अनुवाद सम्भव नहीं होता। इस प्रसंग में विचार करते हुए आचार्य देवेंद्रनाथ शर्मा ने भी कुछ ऐसा ही मन्तव्य व्यक्त किया है। अनुवाद की समस्या पर विचार करते हुए आचार्य शर्मा कहते हैं—

''सर्जनात्मक साहित्य के अनुवाद की कठिनाई का आधार है—लेखक से भाव का तादात्म्य स्थापित न कर पाना और उपयोगी साहित्य के अनुवाद की कठिनाई का कारण है—समुचित पारिभाषिक शब्दावली का अभाव। कालिदास इसलिए कालिदास हैं कि उनकी अनुभूति, प्रेरणा तथा अभिव्यंजना विरल हैं। 'मेघदूत' या 'अभिज्ञान शाकुंतल' का अनुवाद करने के लिए कालिदास की ही प्रतिभा अपेक्षित है। एक शब्द के बदले दूसरा शब्द बिठा देना अनुवाद नहीं है। और यदि कोई एक शब्द की जगह दूसरा शब्द बिठा भी दे तो कालिदास की गम्भीर अनुभूति, दिव्य प्रेरणा और असामान्य अभिव्यंजना कहाँ से पाएगा?''[6]

वैसे काव्यानुवाद में कविता हू-ब-हू मूल जैसी नहीं ढल पाती। मूल कविता और उसके अनुवाद में कथ्य तथा अभिव्यक्ति के स्तर पर अन्तर होता है। दरअसल, काव्यानुवाद में अनुवाद का महत्त्वपूर्ण समतुल्यता सिद्धान्त (थ्योरी ऑफ इक्विवैलेंस) पूरी तरह लागू होता है। उसमें भी नाइडा की स्थापना। नाइडा की स्थापना है कि 'अनुवाद स्रोतभाषा के सन्देश का अर्थ और फिर शैली के धरातल पर लक्ष्यभाषा में निकटतम, स्वाभाविक तथा तुल्यार्थक उपादान प्रस्तुत करना है।' काव्यानुवाद में भी मूल कविता के कथ्य, भाव, संवेदना आदि की रक्षा करते हुए समानान्तर कविता सृजित की जाती है। इस प्रयास में अनुवाद कभी मूल के काफी करीब पहुँच जाता है तो कभी दूर ही रह जाता है। कभी-कभी मूल से बिल्कुल भिन्न भी हो जाता है। इस प्रकार काव्यानुवाद का मूल की हू-ब-हू अनुकृति होना दुर्लभ होता है। इसी अपूर्णता के कारण काव्यानुवाद कठिन माना जाता है। इसके कई कारण होते हैं। कविता की विशिष्ट भाषा, कविता की विशिष्ट संरचना, कविता में अन्तर्भुक्त विशिष्ट जीवन-दृष्टि, कविता की विशिष्ट अभिव्यंजना, विशिष्ट शैली आदि कई कारण। इसका आशय है कि कविता मूलतः अपनी काव्यभाषा में ही अभिव्यंजित होती है। कविता की भाषा क्या बदलती है, संवेद्यता धूमिल हो जाती है। कवित्व (Poetivity) छूमन्तर हो जाता है। और अनुवाद अगर अच्छा नहीं हुआ तो पूरी कविता

ही निष्प्राण हो जाती है। कविता के अनुवाद की यह बड़ी सीमा है। कदाचित् इसी वजह से इतालवी में यह कहावत मशहूर है कि 'अनुवादक वंचक होते हैं'–Traduttori traditori, अर्थात् Translators are traitors। इस प्रसंग में प्रसिद्ध कवि केदारनाथ सिंह की चर्चित कविता 'बनारस' और उसके अंग्रेज़ी अनुवाद का उदाहरण विचारणीय है। 'बनारस' बेहद सुगठित और सरल कविता है। तथापि इसकी पूरी व्यंजना इसके उत्तरार्द्ध में अन्तर्निहित है। अस्तु 'बनारस' का उत्तरार्द्ध और उसका अंग्रेज़ी अनुवाद यहाँ प्रस्तुत है–

कभी **सई**-साँझ	Enter this city any evening
बिना किसी सूचना के	unobtrusively
घूस जाओ इस शहर में	See it by the glow of votive lamps
कभी आरती के आलोक में	Then you will discover
इसे अचानक देखो	the splendour of its form
अद्‌भुत है इसकी बनावट	
यह आधा जल में है	Half in water
आधा मंत्र में	Half in sacred chants
आधा फूल में है	Half in flowers
आधा शव में	Half in corpses
आधा नींद में है	Half at rest
आधा शंख में	Half in the sound of the conch
अगर ध्यान से देखो	Watch carefully
तो यह आधा है	half is and
और आधा नहीं है	half is not
जो है वह खड़ा है	All there is stands
बिना **किसी** स्तम्भ के	Without support
जो नहीं है उसे थामे है	and all there is not
राख और रोशनी के	is supported by
ऊँचे-ऊँचे स्तम्भ	tall pillars of ash and light

आग के स्तम्भ	pillars of fire
और पानी के स्तम्भ	and pillars of water
धुएँ के	of smoke
खुशबू के	of scent
आदमी के उठे हुए हाथों	pillars of man's uplifted palms
के स्तम्भ	
किसी अलक्षित सूर्य को	Offering water in homage
देता हुआ अर्ध्य	to the sun unseen
शताब्दियों से इसी तरह	The town has stood for centuries
गंगा के जल में	this way on the leg
अपनी एक टाँग पर खड़ा है	in the Ganga's waters
यह शहर	
अपनी दूसरी टाँग से	unaware of it's other leg.[8]
बिलकुल बेखबर[7]	

'बनारस' न केवल केदारनाथ सिंह की, वरन हिन्दी की एक प्रसिद्ध कविता है और बनारस शहर को पूरी इयत्ता में जीवन्त और साकार करनेवाली कविता है। कविता की भाषा सहज है। बिम्ब विधान बिल्कुल अछूता और अनूठा है। शैली की सादगी और वर्णन की ताजगी कविता में एक विचित्र किस्म का सम्मोहन सृजित करती है। पठनीयता ऐसी कि कोई भी इसे पढ़ना शुरू करे तो पूरी कविता पढ़े बिना रह नहीं सकता। यह कविता बनारस शहर और उसकी जीवन-शैली और संस्कृति की ही पहचान नहीं कराती, बल्कि बनारस के ब्याज से समूचे भारत की ठेठ जीवन-शैली और संस्कृति को भी अभिव्यंजित तथा मूर्तिमान करती है। यह कविता समग्रता में जो सांस्कृतिक आख्यान प्रस्तुत करती है, उसका निचोड़ इसके प्रस्तुत उत्तरार्द्ध में ही व्यंजित हुआ है। और यह व्यंजना उस जीवनराग का स्मरण और सम्मान है, जो हमारी विशिष्ट जातीय पहचान है। बेशक इस व्यंजना में काव्यभाषा की निजता का महत्तम अवदान है।

किन्तु क्या यही व्यंजना इसके अनुवाद में भी मिलती है? फिर मूल कविता के अनुवाद और उसके प्रभाव को लेकर उठने वाले सवाल कविता के अनुवाद की सफलता, समतुल्यता और प्राणवत्ता को एक बार फिर से बहस का विषय तो बना ही देते हैं। तब जबकि इस कविता का अनुवाद मनोहर वंदोपाध्याय, क्रिष्टी मेरिल और डेनियल वेइसबोर्ट जैसे हिन्दी और अंग्रेज़ी के धुरन्धर विद्वानों ने किया है। साथ ही, इस अनुवाद को अंग्रेज़ी भाषा की प्रकृति के अनुरूप सँवारने में अंग्रेज़ी के कवि, विद्वान डेनियल वेइसबोर्ट ने अतिरिक्त ध्यान दिया है। तथापि अनुवाद में कविता आहत हुई है। अनुवाद में कविता का कितना कुछ किस-किस स्तर पर क्षतिग्रस्त हुआ है, इस बारे में विस्तार से चर्चा का यहाँ अवकाश नहीं है। सुधीजन समझ सकते हैं। पर सवाल कविता के अनुवाद की सफलता को लेकर तो बनता ही है।

बहरहाल, कविता भावों की आवेगपूर्ण अभिव्यक्ति होती है। इसकी भाषिक संरचना संश्लिष्ट तथा लयात्मक होती है। इसमें अर्थ की अभिव्यंजना कई स्तरों पर होती है। इसमें रसोद्रेक की अद्‌भुत शक्ति होती है। इन सबके कारण कविता का आस्वादन आनन्ददायक होता है। और कविता अगर पक्षधर है तो उसका आस्वादन प्रेरक भी होता है। किन्तु जब कोई कविता रची जाती है, तो शुरू में कवि के जेहन में कथ्य की एक कौंध मात्र होती है, न कि सम्पूर्ण अभिव्यक्ति और अभिव्यंजना। अभिव्यक्ति के मामले में कविता कौन-सा रूप लेगी और उसकी अभिव्यंजना कैसी होगी– इकहरी अथवा बहुस्तरीय, खुद कवि को भी मालूम नहीं होता।

कविता कथ्य (Content), अभिव्यक्ति (menifestation) और अभिव्यंजना (Expression) की लयात्मक सृष्टि होती है। कविता का रूप (Form) इन्हीं से अनुप्राणित और निर्धारित होता है। ये सब कविता में इतने सघन और संगुम्फित होते हैं कि इन्हें अलगाना मुश्किल होता है। कहियत भिन्न न भिन्न। कविता के प्रभाव और रसोद्रेक में इनकी सम्मिलित भूमिका होती है। परन्तु कविता जब अनुवाद का आधार बनती है तो अनुवादक के सामने वह समग्रता में सुलभ होती है। अनुवादक के लिए कविता कथ्य, रूप, अभिव्यंजना आदि मामले में अभिन्न रचना नहीं होती। वह एक विषय (subject) मात्र होती है, जिसका दूसरी भाषा में रूपान्तरण करना होता है और यह काम अनुवाद की प्रक्रिया–पठन, विश्लेषण, अन्तरण, पुनरीक्षण आदि के अन्तर्गत चरणबद्ध

तरीके से किया जाता है।

अनुवाद के क्रम में पहले कविता का विश्लेषण किया जाता है। यह विश्लेषण पहले भाषा, फिर कथ्य, फिर अभिव्यक्ति और अन्त में अभिव्यंजना के धरातल पर किया जाता है। इसमें अनुवादक के ज्ञान और भावबोध की भूमिका महत्त्वपूर्ण होती है। 'जाकी रही भावना जैसी' कहावत आखिर चरितार्थ तो होती ही है। फिर अनुवाद की यह पूरी की पूरी प्रक्रिया ही कविता की अनुभूति तथा दूसरी भाषा में उसकी पुनर्सृष्टि के लिए अवरोधक बन जाती है। परिणाम होता है कि अनुवादक की अनुभूति कवि की अनुभूति जैसी नहीं हो पाती। फलतः अनुवाद कविता से दूर चला जाता है।

कविता से उसके अनुवाद के बेमेल होने का एक बड़ा कारण कविता की भाषा, संवेदना तथा अनुवाद की भाषा-संवेदना के बीच पाया जानेवाला बुनियादी अन्तर भी होता है। प्रसंगवश उल्लेखनीय है कि कोई भी दो भाषाएँ एक समान नहीं होतीं। एक भाषा का पद विन्यास, वाक्य संरचना, मुहावरा, व्याकरण, अभिव्यक्ति का ढंग आदि दूसरी भाषा से भिन्न होते हैं। एक भाषा की प्रकृति और संस्कृति, लय, शैली आदि भी दूसरी से सर्वथा भिन्न होती हैं। चूँकि भाषा अपने आप में कोई स्वतंत्र सत्ता (इंटिटी) नहीं होती। भाषा मनुष्य (वक्ता) समाज की होती है। वह अपने वक्ता समाज की अभिव्यक्ति का अप्रतिम माध्यम होती है। उसमें उसके बोलने वाले समाज का पूरा जीवनराग, अनुभव, अनुभूति, जय-पराजय, आशा-आकांक्षा और दर्शन संचित होते हैं। भाषा में वक्ता समाज की पूरी संस्कृति धड़कती है और पूरा परिवेश प्रतिबिम्बित होता है। पुनः भिन्न परिवेश, आचार-विचार, जीवन-दर्शन, संस्कृति आदि के कारण दो भिन्न मानव समाज एक समान नहीं होते। अतः एक भाषा में व्यक्त भाव तथा विचार को हू-ब-हू दूसरी भाषा में व्यक्त करना मुश्किल होता है। कविता चूँकि विशिष्ट भाषिक सृजन होती है, इसलिए एक भाषा की कविता का दूसरी भाषा में अनुवाद करना कठिन होता है। यह कठिनाई भाषा के कारक तत्त्वों की भिन्नता और भाषा में अन्तर्ध्वनित समाज की जीवन-प्रणाली, सभ्यता तथा संस्कृति को लेकर होती है। उदाहरण के लिए हिन्दी के मूर्द्धन्य कवि आलोकधन्वा की प्रसिद्ध कविता 'ब्रूनो की बेटियाँ' का प्रारम्भिक अंश तथा उसके अंग्रेज़ी अनुवाद पर गौर किया जा सकता है।

ब्रूनो की बेटियाँ

वे खुद टाट और काई से नहीं बनी थीं
उनकी माताएँ थीं
और वे खुद माताएँ थीं।

उनके नाम थे
जिन्हें बचपन से ही पुकारा गया
हत्या के दिन तक
उनकी आवाज़ में भी
जिन्होंने उनकी हत्या की।

उनके चेहरे थे
शरीर थे, केश थे
और उनकी परछाइयाँ थीं धूप में।

गंगा के मैदानों में उनके घंटे थे काम के
और हर बार उन्हें मज़दूरी देनी पड़ी!
जैसे देखना पड़ा पूरी पृथ्वी को
गैलीलियो की दूरबीन से!

वे राख और झूठ नहीं थीं
माताएँ थीं
और कौन कहता है? कौन? कौन वहशी?
कि उन्होंने बगैर किसी इच्छा के जन्म दिया?

उदासीनता नहीं थी उनका गर्भ
गलती नहीं थी उनका गर्भ
आदत नहीं थी उनका गर्भ
कोई नशा–
कोई नशा कोई हमला नहीं था उनका गर्भ

कौन कहता है?
कौन अर्थशास्त्री?

उनके सनम थे
उनमें झंकार थी

वे माताएँ थीं
उनके भी नौ महीने थे
किसी ह्वेल के भीतर नहीं–पूरी दुनिया में
पूरी दुनिया के नौ महीने![9]

Bruno's Daughters

They had not willed themselves
to be made from scum and sack-cloth,
They had mothers, and
Were mothers themselves.

They had names,
And they rang from their childhood
to their last–
even in the voice of those
that killed them!

They had faces.
Bodies.
Hair.
And in the sun they had their shadows.

In the plains of the Ganga they had
their hours of work, each time
they'd had to be given their dues!
Like the world was forced
to look through Galileo's telescope!

They were not ashes and lies,

They were mothers
And who is that brute, who says
that they bore their children
desiring none?

Their womb was not an indifference,
it was not a mistake
nor habit,
it was not an intoxicant
not an intoxicant,
their womb was no transgression.
Who says it was?
which economist?

They had their lovers.
They knew the thrill.

They were mothers,
They too had their nine months,
not inside some whale
but in the whole world–
Nine months of this whole world![10]

'ब्रूनों की बेटियाँ', आलोकधन्वा की एक बेहद संजीदा, विचार, दृश्य, नाटकीयता आदि से भरपूर कलात्मक कविता है। यह अस्सी के दशक में मध्य बिहार में बेहतर जीवन की आंकांक्षा में संगठित हुए मेहनतकश मजदूरों पर नवसामन्त भू-स्वामियों द्वारा जुल्म ढाने और उनकी बस्तियाँ जलाने की पृष्ठभूमि पर लिखी गई कविता है। जिस देश में गणतंत्रात्मक समाजवादी संविधान का शासन हो और निर्वाचित जन प्रतिनिधियों वाला सर्वोच्च संसदीय लोकतंत्र हो, उसी देश में अपने श्रम से समाज को खुशहाल और सुन्दर बनाने में निरत मजदूरिनों के साथ बलात्कार हो और फिर उनकी पूरी बस्ती को आग लगाकर उन्हें बाल-बच्चों समेत जला मारने की लोमहर्षक घटना हो। इस विसंगति और बर्बरता को देखकर आधुनिक कवि के जेहन में मध्ययुगीन ब्रूनो संहार का स्मरण हो आना आकस्मिक नहीं है।

ब्रूनो इटली के अपांक्तेय वैज्ञानिक-दार्शनिक थे। उनका पूरा नाम ज्योर्दानों फिलिप्पो ब्रूनो था। उन्होंने चर्च द्वारा फैलाए गए अंधविश्वास तथा धार्मिक रूढ़ियों को चुनौती देते हुए कोपरनिकस की इस स्थापना का समर्थन किया कि ब्रह्मांड के केन्द्र में सूर्य है और हमारे सौरमंडल के अलावा और भी सौरमंडल हैं। सन 1600 ई. में ईसाई धर्म संसद के आदेश पर उन्हें जिन्दा जला दिया गया। बाद में महान वैज्ञानिक गैलिलियो ने इसी वैज्ञानिक चेतना का विकास किया।

कहना न होगा कि अपने सद्प्रयासों से समाज की जिन्दगी और संस्कृति को भ्रमविहीन, सुन्दर और रागात्मक बनाने में कर्मरत ज्योर्दानो फिलिप्पो ब्रूनो को जलाकर भी उनके सच और वैज्ञानिक विचारों को जलाया नहीं जा सका। उसी तरह श्रमिक स्त्रियों को जलाकर भी जनाकांक्षा और श्रम के सौन्दर्य को मिटाया नहीं जा सकता। इसी विचार भूमि से ऊर्जस्वित कविता है 'ब्रूनो की बेटियाँ'। यह एक बेहद सशक्त और पक्षधर कविता है और इसकी प्रतीति आक्रोशजनित आत्मविश्वास से लबालब है। मार्मिक तथा मुखर दृश्यावलियों में रची गई यह कविता अपना पक्ष और प्रतिपक्ष आद्योपान्त अपने साथ रखती है। इससे कविता में स्मृति, अभिनय और नाटकीयता का समावेश हुआ है। सार्थक और प्रखर वक्तव्यों, अनुभूति-प्रवण दृश्यों एवं कठिन कर्म की कोमल यादों से रची-बसी इस कविता का सरोकार जितना व्यापक है, उतना ही कलात्मक तथा महाकाव्यात्मक है इसका रचना विधान। और इन्हीं असाधारण गुणों के कारण यह कविता आधुनिक हिन्दी की एक विलक्षण तथा अविस्मरणीय कविता है। कहने की आवश्यकता नहीं कि 'ब्रूनो की बेटियाँ' कविता की ये सारी खूबियाँ उसे मूल रूप में रचना की भाषा में पढ़कर ही अनुभूत की जा सकती हैं, अनूदित भाषा में नहीं। इतनी कलात्मक, अनुभूतिप्रवण, संवेद्य और सवाक् कविता को अनुवाद में ढालना कठिन ही नहीं, असम्भव है। भाषा की संस्कृति इसमें आड़े आती है।

'ब्रूनो की बेटियाँ' का प्रस्तुत अनुवाद 'सर्वाइवल' पुस्तक से उद्धृत है, जिसे साहित्य अकादमी ने छापा है। इसके सम्पादक अंग्रेज़ी के कवि, मर्मज्ञ डेनियल बेइसबोर्ट और हिन्दी कवि गिरधर राठी हैं। 'सर्वाइवल' दस आधुनिक हिन्दी कवियों की चुनी हुई कविताओं के अंग्रेज़ी अनुवाद

का संकलन है। यह 03 से 16 जनवरी, 1990 की अवधि में साहित्य अकादमी की ओर से दिल्ली में आयोजित अनुवाद कार्यशाला का परिणाम है। अकादमी ने काव्यानुवाद का मानक अंग्रेज़ी के अनुरूप ढालने के लिए कार्यशाला में विशेषज्ञ के रूप में ब्रिटेन में जन्मे और अमरीकी अयोवा विश्वविद्यालय में अंग्रेज़ी एवं तुलनात्मक साहित्य के प्रोफेसर डेनियल वेइसबोर्ट को आमंत्रित किया था। 'सर्वाइवल' को पढ़ने से पता चलता है कि उसमें संकलित ज्यादातर कविताओं के अनुवाद का पुनरीक्षण वेइसबोर्ट ने किया है। कुल 84 कविताओं में से 66 का।

इस कार्य में वेइसबोर्ट ने चार साल लगाए। परन्तु इतना लम्बा समय लेने के बाद भी वेइसबोर्ट आलोक धन्वा की 'सर्वाइवल' में संकलित दो काव्यानुवादों 'ब्रूनोज डॉटर्स' एवं 'द काइट' में से किसी एक का भी पुनरीक्षण (vetting) नहीं कर सके। निश्चय ही इसके पीछे कोई इतर कारण नहीं रहा होगा, सिवा आलोक धन्वा की काव्यभाषा के, उसकी अभिव्यंजना के और मूल के समग्र प्रभाव के। जो कविता अन्तर्वस्तु और रूप के मामले में अत्यन्त संश्लिष्ट एवं कलात्मक हो तथा जिसके प्रत्येक बन्द में आवेग, ऊर्जा और उद्वेलन हो, उसका अनुवाद और पुनरीक्षण निश्चय ही कठिन होगा। किसी परदेशी के लिए तो और भी कठिन। वैसे भी कविता के अनुवाद में मुश्किलें कई होती हैं। काव्यवस्तु, उसमें अन्तर्भुक्त संवेदना, अनुभूति, आक्रोश, नाटकीयता आदि का भाषान्तरण मुश्किल होता है। और दो भाषाओं में सांस्कृतिक तथा अभिव्यक्तिजनित अन्तर होने की वजह से कविता की अभिव्यंजना को अनुवाद में सुरक्षित रखना तो असम्भव होता ही है। तब जबकि 'ब्रूनो की बेटियाँ', कविता का अनुवाद बी. के. पॉल, रोमा पॉल, अनिल सारी, के. सच्चिदानन्दन और गिरधर राठी का सामूहिक प्रयत्न हो, वेइसबोर्ट इसका पुनरीक्षण करते भी तो क्या करते?

अनुवाद स्रोतभाषा के पाठ और पाठ में अन्तर्भुक्त कथ्य का होता है। इसी प्रकार पुनरीक्षण अनूदित पाठ का होता है, जिसमें मुख्य रूप से यह विचारणीय होता है कि मूल पाठ का कथ्य पूरी तरह से अन्तरित हुआ है अथवा नहीं। किन्तु जब कथ्य ही बेहद गझिन, संवेद्य और समझ से परे हो तो पुनरीक्षण क्या होगा? वेइसवोर्ट ने 'सर्वाइवल' के आमुख में स्वीकार

किया है–

"I think that to translate or to be involved in translating out of one's own language, too, concentrates the attention wonderfully- on sound, sense, on intent."[11]

अर्थात् मैं समझता हूँ कि अनुवाद करना अथवा अपनी भाषा से परे के अनुवाद कार्य में संलग्न होना भी भाषा की ध्वनि, संवेदना, उद्देश्य पर गहरा ध्यान एकत्र करना है।

प्रसिद्ध रूसी विद्वान लॉटमैन (Lotman) ने काव्यानुवाद के चार आधार बताए हैं–विषय, संरचना, भाषा और अन्य। इसी प्रकार लेफवरे (Lefevere) ने काव्यानुवाद के सात प्रकार बताए हैं–स्वनिमिक (phonemic), शाब्दिक (Literal), छान्दिक (Metrical), गद्यात्मक (Proseic) तुकान्त (Rhymed) अतुकान्त (Blank verse) और व्याख्यात्मक (interpretation)। जाहिर है कि कविता के अनुवाद में उक्त आधारों का चयन कविता की प्रकृति पर निर्भर करता है। तब जाकर जो अनुवाद सम्भव होता है, वह उक्त प्रकारों में से किसी एक प्रकार का होता है। परन्तु ध्यातव्य है कि ये सभी आधार और प्रकार सामान्य कविता के प्रसंग में ही चरितार्थ होते हैं। जब 'ब्रूनो की बेटियाँ' जैसी कविता अनुवाद का विषय बनती है, तो कोई आधार अथवा प्रकार काम नहीं करता। सारे आधार और प्रकार धरे के धरे रह जाते हैं। निराला तथा लय और प्रवाह के मामले में दिनकर, शमशेर और आलोक धन्वा आधुनिक हिन्दी के ऐसे कवि हैं, जिनके अनुवाद में काव्यानुवाद के आधार और प्रकार काम नहीं करते।

शाब्दिक रचना भाषा में होती है। कविता शाब्दिक रचना का श्रेष्ठतम रूप होती है। कविता में कवि का जो प्रतिपाद्य होता है और उस प्रतिपाद्य का जो ढंग होता है, जिसके कारण कविता विशिष्ट कलारूप बनती है, उसे उसके स्वाभाविक ढब में केवल उसी भाषा में व्यंजित किया जा सकता है। यानी कविता की श्रेष्ठता मूल रचना में होती है और मूल को पढ़कर ही श्रेष्ठता, महानता के बोध प्राप्त किए जा सकते हैं। अनुवाद कविता की छाया होता है। स्वाभाविक है कि अनूदित कविता में मूल के प्रतिपाद्य का छायाभास होगा। छाया अथवा छायाभास से मूल का आधा-अधूरा बोध ही हो पाता है, क्योंकि उसमें मूल कविता जैसी न पठनीयता होती है, न मूल जैसी व्यंजना और न मूल जैसी सम्प्रेषणीयता। फिर बदले हुए माध्यम के कारण काव्याभिव्यक्ति

का प्रभाव भी मूल के समान नहीं हो पाता। परिणाम होता है कि अच्छी से अच्छी कविता भी अनुवाद में औसत बनकर रह जाती है। निश्चय ही काव्यानुवाद की यह बड़ी सीमा है। कवि, अनुवादक गिरधर राठी ठीक ही कहते हैं–

"...all translation is by nature Janus-faced-none more so than poetic translation. What becomes available even as the best possible, eminently readable and appreciable piece of a poem in the 'target' language, invariable invites the reader to look over at the other side, where numerous subtleties and nuances in the original might still be lurking to be discovered for enchantments or shocks all of their own."[12]

अर्थात् सभी (काव्य) अनुवाद स्वभाव से दोमुँहा होते हैं–सबसे उत्तम अनुवाद भी। जिस काव्यानुवाद को यथासम्भव उत्तम, अत्यन्त पठनीय तथा पसन्दीदा माना जाता है, पाठक जब उसके दूसरे पहलू को देखता है तो वहाँ मूल की अनेक सम्मोहक या अभिव्यंजक बारीकियाँ और विशेषताएँ नहीं मिलतीं।

किन्तु याद रखना होगा कि यह सीमा कभी काव्यानुवाद की राह की बाधा नहीं बनी। कविताओं के अनुवाद का सिलसिला अनवरत जारी है और जारी रहेगा। इसलिए कि कविता अपने कुछ दुर्लभ गुणों के कारण सदियों से मनुष्य को सम्मोहित करती रही है। इसलिए कि कविता संवेदना और अनुभूति की गहनता के बावजूद लोक का रंजन करने से कभी विरत नहीं होती। मानव-मन को जो सुख, आनन्द और प्रशान्ति कविता से मिलती है, वह अन्यत्र नहीं मिलती। और आनन्द तथा प्रशान्ति का सम्मोहन सभी सम्मोहनों से बढ़कर होता है। फलतः मनुष्य कविता की अनुभूति में बार-बार लौटना चाहता है और जो लोग इससे परे होते हैं, उन्हें भी शामिल करना चाहता है। इसमें अनुवाद की बड़ी कारगर भूमिका होती है। पराई भाषा की कविता का रसास्वादन अनुवाद के जरिये ही सम्भव होता है। इसलिए तमाम समस्याओं और सीमाओं के बावजूद यह सिलसिला अबाध चलता है।

कविता अपने कुछ विशिष्ट गुणों के कारण साहित्य की श्रेष्ठतम विधा होती है। ये गुण संरचनात्मक और अभिव्यंजात्मक होते हैं। इनमें

छन्द, लय, अलंकार, ध्वनि आदि का विशिष्ट संयोजन होता है। ये कविता के वे गुण होते हैं, जो आमतौर पर कथा, निबन्ध, नाटक आदि साहित्य की गद्य-विधाओं के लिए नहीं होते। इन्हीं गुणों की बदौलत कविता न केवल साहित्य में, वरन् समग्र कलाओं में अप्रतिम मानी जाती है। किन्तु विडम्बना है कि कविता के ये विशिष्ट गुण ही उसके अनुवाद में राह के रोड़े बनते हैं।

आमतौर पर कविता का अनुवाद करते समय उसके शाब्दिक संयोजन तथा उसके अर्थ और भाव पर ध्यान दिया जाता है। अनुवादक का प्रयत्न होता है कि अनुवाद में कविता के शब्द, अर्थ और भाव आदि सभी पहलुओं का अन्तरण हो। वैसे अनुवाद शब्द, अर्थ और भाव का समवेत अन्तरण ही होता है। किन्तु कविता में अलंकार का भी एक महत्त्वपूर्ण पहलू होता, जो शब्दों की बुनियाद पर आधारित होता है। इसमें शब्द और केवल शब्द का संयोजन होता है। परन्तु वे शब्द इतने अर्थव्यंजक होते हैं कि कविता के अलंकार (आभूषण) बन जाते हैं और उसके अर्थगत तथा भावगत सौन्दर्य में चार चाँद लगा देते हैं। शब्दों में अभिव्यंजित अलंकार के दर्जनाधिक भेद-प्रभेद होते हैं, जो कविता में वर्ण, शब्द, अर्थ और भाव के धरातल पर उद्घाटित होते हैं। कविता के अनुवाद में शब्द, अर्थ और भाव का अन्तरण बहुत हद तक हो जाता है। कभी-कभी कोई शब्द अपने भाषिक वैशिष्ट्य के चलते अगर अन्तरण में समस्या बनता है, तो सतर्क अनुवादक अपने ज्ञान और कौशल से उसका व्याख्यात्मक निदान कर लेता है। अनुवाद में अपवाद-रूप में ऐसा होना मान्य भी है। जैसे बोरिस पास्तरनाक की कविता 'द विंड' का अनुवाद करते हुए धर्मवीर भारती ने किया है। इस प्रसंग पर किंचित विस्तार से आगे विचार किया जाएगा। परन्तु अलंकार में अभिव्यंजित कविता के शब्दगत तथा अर्थगत विशेषताओं का अन्तरण अनुवाद में असम्भव होता है। क्योंकि अलंकार, छन्द और लय के समान ही भाषा का अपना बिल्कुल निजी एवं विशिष्ट गुण होता है, जिसका अन्तरण नहीं होता।

अलंकार के नाना रूप होते हैं। शब्दालंकार और अर्थालंकार के भेद-प्रभेद में निहित अलंकार वर्ण के स्तर तक पर चरितार्थ होता है और अभिव्यक्ति को अभिराम बनाता है। इसलिए अलंकार में रचित

काव्य का अनुवाद असम्भव होता है, क्योंकि भाषिक अलंकार शब्द और अर्थ में निहित होता है। किसी भाषा में एक शब्द के जितने अर्थ और भावार्थ होते हैं, जरूरी नहीं कि दूसरी भाषा में उसके पर्याय के वही अर्थ और भावार्थ हों। इससे दो भाषाओं के बीच उपमा और उपमान में भिन्नता आती है। कविता में उपमा और उपमान का विशेष योग और महत्त्व होता है, किन्तु दो भाषाओं में ये एक समान नहीं होते। जैसे– कमलानन, कमलनयन, कमलमुख, कमलगात, कमलासन, करकमल, चरणकमल आदि पदबन्ध। ये पदबन्ध न सिर्फ हिन्दी भाषा के, बल्कि समस्त भारतीय भाषाओं के बहुप्रयुक्त और लोकप्रिय पदबन्ध हैं। किन्तु विदेशी भाषाओं में इन पदबन्धों के पर्याय भारतीय भाषाओं जैसे अर्थव्यंजक एवं प्रचलित नहीं हैं। अस्तु इन पदबन्धों से युक्त कविता का अनुवाद यदि किसी विदेशी भाषा में किया जाए तो निश्चय ही कठिनाई आएगी एवं कविता की व्यंजना बोधित होगी।

काव्यानुवाद इस वजह से भी मुश्किल होता है कि कविता अर्थ और भाव में ही नहीं, शब्द तथा पदबन्ध के धरातल पर भी बोलती है। जाहिर है कि उपमा और उपमान की भिन्नता के कारण अर्थालंकार कविता के अनुवाद में रोड़े बनते हैं। किन्तु अनुप्रास, श्लेष, यमक आदि शब्दालंकारों वाली कविता का अनुवाद तो असम्भव होता है। 'कनक-कनक ते सौगुनी, मादकता अधिकाय...' अथवा 'रहीमन पानी राखिए बिन पानी सब सून...' जैसे दोहे का किसी विदेशी भाषा में तब तक अनुवाद नहीं हो सकता, जब तक उस भाषा में भी कनक और पानी के लिए ऐसे शब्द न हों, जिनके अर्थ क्रमशः सोना तथा धतूरा और चमक, प्रतिष्ठा तथा जल हों। अर्थात् वे शब्द भी हिन्दी के कनक तथा पानी सदृश ही बहुअर्थी हों। कबीर के निम्न दोहे के अनुवाद के साथ भी स्थिति ऐसी ही होगी–

लाली मेरे लाल की, जित देखौ तित लाल।
लाली देखन मैं गई, मैं भी हो गई लाल।।

इस दोहे में 'लाल' शब्द क्रमशः ईश्वर तथा रंग का अर्थबोध कराता है। ऐसे ही 'लाली' लाल संज्ञा का विशेषण मात्र नहीं है, बल्कि ईश्वर की आभा का द्योतक भी है। जब तक 'लाल' और 'लाली' के हिन्दी जैसे अर्थ व्यंजक

पर्याय दूसरी भाषा में नहीं मिलेंगे, अनुवाद असम्भव होगा। यानी अनुप्रास, श्लेष आदि अलंकारों से युक्त कविता के अर्थ और भाव का ही अनुवाद हो सकता है, कविता का नहीं। प्रत्येक भाषा की कविता में ऐसे विशिष्ट उदाहरण मिलते हैं, जिनका सटीक और समतुल्य अनुवाद कठिन ही नहीं, असम्भव होता है। इस प्रसंग में अनुवादशास्त्री डॉ. भोलानाथ तिवारी का भी मानना है कि अलंकार युक्त कविता का अनुवाद असम्भव होता है। उन्होंने साहित्य के अनुवाद की समस्याओं पर विचार करते हुए लिखा है–

''काव्य की भाषा प्रायः अलंकार-प्रधान होती है, किन्तु एक भाषा के अलंकारों को दूसरी भाषा में ठीक-ठीक उतार पाना कठिन और कभी-कभी तो असम्भव-सा हो जाता है। यों तो अर्थालंकार भी उपमानों की असमानता के कारण कभी-कभी अनुवाद में कठिनाई उत्पन्न करते हैं (जैसे 'वह उल्लू जैसा है' में उल्लू मूर्खता का प्रतीक है, किन्तु इसका अंग्रेज़ी अनुवाद करना हो और उल्लू के स्थान पर owl रख दें तो काम नहीं चलेगा, क्योंकि अंग्रेज़ी में उल्लू 'बुद्धिमान' माना जाता है), किन्तु अनुप्रास आदि शब्दालंकारों में तो, यह कठिनाई और भी बढ़ जाती है।''[13]

कविता में बिम्ब और प्रतीक भी बड़ा मायने रखते हैं। बिम्ब और प्रतीक सौन्दर्य शास्त्र के महत्त्वपूर्ण तत्त्व होते हैं। कविता की कलात्मकता में बिम्ब और प्रतीक का अवदान विशिष्ट होता है। यों तो कविता मात्र शब्दों का संयोजन होती है, किन्तु इसके शब्दों में निहित वे बिम्ब और प्रतीक होते हैं, जिनके बल पर कविता अपने पाठक/श्रोता के मन-मस्तिष्क में दृश्यों तथा भावों की झड़ी लगाने में सक्षम बनती है। कवि अपनी कारयित्री प्रतिभा से कविता में शब्दों के द्वारा जो बिम्ब विधान करता है, उसी से कविता चाक्षुष बनती है और उसी से वह पाठक को काल की यात्रा पर ले जाने के योग्य बनती है। इसी प्रकार प्रतीक विधान से कविता अभिव्यक्ति के सूक्ष्म भावों की अनुभूति कराने में समर्थ बनती है। इससे कविता की अभिव्यंजना में अभिवृद्धि होती है और वह शुद्ध कला-रूप बनती है। कलाओं की कोटि में कविता जिन कारणों से सर्वोत्तम मानी जाती है, उनमें बिम्ब और प्रतीक के विधान अकारण नहीं महत्त्वपूर्ण होते हैं। कवि कविता में मनोवांछित भावों के उद्दीपन के लिए बिम्ब और प्रतीक का ही सहारा लेता है। इस प्रकार से कविता में सौदर्य-सृष्टि तथा भाव-सृष्टि के साथ-साथ रस-सृष्टि में भी बिम्ब

और प्रतीक की भूमिका अहम होती है। उदाहरण के लिए निम्नलिखित पंक्तियाँ देखी जा सकती हैं–

नील परिधान बीच सुकुमार खिल रहा मृदुल अधखुला अंग।
खिला हो ज्यों बिजली का फूल मेघ वन बीच गुलाबी रंग।

उपर्युक्त पंक्तियाँ 'कामायनी' महाकाव्य की अत्यन्त प्रसिद्ध पंक्तियों में से हैं। इन पंक्तियों में प्रसादजी ने श्रद्धा का सौन्दर्य चित्रण किया है। इस क्रम में कवि प्रतिभा ने जो कमाल दिखाया है, जिस अपरूप रूप को साकार किया है, वह निश्चित रूप से बिम्ब और प्रतीक के कारण सम्भव हुआ है।

किन्तु बिम्ब और प्रतीक भी भाषा के अपने और अनन्य होते हैं। प्रत्येक भाषा में प्रत्येक शब्द का अपना अर्थ बिम्ब होता है। ये भाषा के साथ-साथ समाज के भौगोलिक, वैचारिक तथा सांस्कृतिक पृष्ठभूमि से जुड़े होते हैं। इसलिए एक भाषा के बिम्ब अथवा प्रतीक का दूसरी भाषा में अन्तरण कठिन होता है। दूसरी भाषा के परिवेश और लोकाचार, संस्कृति और परम्परा इसमें अड़चन बनते हैं। इस कारण से भी कविता के अनुवाद में समस्या आती है। जिन कविताओं में बिम्ब और प्रतीक की बहुलता होती है, उनका अनुवाद कठिन ही नहीं, बल्कि असम्भव होता है। ऐसी कविताओं के अनुवाद में 'कुछ न जोड़ने तथा कुछ न छोड़ने' की सैद्धान्तिकी बिल्कुल काम नहीं आती। काव्यानुवाद के वे बड़े नाजुक मौके होते हैं, जब किसी कविता का अनुवाद करना जरूरी होता है; किन्तु बिम्बों और प्रतीकों में रची-बसी कविता का शब्दानुवाद मुमकिन नहीं होता। ऐसे में अनुवादक के सामने छूट लेने तथा कविता के शब्दार्थ के बजाय भावार्थ का अनुवाद करने के सिवा कोई उपाय नहीं बचता। और कविता के भावार्थ का अनुवाद मूल से कितना दूर चला जाता है, इसका उदाहरण से ही अनुमान लगाया जा सकता है। उदाहरण के लिए दुष्यन्त कुमार की एक प्रसिद्ध गजल का एक शे'र और उसका अंग्रेज़ी अनुवाद नीचे प्रस्तुत है–

अब तो इस तालाब का पानी बदल दो,
ये कँवल के फूल कुम्हलाने लगे हैं।

The present social system has rotten,
This should immediately be changed.

कविता में अलंकार, बिम्ब और प्रतीक की ही भाँति छन्द तथा लय का

भी महत्त्व होता है। कविता में पद्यबन्द को छन्द कहा जाता है। यह मोटे तौर पर कविता का वाक्य होता है, जिसमें वर्ण या मात्रा की गणना के अनुसार विराम की व्यवस्था होती है। अर्थात् छन्द कविता लेखन की एक निश्चित व्यवस्था का नाम है। दूसरे शब्दों में, कविता जिस निश्चित व्यवस्था के अनुसार वाक्यों या पदों में लिखी जाती है, उसे छन्द कहते हैं। छन्द भाषा से सम्बद्ध होता है और प्रत्येक भाषा के कई सारे अपने और विशिष्ट छन्द होते हैं। जैसे भारतीय भाषाओं के सन्दर्भ में दोहा, चौपाई, कवित्त, छप्पय, रोला, मंद्राक्रांता आदि छन्द। छन्द मुख्यतः मात्रा आधारित तथा शब्द आधारित होते हैं, जिन्हें मात्रिक एवं शाब्दिक कहा जाता है। प्रत्येक छन्द की अपनी गति होती है और वह निश्चित वर्णों, मात्राओं तथा पंक्तियों के अनुशासन से बँधा होता है। यों आधुनिक कविता प्रायः मुक्तछन्द में लिखी जाती है। किन्तु छन्द में कविता लिखने की परम्परा पूरी तरह खत्म नहीं हुई है। हो भी नहीं सकती। अमूमन मुक्तछन्द में कविता लिखने वाले कवि भी छन्द में कविता लिखते हैं क्योंकि छन्द ही कविता की वास्तविक कसौटी होता है। छन्द से कविता में गेयता आती है और उसे याद करना आसान होता है।

कविता में लय का भी एक तत्त्व होता है, जो छन्द के समान ही कविता की गेयता तथा स्मरणीयता में वृद्धि करने वाला और महत्त्वूपर्ण होता है। कविता में लय वर्णों, शब्दों और पंक्तियों का विशिष्ट संयोजन तथा आवृत्ति होती है। मोटे तौर पर यह ढंग या ढर्रा है, जिसे आमतौर पर तर्ज कहा जाता है। गीत में जिसे धुन कही जाती है, वही कविता में लय कहलाती है। इससे कविता में प्रवाह आती है। कविता में लय वैसे तो वाक्य-व्यवस्था से सम्बद्ध होती है, किन्तु सूक्ष्म स्तर पर यह वर्णों तथा शब्दों से ही अस्तित्व ग्रहण करती है। वर्ण और शब्द के स्तर पर कोमल और परुष का भेद लय के विचार से ही किया गया है। लय चूँकि उच्चारण से सम्बद्ध होती है और उच्चारण में भौगोलिक परिवेश, जलवायु आदि कारकों से प्रभावित मनुष्य के स्वर तंत्र की भूमिका अहम होती है। पुनः उच्चारण वर्णों और शब्दों और वाक्यों का होता है, जो भाषा के होते हैं। इसलिए लय का सम्बन्ध भी भाषा से अविच्छिन्न होता है। अतः छन्द की तरह लय भी भाषा की अपनी होती है और खास होती है।

जाहिर है, कविता में छन्द और लय–दोनों अपनी-अपनी तरह से महत्त्वपूर्ण

होते हैं। ये कविता की पहचान होते हैं और इनसे कविता खास बनती है। परन्तु कविता को जब दूसरी भाषा में अनूदित किया जाता है तो सबसे अधिक चुनौती छन्द और लय के स्तर से ही उत्पन्न होती है। कविता छन्दबद्ध भी होती है और छन्दमुक्त भी। किन्तु किसी भी स्थिति में कविता लयमुक्त नहीं होती। कविता कविता होती है तो शब्द संयोजन और अभिव्यंजना की तरह लय की शर्त भी अहम होती है। पर जब कविता का अनुवाद करना पड़ता है, तो अड़चन बननेवाले कारकों में छन्द के साथ लय भी शामिल होती है; क्योंकि बिम्ब, प्रतीक, अलंकार आदि की तरह छन्द और लय भी भाषा के साथ अभिन्न तथा अविच्छिन्न होते हैं। जैसी भाषा वैसा छन्द और वैसी ही लय। कविता के कथ्य या अन्तर्वस्तु का अनुवाद तो हो जाता है, किन्तु छन्द और लय का नहीं। क्योंकि बिम्ब और प्रतीक की भाँति छन्द और लय भी कविता के शिल्प पक्ष से आबद्ध होते हैं। और शिल्प रचना का गोचर तथा भाषिक संरचना में घटित होनेवाला गुण है। स्वभावतया जैसी भाषा होती है, जैसी भाषा की प्रकृति होती है बिम्ब, प्रतीक, छन्द, लय आदि में अन्तर्भुक्त शिल्प भी वैसा ही होता है। इसलिए जब कोई कविता अनुवाद का विषय बनती है, तो उसके कथ्य का भाषान्तरण तो आसान होता है, परन्तु उसके छन्द का और विशेषकर लय का अन्तरण एक तरह से नामुमकिन होता है। उदाहरण के लिए, क्रांतिकारी रामप्रसाद बिस्मिल की मशहूर कविता का एक अंश और उसका अंग्रेज़ी अनुवाद नीचे देखा जा सकता है–

सरफरोशी की तमन्ना,	Our hearts are filled with desire
अब हमारे दिल में है।	to lay down our heads
देखना है जोर कितना,	we shall keenly watch the force of arm
बाजु ए कातिल में है।	with which the murderer stikes.

उपर्युक्त उदाहरण में अनुवाद मूल रचना से छन्द, लय प्रभावादि में कितना भिन्न और निष्प्रभ है, बताने की जरूरत नहीं। ऐसे में निराला की 'बादल राग' जैसी लयात्मक कविता का यदि अनुवाद हो तो उस अनुवाद का क्या हश्र होगा, अन्दाजा लगाया जा सकता है। अनुमान के लिए बादल राग शीर्षक कविता का प्रारम्भिक अंश यहाँ प्रस्तुत है–

झूम-झूम मृदु गरज-गरज घन घोर!
राग अमर! अम्बर में भर निज रोर!

झर झर झर निर्झर-गिरि-सर में,
घर, मरु, तरु-मर्मर, सागर में,
सरित-तड़ित-गति-चकित पवन में
मन में, विजन-गहन-कानन में,
आनन-आनन में, रव-घोर-कठोर–
राग-अमर! अम्बर में भर निज रोर![14]

अभिप्राय स्पष्ट है कि कविता का अनुवाद कठिन होता है और उसके अनुवाद में बहुत सारी समस्याएँ आती हैं। ये समस्याएँ कविता की अन्तर्वस्तु और रूप (content and form) से सम्बन्धित होती हैं। यही कारण है कि कविता के अनुवाद को अनुरचना या अनुसृजन अथवा पुनर्सृजन कहा जाता है। क्योंकि कोई भी कविता अनूदित होने पर वही नहीं रहती, जैसी कि वह मूल रूप में होती है। कविता अनुवाद में एक समानान्तर कविता या नई रचना, जिसे अनुरचना कहना ज्यादा उपयुक्त होगा, हो जाती है। क्योंकि मूल कविता और अनूदित कविता की संवेदना, अनूभूति, अर्थ-निष्पत्ति तथा सम्प्रेषणीयता और प्रभावमयता एक जैसी नहीं होती, फर्क आ जाता है।

यह फर्क दो भाषाओं का,दो भाषाओं के शब्दों और अर्थ बिम्बों का और सबसे बढ़कर दो भाषाओं में अन्तर्ध्वनित संस्कृतियों का होता है। चाहे अनुवादक स्वयं मूल कविता का सर्जक कवि ही क्यों न हो। मूल और अनुवाद में फर्क होता ही है। इन्हीं कारणों से कविता का अनुवाद अनुरचना या अनुसृजन अथवा पुनर्सृजन कहलाता है। उदाहरण स्वरूप अज्ञेय की एक कविता-'मैंने देखा, एक बूँद' और उन्हीं के द्वारा किया गया उसका अंग्रेजी अनुवाद–I saw a drop नीचे प्रस्तुत है–

मैने देखा, एक बूँद	**I saw a drop**
मैने देखा	I saw
एक बूँद सहसा	A drop suddenly
उछली सागर के झाग से	Fly form the scud of the sea
रँगी गई क्षण-भर	Flare for a second
ढलते सूरज की आग से	Fire fran the mellowing sun Align
मुझको दीख गया	So there, I thought

सूने विराट के सम्मुख	Agaisnt the wall of emptiness
हर आलोक-छुआ अपनापन	This light-shot one
हैं उन्मोचन	Has found release
नश्वरता के दाग से।[15]	From being blurred to nothing.

परन्तु कुछ काव्यानुवाद बहुत अच्छे हैं। उन्हें पढते हुए लगता ही नहीं कि वे अनुवाद हैं। बिल्कुल मौलिक प्रतीति। यदि बताया नहीं जाए, तो पता न चले। पर इसका भी कारण है। निस्सन्देह इसका श्रेय अनुवादक को जाता है। ऐसे काव्यानुवाद के लिए अनुवादक का कवि-हृदय होना प्राथमिक होता है, क्योंकि कवि ही कविता के साथ न्याय कर पाता है। कविता का अनुवाद खुद में पुनर्रचना होता है। वह मूल का एक नया भाषिक संस्करण होता है। इसमें अनुवादक से ऐसी हार्दिकता और दक्षता की अपेक्षा होती है, जो मूल कविता को आत्मसात करके उसे लक्ष्यभाषा में रचे। अन्य विधाओं के अनुवाद में ऐसा नहीं होता। इतिहास, वाणिज्य, विज्ञान–यहाँ तक कि साहित्य की अन्य विधाओं जैसे कहानी, निबन्ध, नाटक आदि का अनुवाद सामूहिक तौर पर किया जा सकता है। ऐसे पाठ का अनुवाद टुकड़ों में बाँटकर अलग-अलग लोगों से कराया जा सकता है। अनुवाद में बहुत फर्क नहीं आएगा। किन्तु कविता के अनुवाद में यह प्रयोग सफल नहीं होता। कविता में संवेदना और अनुभूति की गहरी भूमिका होती है। इसी से उसमें अभिव्यंजना आती है। और किन्हीं दो लोगों में संवेदना एक जैसी नहीं मिलती। उनकी अनुभूति भी एक समान नहीं होती। ऐसे में उनके बीच किसी कविता की समझ अथवा अभिव्यंजना को लेकर अन्तर रह जाना स्वाभाविक है। इसलिए काव्यानुवाद एकनिष्ठ कर्म है। किसी कविता का अनुवाद स्वयं कवि अथवा कोई अन्य कवि अगर करता है तो वह दूसरे अनुवादों की तुलना में ज्यादा अच्छा और मूल के करीब होता है। उसमें मूल कविता का मर्म ज्यादा अच्छे रूप में उद्घाटित और अभिव्यंजित होता है। उदाहरण के लिए, अंग्रेज कवि रॉबर्ट फ्रॉस्ट की प्रसिद्ध कविता 'द वूड' (स्टॉपिंग बाई वूड्स ऑन अ स्नोई ईवनिंग) का अन्तिम पद तथा उसका कविवर बच्चन द्वारा किया गया हिन्दी अनुवाद नीचे प्रस्तुत है :-

The woods are lovely, dark and deep,
But I have promises to keep,

And miles to go before I sleep,
And miles to go before I sleep
गहन सघन मनमोहन वन-तरु मुझको आज बुलाते हैं,
किन्तु किए जो वादे मैंने, याद मुझे आ जाते हैं,
अभी कहाँ आराम बदा यह मूक निमंत्रण छलना है,
अरे अभी तो मीलों मुझकों, मीलों मुझको चलना है।[16]

फारसी कवि खैयाम की रुबाइयों के अंग्रेजी तथा हिन्दी में किए गए एक से बढ़कर एक अनुवाद भी इसी बात के प्रमाण हैं। 'मेघदूतम' का आचार्य केशव प्रसाद मिश्र कृत हिन्दी पद्यानुवाद तथा भर्तृहरि कृत 'वैराग्य शतक' का ओंकारनाथ श्रीवास्तव द्वारा किया गया अनुवाद इस ृंखला के अन्यतम उदाहरण हैं। बच्चन, दिनकर, धर्मवीर भारती प्रभृति हिन्दी कवियों ने ईट्स, लारेंस, इलियट आदि अंग्रेज कवियों के जो अनुवाद किए हैं, वे काव्यानुवाद के श्रेष्ठतम और अविस्मरणीय उदाहरण हैं। परन्तु ध्यान रखना होगा कि उक्त हिन्दी कवियों ने जो भी अनुवाद-कार्य किए हैं, वे सभी अंग्रेजी काव्य के भावानुवाद हैं। शब्दानुवाद होते हुए भी उनके काव्यानुवाद का चरित्र भावानुवाद का है। कविता ऐसे ही अनूदित होती है। कविता के अनुवाद में बल अर्थ और भाव पर ही होता है। शब्द, पद-विन्यास, छन्द, लय, अलंकार आदि का अन्तरण असम्भव होता है। इसलिए उसकी चेष्टा नहीं की जाती है। अलबत्ता जरूरी होने पर कभी-कभी मूल कविता के किसी शब्द या पदबन्ध के सम्यक् अन्तरण के लिए अनुवाद में विवरण अथवा व्याख्या का सहारा भी लिया जाता है। ऐसा प्रायः इस उद्देश्य से किया जाता है कि अनुवाद लक्ष्यभाषा की प्रकृति के अनुरूप बने और अनूदित कविता भी अपने आप में एक मुकम्मिल भाषिक विन्यास लगे। साथ ही, पाठक को कविता पढ़ने का सुख दे तथा अभिव्यंजित करे। जाहिर है कि ऐसे में अनुवादक किंचित छूट लेता है और ऐसी छूट आँखों में नहीं चुभती। धर्मवीर भारती ने बोरिस पास्तरनाक की कविता 'द विंड' का अनुवाद करते हुए यही किया है और एक तरह से अच्छा ही किया है। इससे अनुवाद का भला हुआ है। यह कविता के अनुवाद का वर्जनीय नहीं, बल्कि अनुकरणीय पक्ष है। उदाहरण के लिए पास्तरनाक की उक्त कविता का अंग्रेजी रूप तथा उसका धर्मवीर भारती द्वारा किया गया अनुवाद प्रस्तुत है–

The Wind

This is the end of me, but you live on.
The wind, crying and complaining,
Rocks the house and the forest,
Not each pine-tree seperately,
With the whole boundless distance,

Like the hulls of sailing-ships
Ridding as anchor in a bay
It shakes them not out of mischief.
And not in aimless fury,
but to find for you, out of its grief,
The words of a lullaby.

हवा

मैं व्यतीत हुआ, पर तुम अभी हो, रहो।
हवा, चीखती-चिल्लाती हुई हवा–झकझोर रही है
मकानों को, जंगलों को
चीड़ के अलग-अलग पेड़ों को नहीं
वरन सबों को एक साथ–तमाम सीमाहीन दूरियों को-
किसी खाड़ी में लंगर डाले हुए, लहरों पर उठते-गिरते हुए
तमाम जहाजों की तरह,
और हवा उन्हें झकझोर रही है
केवल चंचलतावश नहीं
न निष्प्रयोजन क्रोध से अन्धी होकर
वरन अपनी चरम पीड़ा में से
मंथन में से,
तुम्हारी लोरी के लिए उपयुक्त शब्द
खोजते हुए।[17]

अन्ततः काव्यानुवाद की समस्या हमारी धारणा की समस्या भी है। कविता को लेकर हम सब एक पवित्र धारणा के शिकार हैं। इस धारणा में कविता

श्रेष्ठतम कलारूप है और उसका अनुवाद असम्भव है। इसलिए जैसे ही कविता के अनुवाद की बात उठती है, हमारी बद्धमूल धारणा सामने आ जाती है। ऐसे में कविता के अनुवाद का असम्भव, कठिन अथवा जटिल प्रतीत होना स्वाभाविक है। फिर भी कविता के अनुवाद के प्रसंग में किंचित व्यावहारिक दृष्टि से विचार करने की जरूरत है। सवाल है कि अनुवाद क्यों और किसलिए? जवाब बड़ा आसान है। अनुवाद इसलिए कि जो मूल रचना नहीं पढ़ सकते, मूल रचना की भाषा से अनजान हैं, उन्हें उनकी जबान में यह उपलब्ध कराई जाए ताकि वे उसे पढ़ और जान सकें। उसका रसास्वादन कर सकें। और इस प्रकार से उससे लाभान्वित हो सकें। काव्यानुवाद का उद्देश्य भी यही है। इसके द्वारा वे लोग, जो मूल कविता की भाषा से अनभिज्ञ हैं, कविता तथा उसके कवि से परिचित हो जाते हैं। काव्यानुवाद का उद्देश्य यह कभी नहीं होता कि वह कविता को मूल की पूरी अर्थवत्ता के साथ लक्ष्यभाषा में पुनर्सृजित करे। अनुवाद से इतनी अपेक्षा करना ज्यादती है। अनुवाद आखिरकार पुनर्सृजन है, सृजन नहीं। पुनर्सृजन कभी सृजन नहीं बन सकता। कविता विशुद्ध सृजन है। उसका अनुवाद सृजन कैसे बन सकता है? और अन्त में बकौल मिर्जा गालिब–

''या रब वो न समझे हैं न समझेंगे मेरी बात
दे और दिल उनको जो न दे मुझको जुबां और।

O Lord, they do not understand, nor will they understand my words
Give them another heart, or else give me another tongue."[18]

सन्दर्भ संकेत

1. मेधदूत, अनुवादकः केशवप्रसाद मिश्र, राजकमल प्रकाशन, पेपरबैक्स, नई दिल्ली, पहला संस्करणः 1984 पृष्ठ-36।
2. अनुवादःसिद्धान्त और समस्याएँ, सम्पादकः डा. रवींद्रनाथ श्रीवास्तव, डा. कृष्ण कुमार गोस्वामी, आलेख प्रकाशन, दिल्ली, 1985 में संकलित बीना श्रीवास्तव के 'काव्यानुवाद की समस्याएँ' शीर्षक लेख से उद्धृत, पृष्ठ 62।
3. वही, पृष्ठ : 54।
4. काव्यानुवाद की समस्याएँ, सम्पादकः भोलानाथ तिवारी, महेंद्र चतुर्वेदी, शब्दकार दिल्ली, पहला संस्करण-1980, पृष्ठ-161।
5. विदेशी भाषाओं से अनुवाद की समस्याएँ, सम्पादक : भोलानाथ तिवारी, नरेश

कुमार, प्रभात प्रकाशन, दिल्ली, प्रथम संस्करण, 1987, पुस्तक में संकलित 'कुछ विदेशी कविताओं के हिन्दी अनुवाद : एक समीक्षात्मक टिप्पणी' शीर्षक लेख, पृष्ठः191-192।

6. राष्ट्रभाषा हिन्दीः समस्याएँ और समाधान, आचार्य देवेंद्रनाथ शर्मा, लोकभारती प्रकाशन, इलाहाबाद, चतुर्थ संस्करण : 1987, पृष्ठ-142।
7. यहाँ से देखो, केदारनाथ सिंह, राधाकृष्ण प्रकाशन, नई दिल्ली,दूसरी आवृत्ति 1984, पृष्ठः 21-22।
8. Survival: An experience and an experiment in translation modern Hindi poetry, Edited by Daniel Weissbort, Girdhar Rathi, Sahitya Akademi, New Delhi, First Edition 1994, page 24-25
9. दुनिया रोज बनती है, आलोक धन्वा, राजकमल प्रकाशन, नई दिल्ली, दूसरा संस्करणः 2005,पृष्ठ-56-57।
10. Survival: An experience and an experiment in translation modern Hindi poetry, Edited by Daniel Weissbort, Girdhar Rathi, Sahitya Akademi, New Delhi, First Edition 1994, page 66-67
11. वही, प्रीफेस, पृष्ठ : IX
12. वही, इंट्रोडक्शन, पृष्ठ : XV
13. अनुवाद विज्ञान, डा. भोलानाथ तिवारी, शब्दकार, दिल्ली, चौथा संस्करण, : 1984, पृष्ठ : 135।
14. निराला रचनावली-1, सम्पादकः नन्द किशोर नवल, राजकमल प्रकाशन, नई दिल्ली, प्रथम संस्करण,1983 पृष्ठ : 116।
15. अनुवादःसिद्धान्त और समस्याएँ, सम्पादक डा. रवींद्रनाथ श्रीवास्तव,डा. कृष्ण कुमार गोस्वामी, आलेख प्रकाशन, दिल्ली, 1985 में संकलित बीना श्रीवास्तव के लेख :' काव्यानुवाद की समस्याएँ' में उद्धृत, पृष्ठ 57।
16. बच्चन रचनावली, सम्पादकःअजित कुमार, राजकमल प्रकाशन, नई दिल्ली, तृतीय संस्करण, 1987, खंड-4, पृष्ठ 439।
17. विदेशी भाषाओं से अनुवाद की समस्याएँ, सम्पादक :भोलानाथ तिवारी, नरेश कुमार, प्रभात प्रकाशन, दिल्ली, प्रथम संस्करण,1987,पुस्तक में संकलित 'कुछ विदेशी कविताओं के हिन्दी अनुवादः एक समीक्षात्मक टिप्पणी' शीर्षक लेख, पृष्ठ : 190-191।
18. अनुवाद का सामयिक परिप्रेक्ष्य, सम्पादकः प्रो. दिलीप सिंह, उच्च शिक्षा और शोध संस्थान, दक्षिण भारत हिन्दी प्रचार सभा, हैदराबाद, प्रथम संस्करणः दिसम्बर, 1999 से उद्धृत, पृष्ठ-78।

यंत्र अनुवाद की समस्या

अनुवाद स्वाभाव से अन्तरभाषिक होता है। यह दो भाषाओं के बीच सम्पन्न होता है। इसमें एक भाषा (स्रोतभाषा) में कही गई बात का दूसरी भाषा (लक्ष्यभाषा) में अन्तरण होता है। अन्तरण भी बात का नहीं, बात के अर्थ का होता है। स्रोतभाषा के कथन के अर्थ का। अनुवाद करते समय अनुवादकर्ता कथन का अर्थ ग्रहण करता है और कथन के शब्दों को छोड़ता चलता है। इस प्रक्रिया में कथन के अर्थ का दूसरी भाषा के शब्दों में रूपान्तरण हो जाता है। यही रूपान्तरण अथवा अन्तरण अनुवाद होता है।

गौरतलब है कि अनुवाद की प्रक्रिया में जो अन्तरण होता है, मोटे तौर पर वह भाषा के कथन का होता है। एक भाषा के कथन का दूसरी भाषा में अन्तरण अर्थात् भाषान्तरण। भाषान्तरण की इस प्रक्रिया में विचार यथावत् रहता है—अनुवाद के बाद भी। अन्तर आता है तो केवल भाषा में, जो विचार की वाहक होती है। इस प्रकार अनुवाद से एक भाषा में व्यक्त विचार दूसरी भाषा में भी सुलभ हो जाता है। इस तरह से अनुवाद के जरिये भाषाओं के बीच पुल बनाता है और भाषाओं के बीच संवाद कायम होता है। इसी कारण से अनुवाद को भाषिक संवाद कहा जाता है।

मनुष्य सदियों से अनुवाद के माध्यम से भाषाओं में संवाद जोड़ता रहा है। ऐसा वह पराई, अपरिचित भाषा में व्यक्त ज्ञान से स्वयं को सम्पन्न करने के लिए करता रहा है। यह सिलसिला आरम्भ में निश्चय ही ढीला-ढाला रहा होगा। इसमें तेजी आधुनिक काल में तब आई, जब संचार के साधनों का विकास हुआ। दूरियाँ सिमटने लगीं और देशों, प्रांतों, क्षेत्रों तथा समूहों में बँटे लोगों में संवाद का सिलसिला चल निकला। संवाद के इस सिलसिले में आरम्भ से ही साहित्य और ज्ञान-साहित्य के अनुवाद की प्रधानता रही। साहित्य के अनुवाद में अनुवादक की अभिरुचि प्रेरक बनी तो

ज्ञान-विज्ञान के अनुवाद में सामाजिक जरूरत। अभिरुचि और जरूरत से अभिप्रेरित अनुवाद यूँ तो आरम्भ से ही मूल का स्थानापन्न रहा, किन्तु आधुनिक काल में विशेषकर बीसवीं शताब्दी में इसका स्वरूप व्यापक हुआ और वैश्विक बन गया। भूमंडलीकरण और सूचनाक्रांति के बाद आज की दुनिया के लिए अब यह अपरिहार्य हो गया है। विज्ञान एवं प्रौद्योगिकी में अभूतपूर्व विकास और देशों के बीच बनते-बदलते राजनयिक सम्बन्धों के मौजूदा दौर में अनुवाद की जरूरत बढ़ गई है। यह अब जितना जरूरी हो गया है, उतना जरूरी पहले कभी नहीं महसूस किया गया।

यह जमाना विज्ञान का है। विज्ञान की दुनिया में इतनी तेजी है और विभिन्न देशों तथा विभिन्न भाषाओं में एक ही समय में इतनी सारी वैज्ञानिक उपलब्धियाँ हासिल हो रही हैं, साथ ही ज्ञान और सूचना का ऐसा विस्फोट हो रहा है कि इनके आगे सभी मूक और अवाक् हैं। ऐसे समय में अनुवाद एक ज्ञानशक्ति बनकर उभरा है। आजकल अनुवाद मनुष्य समाज की अपेक्षा और जिज्ञासा के अनुरूप इतर भाषा के ज्ञान और सूचना को अपनी भाषा में सुलभ कराने का प्रमुख जरिया बन रहा है। अनुवाद के जरिये मनुष्य समाज की व्यापक जरूरतों को पूरा करने का महत्त्वपूर्ण कार्य कर रहा है।

आजकल टेलीविजन, रेडियो, अखबार, न्यूज एजेंसियों, उपग्रह चैनलों सहित संचार के विभिन्न साधनों की विश्वव्याप्ति एवं प्रसिद्धि में अनुवाद की भूमिका स्पष्ट दिखलाई पड़ती है। विभिन्न राष्ट्रों और भाषाओं की अनुवाद अकादमियों, समितियों, संस्थानों तथा निजी संगठनों एवं व्यक्तियों के द्वारा निरन्तर किए जा रहे अनुवाद कार्य दरअसल एक देश और एक भाषा की वैज्ञानिक खोज और रचनात्मक प्रगति को मूल देश और भाषा से परे अन्य देशों तथा भाषा-भाषियों तक पहुँचाने के निमित्त हैं। फिर भी अनुवाद की स्थिति सन्तोषजनक नहीं है। वह अनुसंधान और विकास से कदमताल नहीं कर पा रहा है। बहुत पीछे है। दुनियाभर में जितनी वैज्ञानिक खोजें होती रहती हैं और उनका लिखित साहित्य जितनी प्रचुरता में सामने आता है, उस हिसाब से अनुवाद नहीं हो पाते। इसके कारण हैं। साफ और संगत कारण हैं। इन्हें समझना होगा।

असल में अनुवाद एक सृजनात्मक कर्म है। यह (अभी तक) एक मानवीय कर्म है। और मनुष्य के ज्ञान तथा क्षमता की सीमा होती है।

किसी भी अनुवादकर्ता के लिए यह सम्भव नहीं कि वह अपनी जानकारी वाली / गतिवाली इतर भाषा की सारी वैज्ञानिक खोजों और रचनात्मक उपलब्धियों का तत्काल अनुवाद कर दे, जिससे कि वे दूसरी भाषा में अविलम्ब सुलभ हो जाएँ। वस्तुतः अनुवाद एक ज्ञानानुशासन है और किसी भी बात, पाठ, कथन अथवा विषय का अनुवाद करने से पहले उसकी तैयारी करनी पड़ती है। अनुवाद की एक प्रक्रिया होती है और इसमें विभिन्न चरणों से अनुवादक को गुजरना पड़ता है। इसलिए अनुवाद में समय लगता है और कभी-कभी तो यह समय काफी लम्बा खिंच जाता है। साथ ही, किसी भी भाषा में हर कोई अनुवादक नहीं होता। अनुवादक गिने-चुने लोग ही होते हैं। जबकि दुनिया की सभी भाषाओं में और ज्ञान-विज्ञान की सभी शाखाओं में नई-नई खोजों के आए दिन इतने सारे नतीजे और साहित्य प्रकाशित होते रहते हैं कि उन सबका तत्काल अनुवाद सम्भव नहीं होता। फिर विज्ञान में एक ही विषय की शाखाओं-प्रशाखाओं में खोज की गति इतनी तीव्र होती है कि उन सबका समय से अनुवाद करना मुश्किल होता है। यंत्र अनुवाद (मशीन ट्रांसलेशन) इसी मुश्किल को आसान बनाने की संकल्पना है।

इस संकल्पना में यह प्रत्याशा की गई कि यंत्र के द्वारा अनुवाद के कार्य में तीव्रता आएगी और विज्ञान तथा प्रौद्योगिकी के प्रकाशित विदेशी साहित्य का तत्काल अनुवाद सम्भव हो पाएगा। इसके मूल में यह धारणा रही कि मनुष्य की अपेक्षा यंत्र सुनिश्चित और सुस्पष्ट नियमों से पूरी तरह बँधा होता है तथा अपेक्षानुरूप शीघ्र कार्य सम्पादित करता है। साथ ही, यंत्र से न गलतियाँ हो सकती हैं और न यंत्र काम से थकता है। इसलिए भाषा और व्याकरण के नियम यदि सुनिश्चित कर दिए जाएँ तो यंत्र से शीघ्र अनुवाद सम्भव होगा। इस बारे में कम्प्यूटरविद् श्री नरेश कुमार की भी ऐसी ही धारणा है। उन्होंने यंत्र अनुवाद की समस्या पर विचार करते हुए मशीन की कार्य प्रणाली के बारे में लिखा है–

...'मनुष्य की अपेक्षा ये मशीनें सुनिश्चित और सुस्पष्ट नियमों का कहीं अधिक शीध्रता से पालन करती हैं। ये मानव की तरह न तो गलतियाँ ही करती हैं, न ही थकती हैं। वास्तव में इन मशीनों का उद्‌देश्य अभी तक ऐसे ही कार्य करना रहा है, जिसमें किसी प्रकार की सर्जनात्मकता

की आवश्यकता न हो। बस, उनका कार्य महज पूर्व निर्धारित नियमों का पालन करना है।'[1]

यंत्र अनुवाद की संकल्पना वस्तुतः कम्प्यूटर से अनुवाद प्राप्त करने की अवधारणा है। पश्चिम में कम्प्यूटर के विकास और उसके बहुद्देशीय प्रयोग से यह अवधारणा बलवती हुई कि कम्प्यूटर अनुवाद का काम भी कर सकता है। इसके लिए वैज्ञानिकों को ऐसा लगा कि कम्प्यूटर की संरचनागत विशेषताएँ ऐसी हैं कि यदि उसे तदनुरूप अनुकूलित किया जाए तो वह अनुवाद भी कर करता है। शुरू-शुरू में यह विचार चाहे जितना कच्चा, आधा-अधूरा और प्रयोगसाध्य रहा हो, परन्तु वैज्ञानिकों ने इस अनुप्रयोग में कभी पीछे मुड़कर नहीं देखा। भाषा विज्ञानियों को साथ लिया। जरूरी संसाधक, सॉफ्टवेयर आदि विकसित किए। यंत्र की समझ में आनेवाले विश्लेषण तैयार किया और प्रयोग के पथ पर निकल पड़े। इसी का नतीजा है कि आज कम्प्यूटर से अनुवाद होने लगा है। इस अनुवाद पद्धति को परिभाषित करते हुए तथा इसकी गुणवत्ता और सम्भावना पर विचार करते हुए भाषाविज्ञानी डा. जी. रविशंकर ने लिखा है–

'मशीनी अनुवाद मूलतः स्रोतभाषा से लक्ष्यभाषा में संगणक यंत्र की सहायता से अनुवाद करने की एक प्रक्रिया है। इस प्रक्रिया में इनपुट एक भाषा सामग्री होता है। संगणक यंत्र की आन्तरिक व्यवस्था में स्रोत एवं लक्ष्यभाषा के शब्द, पद एवं व्याकरणिक नियम तथा अनुवाद के विशिष्ट नियम अंकित रहते हैं। आउटपुट के रूप में अनूदित सामग्री तुरन्त प्राप्त होती है। लेकिन उसकी गुणात्मक शुद्धता एवं उपयुक्तता पर प्रश्नचिह्न लगा ही है, क्योंकि वे बहुत कुछ सामग्री विशेष की प्रकृति पर अर्थात् इस प्रश्न पर कि क्या वह सामग्री साधारण है या तकनीकी है या साहित्यिक है या बोलचाल की है–निर्भर है। मशीनी अनुवाद संगणक यंत्र के द्विभाषिक डाटाबेस तथा अन्तरण नियमों की गुणवत्ता पर निर्भर है।'[2]

अलबत्ता कम्प्यूटर आधारित अनुवाद ज्यादातर मामलों में सटीक और उपयुक्त नहीं होता। कभी-कभी अत्यन्त गलत भी होता है। परन्तु इस दिशा में वैज्ञानिकों और भाषा विज्ञानियों का प्रयास और अनुसंधान अभी थमा नहीं है। सही और सटीक अनुवाद सम्भव करने के प्रयास निरन्तर और व्यापक स्तर पर जारी हैं और इस प्रयास में आशातीत सफलता मिलने लगी है।

जैसा कि पहले कहा गया है, अनुवाद एक सृजनात्मक कार्य है, जबकि यंत्र साधित कार्य उत्पाद होता है। यंत्र की सीमाएँ होती हैं। यंत्र खुद कोई काम नहीं करता। उससे काम लिया जाता है। इसके लिए यंत्र को प्रचालित करना पड़ता है। उसे क्रियाशील करना पड़ता है। इसमें आदमी की भूमिका अहम होती है। फिर भी यंत्र की क्रियाशीलता का कोई परिणाम तब तक नहीं निकलता, जबतक कि अपेक्षित परिणाम के लिए यंत्र को आवश्यक संसाधनों से लैस नहीं किया जाता। साथ ही, उसे अपेक्षित कार्य करने की छूट नहीं दी जाती। कम्प्यूटर की भाषा में इसे अनुदेश (कमांड) कहा जाता है। इस पूरी प्रक्रिया में ध्यान देने वाली बात यह होती है कि यंत्र की जैसी संरचना होती है, उसे जैसा कच्चा माल उपलब्ध कराया जाता है, जैसी सामग्री फीड की जाती है, यंत्र का उत्पाद वैसा ही होता है। 'रोपे पेड़ बबूल का, आम कहाँ से होय।'इसीलिए यंत्र के माध्यम से होनेवाले काम के परिणाम को उत्पादन कहते हैं न कि सृजन। पुनः यंत्र में विवेक नहीं होता। सोचने-विचारने की क्षमता नहीं होती। उसकी जैसी बनावट होती है, जिस काम के लिए वह बना होता है, उसके अनुरूप संगत सामग्री, माल मिलने पर ही वह उत्पादन कर पाता है। किसी भी असंगति में यंत्र कुछ नहीं कर पाता, उल्टे खराब या ठप्प पड़ जाता है।

यंत्र अनुवाद शुरू में संकल्पना के स्तर पर कम्प्यूटर साधित अनुवाद नहीं था, बल्कि एक यंत्र (मशीन) से किया जानेवाला अनुवाद था। इसके लिए एक रूसी इंजीनियर पेत्र पैत्रोविच स्मिरनोव त्रोयांस्कि ने सन् 1933 में अनुवाद करने वाले एक यंत्र का पेटेंट कराया था। यह एक कम्प्यूटर से भिन्न यंत्र था, जिसका आगे विकास नहीं हो सका। उसके करीब दस वर्षों बाद ब्रिटेन में कम्प्यूटर के आधार पर अनुवाद करनेवाला यंत्र बनाने का प्रयोग शुरू हुआ। लंदन के वैज्ञानिक डा. ए. डी. बूथ ने काफी चिन्तन-मनन के बाद जब यह विचार अपने सहकर्मी वैज्ञानिकों के सामने रखा तो लोगों को इसमें काफी सम्भावनाएँ नजर आई। तत्पश्चात् इंग्लैंड में इस कल्पना को साकार करने के प्रयास आरम्भ हुए। 1948 में डा. बूथ ने वैज्ञानिक वारेन बीवर के साथ मिलकर इसके लिए एक व्यवस्थित कार्ययोजना बनाई। सन् 1947 में बूथ और ब्रिट्टेन तथा 1949 में बूथ और रिचेंस ने इस दिशा में कई प्रयोग किए। इन प्रयोगों से यह साफ हो

गया था कि अनुवाद कम्प्यूटर से किए जाने वाले सामान्य कामों से भिन्न काम है। इसलिए अनुवाद के यंत्र की कार्य पद्धति कम्प्यूटर की कार्यपद्धति से भिन्न होगी। उसका शब्दकोश भी भिन्न प्रकार का होगा–पूरी तरह यंत्र आधारित और स्वचालित-ऑटोमेटिक डिक्शनरी। इसके लिए जो द्विभाषिक शब्दकोश बने, उसके शब्द और पर्याय अंक आधारित बने। अक्षर रूप से परहेज किया गया, क्योंकि किसी भी भाषा में अक्षरों और उनसे बननेवाले शब्दों की संख्या लाखों में होती है, जिन्हें यंत्र में स्वतंत्र रूप में शामिल करना असम्भव है। पुनः कम्प्यूटर अंकों के आधार पर काम करता है। इसलिए यंत्र में अक्षरों के लिए अंकों को प्रतीक मानकर काम किया गया–जैसे ए के लिए 01, बी के लिए 02। साथ ही, शब्दों की बेशुमार संख्या को साधने और नियंत्रित करने के लिए यंत्र साधित व्याकरण बनाया गया। उसमें अंकों के जोड़ के माध्यम से अक्षर और शब्द निर्मित करने का प्रावधान किया गया। फिर यंत्र के ढांचे में निर्मित किसी शब्द के लिए दूसरी भाषा के उपयुक्त शब्द को स्थिर करने की तरकीब बनाई, विकसित की गई। इस प्रक्रिया में शब्दों को मूल रूप में रखा गया और उपसर्गों तथा प्रत्ययों के लिए अलग से विधान निर्मित किया गया। इसके लिए भाषा को यंत्रानुरूप बनाने के वास्ते Predictive Analysis, Constituent Structre Grammar तथा Projective Grammar का विकास किया गया। इनके आधार पर अक्षरों से शब्द और वाक्य के भाषान्तरण की यांत्रिक पद्धति विकसित की गई। इन प्रावधानों के निरूपण में भाषा विज्ञानियों ने यंत्र शास्त्र एवं गणित के नियमों के साथ-साथ तर्कशास्त्र और अर्थशास्त्र की विवेचन-पद्धति का सहयोग लिया। इस तरह से अपेक्षित अनुवाद यंत्र के निर्माण में काफी अनुसंधान करने पड़े और काफी समय लगा।

वैज्ञानिक ई. रीफलर ने इस बीच यह समझ लिया कि अनुवाद जैसा सृजनात्मक काम प्रामाणिक तौर पर किसी भी यंत्र (मशीन) से नहीं हो सकता, परन्तु अनुवाद में यंत्र आदमी का सहायक बन सकता है। इसलिए उन्होंने एक ऐसे यंत्र की संकल्पना प्रस्तुत की, जिसमें स्रोतभाषा की सामग्री भर दी जाए तो वह लक्ष्यभाषा में सामग्री का रूपान्तरित रूप प्रस्तुत कर सकता है, जिसे सुसम्पादित कर अनुवाद बनाया जा सकता है। इस

संकल्पना का सकारात्मक पहलू यह था कि इससे यंत्र से सहायता भी मिलती थी और अनुवादकर्ता के लिए दोनों भाषाओं में पारंगत होने की अनिवार्यता भी नहीं थी। ऐसे यंत्र से अनुवाद के काम में तेजी आने की सम्भावना प्रबल थी। क्योंकि अनुवाद के काम में सबसे अधिक समय स्रोतभाषा की सामग्री के शब्दों के लिए लक्ष्यभाषा में उपयुक्त शब्द ढूँढ़ने और सोचने में ही चला जाता है। इसलिए अनुवाद में मूल लेखन की तुलना में अधिक समय लगता है। इसलिए अनुवाद का 'आउटपुट' कम होता है। इसलिए अनुवाद को मूल की तुलना में हीन अथवा कम महत्त्व का काम माना जाता है।

यंत्र की सहायता से अनुवाद के काम में तेजी लाने की परिकल्पना वास्तव में क्रांतिकारी परिकल्पना थी, जिसे 1950 के दशक में वैज्ञानिकों ने हाथों-हाथ लिया। सन् 1952 में ओस्वाल्ड तथा फ्लेचर जैसे जर्मन वैज्ञानिकों ने इस दिशा में काम आगे बढ़ाया। इसी वर्ष अमरीकी मेसाचुसेट्स इंस्टीट्यूट ऑफ टेक्नॉलाजी में इस विषय पर एक सेमिनार हुआ और रॉकफेलर फाउंडेशन के सहयोग से यंत्र अनुवाद की दिशा में काम शुरू हुआ। तत्कालीन सोवियत संघ में भी वैज्ञानिकों ने इस क्षेत्र में महत्त्वपूर्ण कार्य किए। 1955 में लेबिदोव ने एक ऐसे यंत्र का विकास किया जो अंग्रेज़ी से रूसी भाषा में शब्दान्तरण कर देता था। इस यंत्र में अंग्रेज़ी के 952 शब्दों के रूसी पर्याय भरे गए थे। बाद में फ्रांस, जर्मनी और जापान में भी यंत्र अनुवाद की दिशा में थोड़े-बहुत काम हुए।

बीसवीं शताब्दी के उत्तरार्द्ध में भारत में भी यंत्र से अनुवाद प्राप्त करने की दिशा में जोर-शोर से अनुसंधान कार्य शुरू हुए। भारतीय प्रौद्योगिकी संस्थान, कानपुर, सी-डैक, पुणे तथा भारतीय सूचना प्रौद्योगिकी संस्थान, हैदराबाद इस दिशा में काफी सक्रिय हैं। सी-डैक के वैज्ञानिकों ने कम्प्यूटर के सहारे अंग्रेज़ी से हिन्दी में अनुवाद प्राप्त करने में उल्लेखनीय सफलता भी अर्जित कर ली है। सी-डैक ने कम्प्यूटर से हिन्दी में अनुवाद करने के लिए 'मंत्र' नामक सॉफ्टवेयर पैकेज का विकास किया है। यह पैकेज अनुवाद के भाषा वैज्ञानिक पहलू, अनुप्रयुक्त भाषा और अंग्रेज़ी-हिन्दी व्याकरण के समुचित सम्मिश्रण से तैयार है। इसमें किसी वाक्य का अनुवाद करने के लिए अनुवाद वृक्ष (ट्रांसलेशन ट्री) का निर्माण किया जाता है। इसके तहत

सभी व्याकरणिक कोटियों तथा सम्भावित विकल्पों को 'इनपुट' के रूप में फीड किया गया है। अर्थात् चार-पाँच शब्दों के एक वाक्य का अनुवाद करने के लिए शब्दों के अनेक विकल्पों में से चयन करना पड़ता है। ऐसा भारतीय भाषाओं में अभिव्यक्ति के अनेक रूप मिलने के कारण है। इसमें विकल्प के चयनकर्ता के रूप में अनुवादक की भूमिका महत्त्वपूर्ण होती है। सी-डैक की इस उपलब्धि में कृषि, मौसम, प्रशासन आदि से जुड़े अंग्रेज़ी-हिन्दी शब्दों, वाक्यों और भाषा-रचना का विश्लेषणपरक डाटा और सॉफ्टवेयर पैकेज तैयार किया गया है। इस सॉफ्टवेयर से संसाधित पैकेज के अन्तर्गत कम्प्यूटर में अंग्रेज़ी का पाठ भरा जाता है तो उसका हिन्दी रूपान्तरण मिल जाता है। हालाँकि इस सॉफ्टवेयर पैकेज से फिलहाल सीमित अनुवाद ही सम्भव हो रहे हैं, फिर भी इससे सम्भावना के अनन्त रास्ते खुल गए हैं। अब वह दिन दूर नहीं, जब कम्प्यूटर में कोई भी पाठ सामग्री भरी जाएगी और चन्द समय बाद ही उसका अनुवाद मिल जाएगा।

इस बीच यंत्र से अनुवाद करने के लिए वैज्ञानिकों एवं भाषा विज्ञानियों ने न मालूम कितनी तरकीबें निकाली हैं। शुरू में भाषा को शब्द, अर्थ, सहप्रयोग, विभक्ति, उपसर्ग, प्रत्यय, काल, वाक्य, मुहावरा, अलंकार, व्याकरणिक विधान, कोश, सन्दर्भ आदि वर्गों में विभक्त कर पूरी सूची तैयार की गई। उनका अंकीय रूप निर्मित किया गया ताकि उन्हें समग्रता में कम्प्यूटर में भरा जा सके। फिर दो भाषा प्रारूपों की पारस्परिकता निर्धारित की गई। उन्हें कम्प्यूटर की कार्य पद्धति के अनुरूप बनाया गया। पुनः उन सबको अपेक्षानुरूप कम्प्यूटरी विश्लेषण के योग्य बनाया गया। कमांड के अनुरूप एक भाषा के शब्द, अर्थ, सन्दर्भ आदि का विश्लेषण करने तथा उन्हें दूसरी भाषा में रूपान्तरित करने की तकनीक विकसित की गई। स्रोतभाषा व्याकरण, लक्ष्यभाषा व्याकरण और अन्तरण व्याकरण तथा हाल में निर्मित अनुवाद व्याकरण इसी विकास के परिणाम हैं। दो भाषाओं के आपसी विश्लेषण की इतनी सारी तरकीबें विकसित करने और उन्हें स्पष्ट रूप से नियमबद्ध तथा सूत्रबद्ध करने तथा परस्पर सम्बद्ध करने के उपरान्त यंत्र अनुवाद की परिकल्पना साकार हो पाई। तब जाकर कम्प्यूटर से अनुवाद हासिल हो सका। फिर भी इस अनुवाद के बिल्कुल ठीक तथा सटीक होने की साध अभी तक पूरी न हो सकी है। कम्प्यूटर से होनेवाले

अनुवाद कभी-कभी इतने असंगत तथा विचित्र होते हैं कि उसे लेकर कई चुटकले प्रचलित हैं। मसलन : ''एक बार अंग्रेज़ी रूसी अनुवाद के लिए कम्प्यूटर में अंग्रेज़ी का निम्न वाक्य डाला गया :

"The spirit is willing but the flesh is weak".

कम्प्यूटर ने तत्काल ही एक रूसी वाक्य द्वारा अनुवाद कर डाला। रूसी अनुवाद का अर्थ इस प्रकार था : "The vodka is agreeable but the meat has gone bad".

अंग्रेज़ी Spirit का अर्थ 'आत्मा' या 'अल्कोहल' हो सकता है, रूसी शब्द 'म्यासा' के अंग्रेज़ी समानार्थक Flesh और meat हो सकते हैं। अतः कम्प्यूटर द्वारा उपयुक्त अर्थ न चुने जाने के कारण अनुवाद हास्यास्पद हो गया।''[3]

निश्चय ही अनुवाद जैसे मानवीय और सृजनात्मक कार्य को यंत्र (मशीन) से हासिल करना बड़ी वैज्ञानिक उपलब्धि है। इसके अन्तर्गत यंत्र से एक भाषा की ढेर सारी सामग्रियों का अनुवाद रंच मात्र में प्राप्त हो जाने की आशा प्रबल हो गई है। साथ ही, अनुवाद के क्षेत्र में गति आने की सम्भावना बढ़ गई है। हालाँकि यंत्र अनुवाद अभी पूरी तरह से सफल नहीं है और इस क्षेत्र में अभी कतिपय भाषिक तथा यांत्रिक युक्तियाँ (tools) निर्धारित और सूत्रबद्ध की जानी हैं। इसलिए इस दिशा में अनुसंधान और विकास के कार्य अभी भी जारी हैं। दुनिया भर में और प्रायः सभी विकसित भाषाओं में यंत्र से सही और सटीक अनुवाद प्राप्त करने की दिशा में निरन्तर प्रयास जारी हैं। वैज्ञानिकों की मानें तो वह दिन दूर नहीं जब यंत्र बिल्कुल उपयुक्त तथा सुन्दर अनुवाद करने लगेगा। तथापि यंत्र अनुवाद में समस्याएँ रहेंगी। यह मानवीय अनुवाद की बराबरी कभी नहीं कर पाएगा। इसके कई अपने और संरचनागत कारण हैं। आगे यंत्र अनुवाद की समस्या के विभिन्न कारणों पर विचार किया जाएगा।

अनुवाद मात्र एक भाषा के शब्दों, पदबन्धों, वाक्यों आदि के बदले में दूसरी भाषा के शब्दों, पदबन्धों, वाक्यों आदि को रख देना अर्थात् 'मक्षिका स्थाने मक्षिका पात' जैसी यांत्रिक क्रिया नहीं है। अनुवाद में अनुवादक का ज्ञान, जीवनानुभव, भाषा-संस्कृति की समझ तथा पाठ-सामग्री के एक-एक शब्द और वाक्य के अर्थ एवं सन्दर्भ के प्रति उसकी जानकारी तथा जिज्ञासा अत्यन्त मायने रखती है। ये मानसिक धरातल से जुड़ी हुई ऐसी बातें होती

हैं, जिनकी अपेक्षा यंत्र से नहीं की जा सकती। इसलिए परिष्कृत से परिष्कृत यंत्र भी वैसा अनुवाद नहीं कर सकता, जैसा कि एक कुशल अनुवादक कर सकता है। वैसे यंत्र की क्रियाशीलता निर्धारित संरचनागत प्रविधि से बँधी होती है, जबकि मनुष्य स्वभाव से स्वतंत्रचेता होता है, जो अनुवाद की सृजनशीलता के लिए बहुत महत्त्वपूर्ण है।

बहरहाल, यंत्र अनुवाद, जिसे अंग्रेज़ी में मशीन ट्रांसलेशन कहा जाता है; मूलतः कम्प्यूटर की सहायता से अनुवाद करने की एक प्रक्रिया है। इस प्रक्रिया में स्रोतभाषा की सामग्री 'इनपुट' के रूप में एक कम्प्यूटर में भरी जाती है, जिसमें स्रोतभाषा एवं लक्ष्यभाषा के शब्द,पद और व्याकरणिक विधान तथा अनुवाद के विशिष्ट एवं निर्धारित नियम पहले से अंकित रहते हैं। कमांड देते ही कम्प्यूटर से 'आउटपुट' के रूप में अनुवाद तत्काल मिल जाता है। परन्तु कम्प्यूटर के जरिये 'इनपुट' तथा 'आउटपुट' के इस खेल में जो अनुवाद होता है, वह सभी मामलों एवं सन्दर्भों में सही और संगत नहीं होता। तकनीकी या साहित्यिक प्रसंगों में ऐसे अनुवाद उपयुक्त और गुणात्मक दृष्टि से सटीक नहीं होते। यंत्र अनुवाद की यह प्रमुख समस्या है। ऐसा कम्प्यूटर की विशिष्ट गणितीय संरचना के चलते होता है। कम्प्यूटर के द्विभाषिक डाटाबेस तथा अन्तरण नियमों के कारण होता है। इसलिए मनुष्य का कारयित्री दिमाग जितना सूक्ष्म, सुन्दर और उपयुक्त अनुवाद कर सकता है, उतना मशीन नहीं कर सकती।

मशीन में खुद की विचार-शक्ति नहीं होती। मशीन वैसा और उतना ही कार्य सम्पादन कर पाती है, जैसा और जितने के लिए उसे क्षमतायुक्त किया गया होता है। जैसे अनुवाद के सिलसिले में कम्प्यूटर पहले अपने आन्तरिक डाटाबेस में सुरक्षित द्विभाषिक शब्दकोश में स्रोतभाषा के शब्दों की तलाश करता है। इस क्रम में कम्प्यूटर का अंकगणितीय प्रभाग कोश के संख्यात्मक कोड के साथ शब्द के संख्यात्मक कोड का मिलान करता है। इस सिलसिले में वह एक संख्या-समूह को चिह्नित किए गए दूसरे संख्या-समूह से घटाता है। यदि घटाव में शेष शून्य आता है तो समझा जाता है कि संख्याओं के दोनों समूह परस्पर पूरक हैं यानी स्रोतभाषा के शब्दों को खोज लिया गया है। कम्प्यूटर यह काम नैनो सेकेंड में कर लेता है। फिर वह खोज लिए गए शब्दों के संख्यांकों के लिए लक्ष्यभाषा के समानार्थक संख्या

कोड को ढूँढता है। फिर उन्हें लक्ष्यभाषा के संगत अक्षरों में परिणत करता है। यही परिणति यंत्र अनुवाद है।

कहना न होगा कि उपर्युक्त प्रविधि से किसी पाठ का भाषान्तरण तो हो जाता है, परन्तु यह भाषान्तरण सर्वदा उपयुक्त तथा सटीक नहीं होता। दरअसल, अनुवाद के मामले में यंत्र की समस्या शब्दों के अनेकार्थी रूप सम्बन्धी भाषा के स्वभाव को न समझ पाने की समस्या है, क्योंकि भाषा अभिव्यक्ति का माध्यम ही नहीं, मानवीय संस्कृति की संवाहक भी होती है। भाषा में संस्कृति की विविधता को व्यक्त करने की अपार क्षमता होती है। इसके चलते भाषा के शाब्दिक अर्थ व्यापक तथा गत्यात्मक होते हैं। शब्दों में अर्थ संकोच और अर्थ विस्तार के गुण आते हैं। भाषा के ये गुण मानवीय सृजनशीलता के अनुपम उदाहरण हैं, जिन्हें कोई यंत्र समझ नहीं सकता। जैसे हिन्दी में 'पानी' शब्द के तीन अर्थ हैं–जल, चमक और प्रतिष्ठा (इज्जत)। पीने का पानी, पानीदार आँखें और पानी उतर जाना। इसी प्रकार तमिल शब्द 'पडि' के दो अर्थ होते हैं। एक द्रव्य की माप इकाई (लगभग एक लीटर) तथा दूसरा सीढ़ी। अनुवाद में ऐसे अनेकार्थी शब्दों को सन्दर्भ के अनुसार अर्थ ग्रहण करते हुए उपयुक्त ढंग से अनूदित करना होता है। किन्तु यंत्र शब्दों के ऐसे अर्थ भेदक सन्दर्भों को समझ नहीं सकता। मनुष्य जहाँ अपनी भाषा-क्षमता तथा सन्दर्भ-संकेत से वाक्य के अर्थ, अर्थांतर आदि को ठीक तरह से समझ लेता है, यंत्र ऐसा नहीं कर पाता। साथ ही, अर्थग्रहण में किसी प्रकार के रिक्त स्थान की पूर्ति मनुष्य अपनी सहज बुद्धि से कर लेता है, जबकि यंत्र नहीं कर पाता। उदाहरण के लिए, अंग्रेज़ी का Skip शब्द लिया जा सकता है। Skip का अर्थ होता है–कूदना। किन्तु अलग-अलग सन्दर्भों में अंग्रेज़ी skip का हिन्दी में कूदना पर्याय लेने से काम नहीं चलता। जैसे–

Calves Skip – बछड़े कुलाँच भरते हैं।
Birds Skip – चिड़ियाँ फूदकती हैं।
Boys Skip – बच्चे कूदते हैं।

जाहिर है कि मनुष्य का सामान्य ज्ञान और भाषा-बोध उसके वर्षों के जैविक ज्ञान तथा भाषा व्यवहार का संचित फल है, जो कि यंत्र के पास नहीं होता। फलतः मनुष्य शब्दों तथा वाक्यों के जटिल स्वरूप एवं विशिष्ट अर्थ

को सहज में समझ लेता है, परन्तु यंत्र नहीं समझ पाता। इससे यंत्र अनुवाद में समस्या आती है।

निस्सन्देह यंत्र अर्थात् कम्प्यूटर की सहायता से अनुवादक अपना कार्य शीघ्रता से कर सकता है, क्योंकि मशीन स्रोतभाषा की ढेर सारी सामग्री का अनुवाद बहुत अल्प समय में कर सकती है। किन्तु मशीन को स्तरीय तथा गुणवत्तायुक्त अनुवाद के लिए तैयार करना एक ऐसा चुनौतीपूर्ण कार्य है, जो दशकों से जारी अनुसंधान तथा विकास के बावजूद अभी भी अधूरा है। कारण कि कम्प्यूटर साधित अनुवाद के लिए स्रोतभाषा व्याकरण, लक्ष्यभाषा व्याकरण तथा अन्तरण व्याकरण बना लेने के बाद भी कम्प्यूटर शब्दों के लाक्षणिक अर्थों एवं प्रयोग वैशिष्ट्य को विश्लेषित नहीं कर पाता है। वह किसी साहित्यिक रचना की विशिष्टता को समझ नहीं पाता। कम्प्यूटर भाषाई विशेषता से भरे-पूरे मुहावरे और कहावतों का भी सही अनुवाद नहीं कर पाता है। इस क्रम में हमें यह भी स्पष्ट रूप से समझना होगा कि कम्प्यूटर के भाषा-विश्लेषण खंड को चाहे जितना उन्नत बना लिया जाए, वह कभी भी कविता की जटिल संरचना और अर्थ विन्यास को समझ नहीं सकता। भाषा के लाक्षणिक प्रयोग और व्यंजना को समझना कम्प्यूटर के लिए सर्वदा दुष्कर रहेगा। भाषागत व्याकरणिक विशेषताओं को समझना भी कम्प्यूटर के लिए कभी आसान नहीं होगा। जैसे हिन्दी में लिंग-व्यवस्था की जटिलता को समझने और साधने में मनुष्य को वर्षों लग जाते हैं, फिर भी इसमें निष्णात होने का कोई दावा नहीं करता, क्योंकि हिन्दी में लिंग व्यवस्था का कोई सुव्यवस्थित तथा सुनिर्धारित नियम नहीं है। यह व्यवस्था विभिन्न आधारों-शब्दान्त ध्वनि, अर्थ, भाव, आकार आदि आधारों पर कार्य करती है। फिर भी अपवाद जुड़े होते हैं। इसमें 'अकारान्त' और 'इकारान्त' जैसी शब्दान्त ध्वनियों के अलावा वस्तु के आकार तथा पारम्परिक मान्यता आदि बहुत-से कारक निर्णायक होते हैं। जैसे चाय, सूरत शब्द 'अकारान्त' होते हुए भी स्त्रीलिंग होते हैं तो पानी, घी, मोती शब्द 'इकारान्त' होकर भी पुलिंग। पुस्तक शब्द स्त्रीलिंग है, किन्तु इसी का पर्याय ग्रंथ पुलिंग। 'मूँछ' पुरुषों की पहचान होती है, किन्तु स्त्रीलिंग होती है। कुछ शब्दों के प्रसंग में यह अर्थ आधारित भी होता है। इसी भाँति कन्नड़, तमिल, मलयालम, उड़िया आदि भाषाओं में भी वाक्य रचना में लिंग सम्बन्धी व्यवस्था अनुवाद में उलझन खड़ी करती

है। पुलिंग, स्त्रीलिंग तथा नपुंसक लिंग व्यवस्था वाली भाषाओं के पाठ का अनुवाद इतर भाषा-भाषियों के लिए सर्वदा दुष्कर अनुभव होता है। उदाहरण के लिए कन्नड़ का एक उदाहरण देखा जा सकता है–

लड़की अच्छी है – हुडुगी चेन्नागिद्दाले

पुस्तक अच्छी है – पुस्तक चेन्नागिदे

अभिप्राय स्पष्ट है कि भाषाओं की लिंग व्यवस्था अपने आप में एक जटिल व्यवस्था होती है, जिसे मातृभाषियों को भी स्मरण और सतत् अभ्यास से साधनी पड़ती है। इसलिए अनुवाद में अनुवादक के लिए स्रोत एवं लक्ष्यभाषाओं का सम्यक् ज्ञान जरूरी होता है। अनुवाद करते समय अनुवादक भाषाई जटिलता का निराकरण अपने ज्ञान, अभ्यास और दूसरों से परामर्श करके करता है। परन्तु यंत्र की कार्य प्रणाली पूर्व निर्धारित और स्थिर मानकों के अनुरूप होती है। अस्तु यंत्र के अनुवाद में भाषाई जटिलता के तमाम पहलुओं का पूर्ण विश्लेषण और पूर्व नियमन अत्यन्त जरूरी होता है। इसके अभाव में यंत्र अनुवाद में समस्या आती है और अनुवाद नहीं हो पाता है। ऐसे में किसी भाषा के हर शब्द और उसकी तमाम विशेषताओं का विश्लेषण तैयार कर उन्हें यदि 'इनपुट' के रूप में कम्प्यूटर में भरा जाए, तभी कम्प्यूटर उनका सही और सटीक अनुवाद कर सकता है। किन्तु यह काम इतना विपुल और व्यापक है कि इसे करना अत्यन्त मुश्किल है। कम्प्यूटर-अनुवाद की समस्या पर विचार करते हुए इस प्रसंग को हर्गिज नज़रअन्दाज नहीं किया जा सकता।

अनुवाद की प्रक्रिया में अनुवादक पाठ-पठन, पाठ-विश्लेषण, भाषान्तरण, पुनर्गठन अथवा समायोजन और पुनरीक्षण के विविध चरणों से गुजरता है। इस क्रम में और किसी भी चरण में जब अनुवादक के सामने कोई समस्या आती है तो उसके समाधान के लिए वह अपने ढंग से उद्यम करता है। शब्दकोश से लेकर विषय-विशेषज्ञ तक से संपर्क आदि कई प्रकार के उद्यम करता है। अनुवादक के पूर्व संचित अनुभव और ज्ञान भी इस मामले में बड़े काम के साबित होते हैं। किन्तु ऐसी स्थिति में यंत्र कुछ नहीं कर सकता। अनुवादक के अनुभव अनुवाद में महत्त्वपूर्ण साधन होते हैं, जबकि यंत्र के अनुभव की कोई परिकल्पना नहीं है। यंत्र अनुवाद की यह बड़ी समस्या है, जिसका निराकरण असम्भव है।

अनुवाद सृजन का पुनर्सृजन होता है। यह पुनर्सृजन भाषा में होता है, जिसे लक्ष्यभाषा कहा जाता है। इसलिए अनुवाद में लक्ष्यभाषा की बारीकियाँ और विशेषताएँ बड़ी भूमिका में होती हैं। मसलन, मूल पाठ की भाषा अर्थात् स्रोतभाषा और लक्ष्यभाषा में यदि संरचना तथा अभिव्यक्ति के स्तर पर भिन्नता होती है तो उसका सीधा प्रभाव अनुवाद पर पड़ता है। ऐसी स्थिति में मूल पाठ के कई अनूदित पाठ हो जाते हैं। उदाहरण के लिए अंग्रेज़ी का वाक्य I met her. इस वाक्य को हिन्दी में कम-से-कम चार वाक्यों में अनूदित तो किया ही जा सकता है–

क. मैं उससे मिला।

ख. मैं उनसे मिला।

ग. मैं उससे मिली और

घ. मैं उनसे मिली।

इसी प्रकार हिन्दी के निम्नलिखित वाक्यों के अंग्रेज़ी अनुवाद पर भी विचार किया जा सकता है–

क. मुझे एक कलम है।

ख. मुझको एक कलम है और

ग. मेरे पास एक कलम है।

उक्त तीनों हिन्दी वाक्यों का अंग्रेज़ी अनुवाद होगा–I have a pen.

इसी तरह की भिन्नता हिन्दी तथा अन्य भारतीय भाषाओं की अभिव्यक्तियों के पारस्परिक अनुवाद में भी देखने को मिलती है। उदाहरण के लिए, हिन्दी का एक छोटा सरल वाक्य लीजिए–''उसको किताब चाहिए।'' इस वाक्य का कन्नड़ अनुवाद दो तरह से हो सकता है–क-अवनिगे पुस्तक बेकु और ख-अवळिगे पुस्तक बेकु। जबकि 'उसको किताब चाहिए' का अंग्रेज़ी अनुवाद होगा–He wants book. तथा she wants book. किन्तु अंग्रेज़ी के इसी वाक्य का यदि हिन्दी में अनुवाद किया जाए तो कई विकल्प सामने आते हैं। जैसे–

क. उसे किताब चाहिए।

ख. उसको किताब चाहिए।

ग. उन्हें किताब चाहिए तथा

घ. उनको किताब चाहिए।

जाहिर है कि भाषाभिव्यक्ति में वक्ता अथवा लेखक की निजता, उसकी रुचि, उसका चिन्तन प्रवाह, शब्द चयन, वाक्य विधान, वाच्य, कर्म, क्रिया, कारक, विकार, विशेषण, अन्विति आदि बहुत मायने रखते हैं। इन्हीं सबसे कोई अभिव्यक्ति सपाट अथवा सुष्ठु बनती है। भाषा इन्हीं मायनों में अप्रतिम मानवीय आविष्कार है–मानव समुदाय का अप्रतिम आविष्कार। अतः भाषाओं के बीच पाई जानेवाली भिन्नता और विविधता अकारण नहीं होती। इसका कारण मानव समुदायों के बीच की पारस्परिक भिन्नता और विविधता होती है। इस प्रकृत तथा सूक्ष्म कारण को कोई यंत्र अपने तईं कभी नहीं समझ सकता। कोई यंत्र इसे खुद-ब-खुद विश्लेषित कर भाषान्तरण में पैदा होनेवाली अड़चन को दूर भी नहीं कर करता। यंत्र अनुवाद में इस कारण से भी समस्या आती है।

भाषाओं में संज्ञा के रूपभेद के अलावा सर्वनाम, कर्म, क्रिया, वचन, विशेषण आदि के स्तर पर भी अन्तर होता है। ये भाषाओं के निजी और संरचनागत अन्तर होते हैं। इनसे भाषाओं के स्वभाव और मौलिकता का पता चलता है।

ऐसे अन्तर भाषा की शब्द सम्पदा, अभिव्यंजना सामर्थ्य, वाक्य रचना, अनुभूति और अभिव्यक्ति के परिचायक होते हैं। व्यापकता में ये भाषाओं के विभाजक अन्तर भी होते हैं। जैसे–

1. पेड़ छोटा है	The tree is small.
पेड़ हरे हैं	The trees are green.
मोहन नेक है	Mohan is gentle.
उसकी बहन तेज है	His sister is brilliant.
सीता योग्य है	Sita is able.
उसकी बहन शिक्षिका है	Her sister is a teacher.
अशोक भारत के सम्राट थे	Ashoka was the emperor of India.
वह महान शासक थे	He was a great ruler.
सीता राजा जनक की पुत्री थीं	Sita was the daughter of King Janak.
वह राजा दशरथ की पुत्रवधू थीं	She was the daughter-in-law of King Dasharath.

लड़का सुन्दर है	The boy is handsome.
लड़की सुन्दर है	The girl is beautiful.
सोहन पढ़ता है	Sohan reads.
श्यामा पढ़ती है	Shyama reads.

उल्लेखनीय है कि उपर्युक्त प्रकार के अन्तर केवल हिन्दी तथा अंग्रेज़ी के बीच ही नहीं मिलते हैं, बल्कि अन्य भारतीय भाषाओं में भी खूब मिलते हैं। संस्कृत समेत उड़िया, बांग्ला, कन्नड़, मलयालम, तमिल आदि भाषाओं में संज्ञा, सर्वनाम, क्रिया, वचन, आदि के स्तर पर बड़े व्यंजक अन्तर होते हैं। ये अन्तर सम्बद्ध भाषाओं की मौलिकता तथा शाब्दिक अभिव्यंजना के द्योतक होते हैं। प्रमाण के लिए कन्नड़ के निम्न उदाहरण प्रस्तुत हैं–

1. घर सुन्दर है–मने चेन्नागिदे।
   घर सुन्दर हैं–मनेगळु चेन्नागिवे।
2. लड़का सुन्दर है–हुडुगा चेनगिद्दाने।
   लड़के सुन्दर हैं–हुडुगरू चेन्नागिद्दारे।
3. मोहन नेक है–मोहन वळ्ळेयवनु।
   उसकी बहन तेज है–अवक तंगी जाणे इरूवळु।
4. सोहन अच्छा धावक है–सोहन वळ्ळेय ओटगार।
   वह तेज दौड़ता है–अवनु वेगवागि ओडुत्ताने।
5. रामा अच्छी धाविका है–रामा वळ्ळेय ओटगारळु।
   वह तेज दौड़ती है–अवळु वेगवागि ओडुत्ताळे।

स्पष्ट है कि भाषाओं के बीच पारस्परिक विभेद बहुत ज्यादा होता है। कोई भी दो भाषाएँ अभिव्यक्ति तथा संरचना के स्तर पर काफी भिन्न होती हैं। इसलिए एक भाषा के कथन का दूसरी भाषा में अनुवाद करने में सावधानी अपेक्षित होती है।

अनुवादक अपने ज्ञान और अभ्यास के द्वारा भाषान्तरण में आनेवाली उक्त प्रकार की विन्यासगत समस्याओं से निजात पाता है। किन्तु यही बात यंत्र पर लागू नहीं होती। यंत्र अथवा कम्प्यूटर में जैसी तथा जितनी भाषिक सूचनाएँ दी गई होती हैं, उन्हीं के अनुप्रयोग से अनुवादक अनुवाद करता है। अस्तु भाषिक सूचना के मामले में किसी भी किस्म की कमी यंत्र अनुवाद की कमी बन जाती है।

इस प्रकार से देखा जाए तो कम्प्यूटर अनुवाद की समस्या अन्तरभाषिक सूचनाओं के सूत्रीकरण या कोडीकरण के अपूर्ण होने की समस्या के रूप में भी सामने आती है। इस अपूर्णता को दूर कर ही इस समस्या का निदान किया जा सकता है। वैज्ञानिक और भाषाविज्ञानी इस दिशा में प्रयासरत हैं और आशा है कि भाषिक सूचनाओं का सम्यक् कोडीकरण करने में वे जल्दी ही कामयाब हो जाएँगे।

इस बीच वैज्ञानिकों ने कम्प्यूटर अनुवाद को लेकर जो भी तकनीक विकसित की है, उसका परीक्षण शुरू कर दिया गया है। यह परीक्षण स्वतंत्र रूप से तथा इंटरनेट के माध्यम से व्यापक पैमाने पर हो रहा है और दुनिया की लगभग सभी बड़ी भाषाओं में हो रहा है। हाल में इंटरनेट पर शुरू 'गूगल ट्रांसलेट' (Google Translate) नामक अनुवाद सेवा इसी कड़ी का उदाहरण है। इस नए टूल से अंग्रेजी तथा हिन्दी सहित दुनिया की लगभग सभी बड़ी भाषाओं में शब्दों, पदों, वाक्यों, अनुच्छेदों और वैबपेज का अन्तरभाषिक अनुवाद हो जाता है। किसी पाठ का दूसरी भाषा में अनुवाद चाहने पर इंटरनेट पर http://www.google.com/translate_t साइट पर जाना पड़ता है। वहाँ पहले स्रोतभाषा और लक्ष्यभाषा का चयन करना पड़ता है। फिर दिए गए बॉक्स में अपना शब्द, वाक्य आदि टंकित करना होता है या कॉपी-पेस्ट करना होता है अथवा वैबपेज का लिंक देना होता है। फिर translate पर क्लिक करना पड़ता है। थोड़ी ही देर में अनुवाद प्राप्त हो जाता है। इस अनुवाद टूल की विशेषता है कि यह निःशुल्क है और इसके लिए कम्प्यूटर से ही अनुवाद मिल जाता है। परीक्षण के तौर पर हमने भी साइट के बॉक्स में कुछ अंग्रेजी वाक्य डाले। सामान्य सरल वाक्यों के अनुवाद काफी हद तक ठीक मिले, परन्तु बड़े तथा जटिल वाक्यों के अनुवाद ठीक नहीं मिले। उदाहरण के लिए वे अंग्रेजी-हिन्दी वाक्य निम्नानुरूप प्रस्तुत हैं :-

1. For further orders - अगले आदेशों के लिए।
2. For further action - आगे की कार्रवाई के लिए।
3. Please submit files - कृपया फाइल प्रस्तुत करें।
4. For favour of doing the needful - आवश्यक कार्रवाई करने के पक्ष के लिए
5. The Government will also arrange for lunch, snacks and dinner, she added

सरकार ने भी दोपहर का भोजन, नाश्ता और रात के भोजन की व्यवस्था करेगा, वह जोड़ा है।

6. The cultural programmes of grameena dasara will be held in the respective taluk head-quarters.
grameena दशहरा के cultural कार्यक्रमों सम्बन्धित तालूक मुख्यालय में आयोजित किया जाएगा।

7. The minister announced that special bus services will ferry the elderly citizens from rural areas, women and children and the physically challenged persons.
मंत्री महोदय ने कहा कि विशेष बस सेवाओं को ग्रामीण क्षेत्रों, महिलाओं और बच्चों और शारीरिक रूप से विकलांग व्यक्तियों से बुजुर्ग नागरिकों घाट की धोषणा की।

ऊपर उद्धृत अंग्रेजी-वाक्यों तथा उनके हिन्दी अनुवाद पर गौर करने से यह साफ हो जाता है कि गूगल का अनुवाद टूल छोटे तथा सरल शब्दों वाले वाक्य का अनुवाद तो कर देता है, किन्तु लम्बे और जटिल वाक्यों का सही अनुवाद वह नहीं कर पाता। इसका कारण निश्चय ही गूगल के अनुवाद टूल में भाषिक सूचनाओं का सम्यक् तथा पर्याप्त सूत्रीकरण न होना है। यदि उक्त अनुवाद टूल को अन्तरभाषिक सूचनाओं से भली-भाँति सँवार दिया जाए अर्थात् अंग्रेजी भाषा-संरचना के समानान्तर हिन्दी खंड को भी शब्द, पर्याय, वाक्य, विन्यास आदि संरचनागत प्रयुक्तियों और विश्लेषणों से पूर्णरूप से युक्त कर दिया जाए तो सटीक अनुवाद हो सकता है। परन्तु जैसा कि पहले कहा जा चुका है, यंत्र अनुवाद का यह सारा उपक्रम प्रशिक्षण तथा परीक्षण के तहत है। क्योंकि गूगल ने उक्त अनुवाद टूल में 'Suggest better translation' टैब के अन्तर्गत बेहतर अनुवाद सुझाने का प्रावधान भी कर रखा है। और ऐसे प्रत्येक सुझाव को टूल ग्रहण करता है तथा धन्यवाद करता है। गूगल का यह उद्यम यंत्र अनुवाद की दिशा में अब तक की सफलताओं का प्रमाण है। यह इस दिशा में दुनिया भर में हो रहे अनुसंधान तथा विकास का भी प्रमाण है।

इस बीच कार्नेगी मिलान यूनिवर्सिटी के स्कूल ऑफ कम्प्यूटर साइंस के वैज्ञानिकों ने एक ऐसा कम्प्यूटर विकसित किया है जो किसी आदमी

की बातों का कई भाषाओं में अनुवाद कर सकता है। यह कम्प्यूटर कई आदमियों की बातचीत का भी अनुवाद प्रस्तुत करने में सक्षम है। यह कम्प्यूटर स्रोतभाषा के पाठ की व्याकरणिक अशुद्धियों को पकड़ लेता है तथा अनूदित पाठ के लिए उनका शुद्ध रूप ही ग्रहण करता है। यह पाठ के बोझिल शब्दों को भी चिह्नित करता है। कार्नेगी मिलान यूनिवर्सिटी के कम्प्यूटर साइंस विभाग के इंटरैक्टिव सिस्टम लैबोरेटरी के निदेशक अलेक्स वेबल ने पिछले दिनों जापान, इटली, कोरिया और जर्मनी के लोगों के साथ एक वीडियो सम्मेलन के दौरान इस कम्प्यूटर का प्रदर्शन किया। यह कम्प्यूटर किसी आदमी की कही गई बात को छह भाषाओं में अनूदित कर सकता है। इससे दो अलग-अलग भाषाएँ जानने वाले लोगों के बीच संवादहीनता की समस्या दूर करने में मदद मिलेगी। तथापि भाषाओं की व्यापकता के मद्देनजर यह तय है कि उक्त कम्प्यूटर हमेशा सीमित दायरे में ही अपना कमाल दिखा सकेगा।

बहरहाल, उपर्युक्त सभी तथ्यों को ध्यान में रखने पर यह बात सही लगती है कि किन्हीं भी दो भाषाओं के बीच किया जानेवाला अनुवाद हमेशा एक समान और एक स्तर का कार्य नहीं होता। यंत्रसाधित अनुवाद के सन्दर्भ में भाषाओं का आपसी और संरचनागत अन्तर बेहद उलझनकारी होता है। परन्तु आदमी की चेतना और चिन्तन के ये इत्यलम नहीं हैं। कम्प्यूटर साधित अनुवाद के क्षेत्र में अब तक जो सफलताएँ मिली हैं, उन्हें देखते हुए अब यह विश्वासपूर्वक कहा जा सकता है कि अनुवाद के अपेक्षित यंत्रानुकूल भाषिक तथा अन्तरभाषिक कोडीकरण जैसे अनुसंधान और विकास में जल्दी ही परिपूर्णता प्राप्त हो जाएगी। फलस्वरूप कम्प्यूटर से सही-सटीक अनुवाद मिलने लगेगा। हालाँकि अनुवाद के अन्तरभाषिक और सृजनात्मक स्वभाव के कारण कम्प्यूटर अनुवाद का परिप्रेक्ष्य फिलहाल सीमित है। किन्तु यह पूरा उद्यम ही सीमाहीनता की चाहत से अभिप्रेरित है। कम्प्यूटर से अनुवाद प्राप्त करने के प्रयास निरन्तर जारी हैं और इसमें चरणबद्ध रूप से विषयवार सफलताएँ मिल रही हैं। समस्याओं के बावजूद यंत्र अनुवाद का स्वरूप व्यापक बनेगा और इसकी अपरिहार्यता ही सफलता की गारंटी बनेगी।

सन्दर्भ-संकेत

1. मशीनी अनुवाद; लेखक-नरेश कुमार, अनुवाद सिद्धान्त और समस्याएँ : सम्पादक-डॉ. रवींद्रनाथ श्रीवास्तव, डॉ. कृष्णकुमार गोस्वामी, आलेख प्रकाशन, दिल्ली-32, संस्करण-1985 में संकलित, पृष्ठ-115।
2. सूचना प्रौद्योगिकी एवं अनुवाद-व्याकरण, लेखक डॉ. जी. रविशंकर, गवेषणा, भाषा एवं सूचना-प्रौद्योगिकी विशेषांक, 88, अक्तूबर-दिसम्बर, 2007, केन्द्रीय हिन्दी संस्थान, आगरा, पृष्ठ-82।
3. मशीनी अनुवादः लेखक-नरेश कुमार, अनुवाद सिद्धान्त और समस्याएँः सम्पादक-डॉ. रवींद्रनाथ श्रीवास्तव, डॉ. कृष्णकुमार गोस्वामी, आलेख प्रकाशन, दिल्ली-32, संस्करण-1985 में संकलित, पृष्ठ-114।

सन्दर्भ ग्रंथ-सूची

1. अजित कुमार, बच्चन रचनावली (सम्पादित), भाग-6, राजकमल प्रकाशन, नई दिल्ली, तृतीय संस्करण : 1987
2. आलोकधन्वा, दुनिया रोज बनती है, राजकमल प्रकाशन, नई दिल्ली, दूसरा संस्करणः 2005.
3. केदारनाथ सिंह, यहाँ से देखो, राधाकृष्ण प्रकाशन, नई दिल्ली, दूसरी आवृत्ति 1984
4. केशवप्रसाद मिश्र, मेघदूत (अनुवाद), राजकमल पेपरबैक्स, नई दिल्ली, दूसरा संस्करण : 1984
5. कैलाशचंद्र भाटिया, राजभाषा हिन्दी, वाणी प्रकाशन, नई दिल्ली, संस्करण : 2005.
6. कौटिल्य, अर्थशास्त्र, विनयाधिकरण, मोतीलाल बनारसी दास, दिल्ली
7. चंद्रभान रावत, अनुवाद : अवधारणा और अनुप्रयोग, नेशनल पब्लिशिंग हाउस, प्रथम संस्करण : 1988
8. गार्गी गुप्त, पारिभाषिक शब्दावली की विकासयात्रा,भारतीय अनुवाद परिषद, नई दिल्ली
9. जी.गोपीनाथन, अनुवाद : सिद्धान्त एवं प्रयोग, लोकभारती प्रकाशन, इलाहाबाद, प्रथम संस्करण : 1985
10. दिलीप सिंह, अनुवाद का सामयिक परिप्रेक्ष्य (सम्पादित), उच्च शिक्षा और शोध संस्थान, दक्षिण भारत हिन्दी प्रचार सभा, हैदराबाद, प्रथम संस्करणःदिसम्बर 1999
11. आचार्य देवेंद्रनाथ शर्मा, राष्ट्रभाषा हिन्दी : समस्याएँ और समाधान, लोकभारती प्रकाशन, इलाहाबाद, चतुर्थ संस्करणः 1987
12. नन्द किशोर नवल, निराला रचनावली-1 (सम्पादित), राजकमल प्रकाशन, नई दिल्ली, प्रथम संस्करण, 1983

13. भर्तृहरि, वाक्यपदीयं, लालभाई दलपतभाई : भारतीय संस्कृति विद्या मन्दिर, अहमदाबाद, प्रथम संस्करण 1984
14. भोलानाथ तिवारी, अनुवाद विज्ञान, शब्दकार, दिल्ली, सातवां संस्करणः 1989
15. भोलानाथ तिवारी, महेंद्र चतुर्वेदी, अनुवाद की समस्याएँ (सम्पादित), शब्दकार, दिल्ली, पहला संस्करण : 1980
16. भोलानाथ तिवारी, नरेश कुमार, विदेशी भाषाओं से अनुवाद की समस्याएँ (सम्पादित), प्रभात प्रकाशन, दिल्ली, प्रथम संस्करण, 1987
17. मनोहर सराफ, शिवाकान्त गोस्वामी, अनुवाद सिद्धान्त एवं स्वरूप, विद्या प्रकाशन, कानपुर-6, प्रथम संस्करण 1989
18. रामचंद्र शुक्ल, हिन्दी साहित्य का इतिहास, नागरी प्रचारिणी सभा, काशी, बीसवाँ पुनर्मुद्रण 1983
19. रीतारानी पालीवाल, अनुवाद प्रक्रिया और परिदृश्य, वाणी प्रकाशन, नई दिल्ली, संस्करण : 2004
20. वासुदेव नन्दन प्रसाद, आधुनिक हिन्दी व्याकरण और रचना, भारती भवन, पटना, 17 वां संस्करण
21. सुरेश कुमार, अनुवाद सिद्धान्त की रूपरेखा, वाणी प्रकाशन, नई दिल्ली, चतुर्थ संस्करण : 2005
22. सूरजभान सिंह, अंग्रेज़ी-हिन्दी अनुवाद व्याकरण, प्रभात प्रकाशन, दिल्ली, प्रथम संस्करण 2003

ENGLISH BOOKS

1. Eugene A.Nida and Charles R.Taber, The Theory and Practice of Translation,Leiden, 1964
2. Frenz Harest, The Art of Translation in Stall Knecht and Frenz (Edited), 1961
3. Iyan F Finlay, Translating:Teach yourself books, London, 1971
4. Survival : An experience and an experiment in translating modern Hindi poetry, Editted by Daniel Weissbort, Girdhar Rathi, Sahitya Academy, New Delhi, 1994.
5. Theodore Savory, The Art of Translation, Jonathan Cape, London, 1968

कोश

1. वामन शिवराम आप्टे, संस्कृत-हिन्दी कोश, मोतीलाल बनारसीदास पब्लिशर्स,दिल्ली, संस्करण 1997

Dictionaries

1. Chambers Technical Dictionary, Alloyed Publishers Private Ltd.,New Delhi
2. Compact Oxford Dictionary Thesourus & Word power guide, Indian edition, Oxford University Press, New Delhi.
3. The Random House Dictionary of the English language,Random House, London

पत्रिका

1. अनुशीलन, केन्द्रीय अनुवाद ब्यूरो, 7 वां एवं 8 वां तल, पर्यावरण भवन, सी. जी. ओ. कॉम्प्लेक्स, लोदी रोड, नई दिल्ली-3, फरवरी 2000
2. गवेषणा, भाषा एवं सूचना प्रौद्योगिकी विशेषांक, 88, अक्तूबर-दिसम्बर, 2007, केन्द्रीय हिन्दी संस्थान, आगरा।

News Papers

1. The Times of India

❑❑❑